KB108930

인간적 사회의 기초

공적 영역의 구성

2   문화의 안과 밖

시대 상황과 성찰

인간적 사회의 기초

공적 영역의 구성

오세정
손동현
문광훈
최장집
이승환
김민환

민음사

머리말

한국 사회는 압축 성장의 시대를 지나 정상 성장의 시대로 진입했다. 한국인이 배우고 익혀야 하는 것은 이제 정상의 속도, 정상의 규칙, 정상의 관계다. 세월호 참사는 우리 사회에서 몰아내야 할 비정상이 도처에 자리하고 있음을 일깨웠다. 정상을 습관화한다는 것이 얼마나 어려운 일인지도 가르쳐 주었다. 우리는 아름답고 풍요한 사회라는 것이 정상 사회와 다르지 않다는 단순한 사실을 이토록 비싼 대가를 치르고서야 알게 되었다.

한반도에는 연일 겹겹의 역사적 파고가 몰아치고 있다. 그것은 한국 사회가 이루어 내야 할 삼중의 전환을 외치는 함성과 같다. 먼저 세계사적 차원의 파고에 주목하자. 세계의 역사는 농업 기반 문명에서 산업 기반 문명으로, 그리고 산업 기반 문명에서 다시 정보 기반 문명으로 이행하고 있다. 근대성은 산업 기반 문명과 맞물린 정신적 지향성이었다. 한국은 근대화에 뒤떨어져 크나큰 역사적 불행을 감내해야 했다. 하지만 정보 기반 문명으로 이행하는 데 있어서는 다른 나라보다 유리한 위치를 점하게 되었다.

다른 한편 오랜 역사의 잠에서 깨어난 중국이 한반도에 몰고 오는 거센 물결에 주목하자. 세계의 정치경제학적 질서에 거대한 지각 변동을 일으키고 있는 중국은 이미 20년 전에 본격화된 세계화의 흐름에 새로운 방향을 부여하고 있다. 역사는 이제 동서의 문화가 합류하며 서로 직접적인 영향을 미치고 뒤섞이는 지점으로 향하고 있다. 한국은 동서양 패권 갈등의 희생양이 되어 아직도 분단국가의 신세를 벗어나지 못하고 있다. 하지만 동서양의 문화적 화해라는 역사적 필연성이 가장 먼저 찾아오는 곳도 한반도임이 틀림없다.

마지막으로 한국의 고유한 역사적 궤적에 주목하자. 식상할 정도로 많이 언급된 이야기지만, 한국은 산업화와 민주화라는 두 단계의 도약에 이어 선진화라는 세 번째 단계의 도약을 준비하고 있다. 한국은 다가오는 도약에 성공할 때만 세계사의 차원에서 요구되는 이중의 과제를 해결할 수 있을 것이다. 그러나 거꾸로 이야기할 수도 있다. 문명 전환과 동서 화해라는 이중의 과제에 부응할 수 있는 역량을 갖출 때라야 한국은 새로운 도약을 이루어 낼 수 있을 것이다. 즉 정보 기반 문명의 길을 선도하고 동서의 차이를 포용하는 새로운 문화적 흐름을 창출할 수 있을 때라야 비로소 한반도는 선진의 시대로 접어들었다고 할 수 있을 것이다.

한국 사회가 이런 미래의 역사로 가는 첫걸음은 정상 사회가 되기 위해 노력하는 데 있다. 그렇다면 정상 사회란 무엇인가? 소박하게 말하자면 그것은 사람이 사람답게 살아갈 수 있는 사회라 하겠다. 인간이 사회적 동물이라는 말에는 인간이 사회 속에서야 비로소 인간됨의 궁극을 발견할 수 있고 또 사회 속에서만 인간됨의 극치를 실현할 수 있다는 뜻이 담겨 있다. 그렇다면 인간다움이 발견되고 실현되는 사회, 인간다움이 넘쳐흐르는 사회가 갖추어야 할 조건은 무엇인가? 인간적 사회의 기초는 어디에 있는가? 이 책에 묶인 글들은 서

로 다른 경로를 통하여 이 물음에 접근하고 있다. '문화의 안과 밖'의
두 번째 큰 주제 '공적 영역의 구성'에 속하는 글들인데, 저자들은 각
기 다른 측면에서 우리 사회가 인간적 사회로 나아가기 위해 이겨 내
야 할 장애물들, 그리고 앞으로 해결해 가야 할 문제들을 설명하고 있
다. 이 책에서 저자들이 정상 사회의 조건들을 분석하는 주요 문화적
영역은 과학, 교양 교육, 예술, 정치, 공공 윤리, 대중 매체 등에 있다.

이 책에 실린 글들만이 아니라 '문화의 안과 밖'에서 기획된 모든
강연은 한국의 문화적 현실에 대한 성찰을 통해 정상 사회로 가는 길
을 모색한다는 점에서 아마 동일한 염원을 담고 있을 것이다. 그것은
우리 사회가 하루 빨리 낙후된 관습에서 벗어나기를 바라는 염원과
다르지 않을 것이고, 급격히 변해 가는 역사적 환경을 넉넉히 향유하
고자 하는 염원과 다르지 않을 것이다. 계절이 바뀌면 짐승들은 털갈
이를 한다. 마찬가지로 역사적 계절이 바뀌고 있는 이 시대는 한국 사
회에게 정신적 털갈이를 명령하고 있다. 그 과잉의 명령이 휘몰아칠
때마다 이 땅의 인문학은 어느 하루 편안한 밤을 보내지 못할 것이다.

문화의 안과 밖 자문위원 김상환

차례

문화에 있어서의 과학의 위상

과학과 문화

오세정

서울대학교 물리천문학부 교수

1 과학기술의 의미

우리에게 과학은 어떤 의미를 가질까? 사실 우리 사회에서 그
동안 과학은 주로 '경제 발전을 위한 도구'라는 인식이 강했다. 과학
(science)과 기술(technology)이 합쳐진 '과학기술'이란 용어가 유독
우리나라에서만 한 단어인 듯이 쓰이는 것이 대표적인 징표라고 할
수 있다. 즉 세계 대부분의 국가에서는 '과학과 기술'을 Science and
Technology와 같이 병렬적으로 쓰는 것이 일반적인데, 우리나라에서
만은 '과학'이 마치 '기술'을 형용하는 단어같이 쓰이는 것이다.

그러나 '과학'과 '기술'은 엄연히 다르다. 네이버 국어사전을 찾
아보면 '과학'은 "보편적인 진리나 법칙의 발견을 목적으로 한 체계
적인 지식. 넓은 뜻으로는 학(學)을 이르고, 좁은 뜻으로는 자연과학
을 이른다."라고 정의되어 있고, '기술'은 "과학 이론을 실제로 적용
하여 자연의 사물을 인간 생활에 유용하도록 가공하는 수단"이라고
정의되어 있다. 즉 과학은 자연의 법칙을 이해하는 것이 주목적이고,
기술은 (과학적) 지식을 인간 생활에 유용하게 활용하는 것이 주목적
인 것이다. 그런데 우리나라에서 쓰는 '과학기술'이라는 용어는 마치
'과학 지식을 이용한 기술'이라는 의미로 느껴진다. 과학 지식의 획

문화에 있어서의 과학의 위상

득 자체는 목적이 아닌 것이다.

우리나라의 역대 정부는 과학기술 연구와 교육의 중요성을 강조해 왔고, 정부가 과학기술의 연구 개발에 투자하는 예산의 비중도 지금은 세계적으로 높은 편이다. 하지만 그 이유는 주로 산업을 일으키기 위한 도구로서의 필요성 때문이었다고 말해도 과언이 아니다. 하나의 예로, 보통 연구 개발의 성격을 기초, 응용, 개발의 3단계로 구분하는데, 우리나라의 과학기술 투자는 주로 응용 및 개발 연구에 집중되어 왔던 것이다. 경제협력개발기구(OECD) 국가들이 연구 개발에 대하여 공통적으로 사용하는 국제적인 기준은 프레스카티 매뉴얼(Frescati Manual)인데, 여기서는 연구 개발을 성격상 기초, 응용, 개발 3단계로 구분하고 각각을 다음과 같이 정의하고 있다.

(1) 기초 연구(basic research): 자연 현상에 대한 새로운 지식을 얻기 위해서 수행하는 실험 혹은 이론적인 연구로서, 특정한 응용을 염두에 두지 않는다.

(2) 응용 연구(applied research): 구체적이고 실용적인 목적을 위해 새로운 지식을 얻으려는 연구.

(3) 개발 연구(experimental development): 이미 알고 있는 지식을 이용하여 새로운 물질이나 제품, 공정 등을 개발하거나 개선하기 위한 체계적인 노력.

즉 과학은 기초 연구의 성과물이고, 응용 연구나 개발 연구의 목표는 기술이라고 말할 수 있다. 그런데 프레스카티 매뉴얼에서는 기초 연구를 "특정한 응용을 염두에 두지 않는" 연구라고 명확히 정의하고 있다. 즉 과학 연구를 할 때에는 특정한 응용을 목표로 삼고 하는 것은 아니라는 이야기이다. 어찌 보면 '연구를 위한 연구', 단순히 '지식을 얻기 위한 연구'인 것이다.

그러면 이처럼 특정한 응용을 염두에 두지 않는 '연구를 위한 연구'를 왜 국가는 세금을 써서 지원하는 것일까? 사실 먹고사는 것이 가장 시급한 과제인 대부분의 개발 도상 국가들은 기초 연구에 많은 투자를 하지 않는다. 오직 미래 과학기술 인력 양성에 필요한 만큼만 투자하는 정도이다. 우리나라의 경우도 얼마 전까지 마찬가지였고, 일본도 경제 성장에 매진할 당시에는 비슷한 상황이었다. 오죽하면 일본은 선진국들이 투자해서 얻은 기초 연구의 과실만 따 먹는다는 의미로 한동안 국제 사회에서 '기초 연구 무임승차론'의 비난을 받았고, 심지어 '경제 동물(economic animal)'이라는 모욕적인 말을 듣기도 했다. 물론 최근에 와서는 일본도 기초 연구에 많은 투자를 하고 있고, 우리나라 역시 선진국 수준에 가까이 가려고 정부가 기초 과학 연구 투자를 늘리기 시작하고 있다.

물론 특정한 응용을 염두에 두지 않는 기초 연구에서 산업에 도움이 되는 기술이 나오기도 한다. 실제로 커다란 혁신을 초래하는 획기적인 원천 기술은 주로 기초 연구에서 나온다. 예를 들어 세계적인 정보 혁명을 통해 지금 우리의 일상생활과 산업을 바꾼 인터넷 기술은 유럽과 미국의 소립자 기초 연구의 산물이다. 월드 와이드 웹(World Wide Web, WWW)은 최근 힉스(Higgs) 입자의 발견으로 유명해진 스위스 제네바에 있는 CERN 연구소에서 많은 양의 소립자

　　　　　　　　　　　　　문화에 있어서의 과학의 위상

실험 데이터를 세계 각지의 여러 연구자들과 공유하기 위해 처음 만들어진 것이다. 또한 프랑스의 과학자 루이 파스퇴르는 빵이나 수프가 오랜 시간이 지나면 부패하는 이유를 알아내는 연구를 하다가 세균을 발견했고, 이 연구는 전염병 차단과 음식의 살균법으로 바로 연결되기도 했다. 최근 미국에서 등록된 상업용 특허를 분석한 통계를 보면, 특허에서 인용하는 참고 자료의 3분의 2 이상이 기초 연구에서 나온 논문이라고 한다. 이처럼 기초 연구는 상업적 과실을 가져오는 데 커다란 역할을 한다. 다만 대개는 기초 연구 결과가 나온 이후 그 결과의 응용으로 상업화가 되는 시간이 오래 걸리고, 기초 연구의 성과는 대부분 논문으로 출판되어 공개되기 때문에 기초 연구를 수행하는 주체와 후에 상업적 과실을 얻는 수혜자가 다른 경우가 많아서, 단기적 이익 창출이 중요한 민간 회사에서는 기초 연구 수행을 꺼리게 된다. 그런 이유로 대부분의 국가에서는 민간 회사보다는 정부가 기초 연구를 지원하고 있다.

그러나 기초 연구는 원칙적으로 그 정의대로 특정한 응용을 염두에 두지 않고 자연 현상에 대한 새로운 지식을 얻기 위해 수행하는 연구로서, 주로 과학자들의 호기심이 연구의 동기가 된다. 즉 상업적 과실이 주된 목적은 아닌 것이다. 사람들은 어릴 때부터 '낮과 밤은 왜 생길까', '하늘이 파란 이유는 무엇일까' 등 주위의 삼라만상에 대한 기본적인 호기심이 있고, 성장한 후에도 '우주는 어떻게 생성되었을까', '생명의 근원은 무엇일까' 등 삶에 대한 궁극적인 질문을 계속 가지고 산다. 이러한 호기심에 대한 합리적이고 객관적인 답을 추구하는 것이 과학인 것이다. 사실 이러한 호기심은 문학이나 예술, 종교에서 가지는 호기심과 다를 바가 없고, 극히 문화적인 활동의 일부분이라고 말할 수 있다. 실제로 세계 대전이 일어나기 전까지 대부분의 기초 과학 연구는 문학이나 예술과 별로 다르지 않게 소규모 독지가들의 지원을 받는 소수의 과학자들이 수행하고 있었다. 다만 두 번의 세계 대전에서 과학기술의 힘을 경험한 세계 각국 정부가 전후에 과학기술 연구에 대규모 투자를 하면서 과학기술은 급속히 발전했고, 점점 전문화되면서 대중과 유리되어 마치 일부 전문가의 전유물처럼 여겨지게 된 것이다. 그러나 인류의 역사를 통하여 과학에 의해 알려진 자연에 대한 진실들은 일반 대중의 인식을 크게 바꾸어 놓았고, 아마 앞으로도 과학은 이러한 역할을 계속하게 될 것이다.

2 인류의 사고방식을 바꾼 과학

역사적으로 과학이 객관적인 사실을 밝힘으로써 인류의 인식이 바뀐 경우가 많이 있다. 대표적인 예가 아마도 코페르니쿠스가 주장한 지동설(地動說)일 것이다. 중세까지는 인간이 우주의 중심이라는 종교적인 신념 때문에 지구가 중심에 있고 태양과 달 등이 지구를 중심으로 돈다는 천동설(天動說)이 진리로 받아들여졌는데, 코페르니쿠스와 갈릴레이는 태양과 달, 그리고 여러 행성의 운동을 면밀히 측정한 결과 지구가 중심에 있는 것이 아니라 태양이 중심에 있다는 사실을 밝혀냈고, 이러한 지동설은 인류의 인식과 사고방식에 매우 충격적인 변화를 가져왔다. 오죽하면 지금도 커다란 인식의 변화를 코페

문화에 있어서의 과학의 위상

르니쿠스적 혁명(Copernican Revolution)이라고 일컫고 있지 않은가.

또한 뉴턴의 만유인력 법칙과 운동 법칙도 인류의 인식을 바꾼 사례의 하나이다. 뉴턴 이전에는 지구 상의 현상을 지배하는 지상(地上)의 법칙과 하늘에서 일어나는 현상을 지배하는 천상(天上)의 법칙이 다르다고 생각했다. 이것도 역시 종교의 영향으로서, 하늘은 완벽한 세계이기 때문에 오류가 있을 수 없는 반면, 지구 상에서 일어나는 일은 불완전하여 혼돈이 있다는 생각이었던 것이다. 그러나 뉴턴은 만유인력 법칙과 운동 법칙이 지구 상에서 땅으로 떨어지는 사과에만 적용되는 것이 아니라, 천상에서 일어나는 지구와 태양, 태양과 행성 사이의 운동에도 똑같이 적용된다고 주장했다. 뉴턴은 만유인력 법칙과 운동의 법칙을 적용하여 태양을 중심으로 하는 지구와 행성의 운동을 정확하게 설명할 수 있었고, 그렇기 때문에 이 이론은 곧 여러 사람들에게 받아들여졌다.

이처럼 천상의 법칙과 지상의 법칙이 동일하고, 그것이 또한 시간에 관계없이 일정하다는 믿음은 우리에게 우주에 대하여 많은 사실을 알 수 있게 해 주었다. 즉 지구 상에서 발견한 물리학 법칙을 전 우주에서 일어나는/일어났던/일어날 현상들에 보편적으로(universally) 적용함으로써, 우리가 가 보지 못한 먼 별에서 일어나는 현상이나 수십억 년 전 우주에서 일어났던 현상에 대해서도 추론할 수 있게 된 것이다. 그러기에 우리는 지금 태양이 계속 에너지를 내는 메커니즘을 이해하고 있고, 태양과 지구가 앞으로 어떻게 변할지도 예측하고 있으며, 우주가 처음 생성될 때의 현상까지도 추론하고 있다. 대폭발(big bang) 이론이나 우주의 역사에 대한 이론 역시 모두 이 믿음에 근거한 것이다.

다윈의 진화론(進化論) 또한 인류가 자연 속에서의 자신의 위치를 다시 한 번 살펴보게 한 중대한 계기가 되었음은 말할 나위가 없다. 인간이 전지전능한 신(神)의 특별한 창조물이 아니라 원숭이로부터 진화했을 것이라는 가설을 당시의 사람들은 쉽게 받아들일 수 없었고, 지금도 신학자를 비롯한 상당수 사람들은 커다란 거부감을 느끼고 있다. 물론 아직도 진화론이 모든 생물 종(種)의 변화를 완벽히 설명하는 것은 아니지만, 대부분의 과학자들은 진화론의 증거가 충분히 쌓였다고 생각하고 있다. 인류의 근원에 대한 이 같은 진화론적 인식은 인류의 존재 이유나 자연에서의 위치에 대해서도 창조론(創造論)을 믿을 때와는 다른 많은 변화를 줄 수밖에 없다. 아마도 그러기에 지금까지도 논쟁이 끊이지 않는 것이다.

20세기 들어와서 인류의 인식 체계에 커다란 변화를 준 또 하나의 이론은 아인슈타인의 상대성 이론일 것이다. 아인슈타인은 시간에 대해서 가지고 있던 사람들의 과거 상식을 바꾸어 버렸다. 즉 보통 사람들은 시간의 흐름이 사람의 위치나 운동 상태에 따라서 변하지 않는다고 생각했는데, 아인슈타인은 시간의 흐름조차 절대적인 것이 아니라 사람의 운동에 따라 상대적으로 변하는 것이라고 주장한 것이다. 이처럼 사람들의 일반적인 경험이나 상식에 어긋나는 이론이 받아들여지게 된 것은 이 이론으로 다른 여러 가지의 현상을 설명할 수 있기 때문이지만, 어쨌든 상대성 이론은 '과학은 이해하기 어려운 것'이라는 인상을 일반 사람들에게 주게 된 계기가 된 것도 사실이다.

20세기 물리학 중에서 일반 사람들의 상식을 깨는 또 하나의 이론은 양자역학이다. 원자와 같은 미시 세계(microscopic world)를 기술하는 양자역학은 '불확정성 원리(uncertainty principle)'를 주장하는데, 이 주장에 의하면 물체의 위치와 속도를 동시에 정확히 측정할 수 없으며, 물체의 운동은 관측자가 관측하느냐 아니냐에 따라 달라진다고 한다. 또한 미시 세계의 물리 현상은 우리가 100퍼센트 확실하게 예측할 수 없고 단지 확률론적으로만 예측할 수 있다고 주장한다. 이 이론은 초기에는 과학자들 간에도 많은 논란을 빚어서, 심지어 아인슈타인 같은 과학자는 확률론적 세계관에 반대하며 "신은 주사위를 던지지 않는다.(God does not throw dice.)"라는 유명한 말을 남겼다. 하지만 이 이론은 미시 세계의 물리적 현상을 잘 설명해 주기 때문에 지금은 대부분의 물리학자들이 믿고 있으며, 양자역학의 확률론적인 기술은 오히려 인간의 자유 의지를 합리화하는 데 이용되기도 한다.

3 과학 지식의 특성[1]

그러면 이처럼 상식에 반하는 듯한 과학 이론을 사람들이 받아들이는 이유는 무엇일까? 과학 지식에는 어떤 특징이 있어서 객관적인 진실이라고 믿어지는 것일까? 여기서는 뉴턴의 고전 역학 법칙을 하나의 예로 들어 설명해 보기로 한다. 우리의 일반적 경험에 의하면 돌과 종이를 아파트 옥상에서 떨어뜨리면 무거운 돌이 먼저 떨어진다. 그러나 뉴턴 역학은 지구 상에서 모든 물체는 같은 가속도(중력 가속도 g = 9.8m/sec²)로 떨어진다고 주장한다. 어떻게 이렇게 일반적인 경험이나 상식과 다른 법칙이 '진리'라고 받아들여지게 되었을까? 사실 중세까지 사람들이 믿어 온 아리스토텔레스의 세계관에 의하면, 모든 물체는 자연적인 위치가 정해져 있고 그 자연적인 위치로 가기 위해 움직인다. 아리스토텔레스는 지상의 만물이 흙, 물, 공기, 불의 네 가지 기본 원소로 이루어져 있다고 믿었고, 흙과 물의 자연적인 위치는 땅이고, 공기와 불의 자연적인 위치는 하늘이라고 생각했다. 그의 목적론적 우주관에 따르면 모든 물체는 자연적인 위치로 가기 위해 움직이기 때문에 물은 낮은 데로 흐르고, 공을 위로 던지면 땅으로 떨어지는 것이 당연하고, 불기둥과 연기는 하늘로 날아가는 것이 자연스럽다. 이런 설명은 우리의 일상 경험과 잘 들어맞는 듯이 보인다.

그러나 이러한 설명의 결정적인 문제점을 지적한 사람이 다름 아닌 르네상스 시대의 갈릴레오 갈릴레이였다. 갈릴레이는 '사고 실험 (思考實驗, Gedanken Experiment)'이라는 방법을 사용하여, 무거운 물체가 가벼운 물체보다 빨리 떨어진다는 생각에 논리적인 모순이 있다는 것을 밝혔다. 이 '사고 실험'이라는 방법은 그 후 과학적 연구 방법으로 실제 실험과 더불어 매우 중요한 역할을 하게 된다. 갈릴레이는 1632년에 발표한 『두 체계에 관한 대화(*Dialogue on the Two Chief World Systems*)』에서 다음과 같이 설명했다. 예를 들어 무거운 돌 A와 가벼운 돌 B가 있다고 하자. 아리스토텔레스의 이론에 따르면 두 물체의 낙하 속도는 다를 것이다. A는 무거우니까 빨리 떨어지고(예를 들어 초속 8미터의 속도라고 하자.) B는 가벼우니까 천천히 떨어

문화에 있어서의 과학의 위상

질 것이다.(예를 들어 초속 4미터의 속도라고 하자.) 이제 이 두 돌을 끈으로 묶어서 떨어뜨리면 어떤 일이 일어날까? 아리스토텔레스에 따르면 묶인 돌은 초속 4미터와 8미터 사이의 어떤 속도로 떨어질 것이다. 가벼운 돌이 무거운 돌의 낙하를 지연시키기 때문이다. 그러나 묶인 돌들을 하나의 물체라고 생각하면 오히려 초속 8미터보다도 더 빨리 떨어져야 맞다. 하지만 돌들은 자기들이 묶여 있다는 것을 어떻게 알 수 있는가? 이처럼 아리스토텔레스의 이론은 하나의 현상을 보는 관점에 따라 다르게 결론을 내리게 되는 모순점이 있다. 만일 모든 물체가 무게에 상관없이 같은 속도로 떨어진다고 받아들이면 이런 모순점은 없어진다.

그렇다면 우리가 실제 생활에서 보는 일, 즉 돌과 종이를 높은 곳에서 떨어뜨리면 돌이 먼저 떨어지는 현상은 어떻게 설명되는가? 현대 물리학에서는 이것을 공기 저항의 영향이라고 본다. 즉 지구가 잡아당기는 중력 이외에 종이나 돌에 작용하는 힘이 있는 것이다. 이 경우 공기 저항은 물체가 떨어지는 것을 방해하는 힘이기 때문에 저항이 많으면 물체가 천천히 떨어지게 된다. 그러면 공기 저항이라는 힘이 있는 것은 어떻게 증명할 수 있는가? 실제로 공기 저항은 떨어지는 물체의 모양과 관계가 있기 때문에, 종이를 비행기처럼 접어서 뾰족한 쪽이 앞으로 떨어지도록 하면 공기 저항이 적어져서 종이를 펼친 상태로 떨어뜨릴 때보다 빨리 떨어지는 것을 실험으로 확인할 수 있다. 이처럼 자연과학에서는 이론을 세운 후, 거기서 유도되는 실험 결과를 예측하여 실제 실험을 통해 맞는지 틀리는지를 확인할 수 있기 때문에 이론의 진실 여부를 객관적으로 판단할 수 있는 것이다.

물체가 떨어지는 속도가 무게에 따라 달라지는 것이 공기 저항 때문이라는 것을 증명하는 또 하나의 방법은 공기가 없는 공간에서 실험을 하는 것이다. 공기가 없는 공간을 '진공(vacuum)'이라고 하는데, 실제로 아직도 지구 상에서 공기를 완전히 없게 할 수는 없다. 그러나 요즘 기술로도 진공 펌프를 이용하여 공기를 상당히 빼낼 수는 있다. 따라서 어떤 용기 안에서 공기를 점점 빼내어 가면서 돌과 종이를 떨어뜨리는 실험을 하면 실제로 점점 공기가 줄어들면서 무거운 물체와 가벼운 물체가 비슷한 속도로 떨어지는 것을 관측할 수 있다. 이 사실은 두 물체 사이의 낙하 속도 차이가 공기 때문이라는 것을 증명하는 것이고, 실제로 공기를 완전히 빼낼 수는 없지만 진정한 진공상에서는 두 물체의 속도가 같아질 것이라고 유추할 수 있다. 이러한 극한 상황(혹은 공기의 영향이 없는 이상적인 상황)에서의 유추도 과학적 법칙을 알아내는 중요한 방법이다.

뉴턴 역학의 제1법칙인 '관성의 법칙'도 이러한 유추의 결과이다. 관성의 법칙은 잘 알려진 바대로 '외부에서 힘이 작용하지 않는 한 정지해 있는 물체는 계속 정지해 있고 등속도로 움직이는 물체는 계속 등속도로 움직인다.'라는 것이다. 그런데 정지해 있는 물체가 계속 정지해 있는 것은 우리의 일상생활에서 계속 보는 것이지만, 우리의 경험에서 보면 움직이는 물체는 언젠가는 서지 않는가? 사실 아리스토텔레스는 물체가 정지해 있는 것이 자연스러운 상태라고 생각했고, 따라서 모든 물체는 자연 상태로 가려 하기 때문에 움직이던 물체가 정지하게 된다고 설명했다. 그러나 실험적으로 같은 공을 굴리더라도 울퉁불퉁한 시멘트 바닥에서 굴리면 얼마 안 가서 정지하지만,

문화에 있어서의 과학의 위상

매끄러운 얼음판에서 굴리면 상당히 먼 거리를 가는 것을 볼 수 있다. 현대 물리학에서는 이 차이를 공과 바닥과의 마찰력 차이 때문이라고 보고, 마찰력이 없을 경우(실제로 이런 바닥 표면은 없지만)에는 공이 무한히 굴러간다고 유추한다. 결국 공이 정지하는 것은 자연스러운 상태로 가기 위해서가 아니라, 외부의 힘(마찰력)이 작용하기 때문이라고 결론을 내리는 것이다. 이처럼 조금 체계적으로 검토해 보면 일반적인 상식과 다른 과학적 법칙을 이해할 수 있다.

근대 과학에서는 위에서 본 바와 같이 사고 실험, 실제 실험에 의한 검증, 그리고 외부의 영향을 배제한 이상적인 상황으로의 유추 등 여러 방법을 이용하여 자연의 법칙을 알아낸다. 그리고 뉴턴 이후에 많은 과학자들이 이런 방법을 통해 알아낸 과학 법칙들은 매우 정교하고 정확해서, 그 법칙이 일견 일반 사람들의 직관이나 일상생활에서의 상식과 어긋나더라도 사람들이 진실로 받아들이게 되었다. 미국의 대표적 사회학자 로버트 머튼(Robert K. Merton)은 이처럼 객관적이고 정교한 과학 지식이 확립된 것은 합리적인 규범이 지배하는 과학자 사회의 산물이라고 말했다. 머튼에 따르면 과학자들의 행위를 규제하는 네 가지의 대표적인 규범이 있는데, 이러한 규범이 과학 활동을 일상적인 (혹은 이기적인) 이해관계에서 차단하여 객관적 지식을 창출하도록 보호해 준다는 것이다. 이 네 가지 규범은 보편주의(universalism, 과학의 모든 명제는 객관적이고 보편적인 기준에 의하여 평가되고, 인종이나 계급, 종교, 국적, 성 등에 의해 차별받지 않음), 공유주의(communalism, 과학적 발견은 사회 전체에 귀속되고 과학자는 지적 재산권 대신 사회적인 인정과 존경을 받음), 무사 무욕(disinterestedness, 과학자들은 이기적인 이해관계를 초월하여 행동해야 함), 그리고 조직화된 회의주의(organized skepticism, 모든 아이디어는 과학자 사회의 엄격한 검증을 받아야 함)이다. 이 생각에 따르면 과학 지식은 이러한 규범에 따라 보편적 합리성이 담보되기 때문에 사회의 영향으로부터 자유롭고, 맥락 의존적이고 역사성·가변성을 갖는 많은 다른 문화적 지식과는 달리 초역사적이고 보편타당한 지식, 즉 시간과 공간을 초월한 진리가 될 수 있다는 것이다.

여기서 필자가 가장 중요하게 여기는 것은 '보편주의'와 '조직화된 회의주의'이다. 즉 모든 명제는 객관적이고 보편적인 기준에 의해 평가되고, 모든 아이디어는 과학자 사회의 엄격한 검증을 받아야 한다는 것이다. 과거 필자가 노벨상 수상자인 미국의 유명한 물리학자 필립 앤더슨을 인터뷰할 기회가 있어서 "과학적 지식이 일반적으로 객관적 진실이라고 인정받는 이유가 무엇이라고 생각하느냐?"라는 질문을 한 적이 있는데, 그의 대답이 매우 감명 깊었다. 즉 그는 "과학자들이 특별히 다른 분야의 사람들보다 양심적이거나 정직해서가 아니다. 다만 과학적 검증 시스템이 매우 엄중하고 객관적이라서, 무명의 소장 학자가 유명한 학자의 주장이 틀리다는 것을 객관적으로 증명하는 것이 가능하고 또한 그러한 일이 오히려 권장되기 때문이다."라고 대답하면서, 상호 검증 가능성을 매우 높이 평가했다. 이런 시스템하에서는 아무리 유명한 과학자라도 독선적이거나 틀린 주장을 펼칠 수 없다는 것이다.

4 과학지식사회학과 과학 전쟁

머튼이 앞의 이론을 내던 시기는 미국을 비롯한 서구가 장기 호황을 구가하고 과학과 사회 진보에 관한 낙관론이 지배하던 때였다. 또한 뉴턴 물리학으로부터 시작된 근대 과학이 자연에 대한 정교한 이론을 확립하고, 이를 이용한 기술과 물질문명이 인류 생활 수준의 급격한 향상을 가져오면서 과학과 기술에 대한 일반인들의 생각은 매우 호의적이었다. 대부분의 사람들이 물질세계는 보편적인 자연법칙을 따르며, 그 보편적 자연법칙은 인간의 합리적 논리에 의해서 알아낼 수 있다고 믿게 되었다. 그러기에 과학자들이 확립한 과학적 지식은 객관적으로 실재하는 자연계에 대한 정확하고 명백하며 입증 가능한 지식으로서, 사회 문화적 영향으로부터 초연한 보편타당한 진리라고 받아들여졌던 것이다. 이러한 과학적 지식의 발견은 사실에 대한 공평하고 객관적인 관찰(실험)에 의하여 시작되며, 이러한 관찰은 엄격한 기준과 규범에 따라 관찰자의 주관적 선호나 의도에 좌우됨이 없이 충실히 재현될 수 있다고 믿었다. 이처럼 과학은 인류학이나 사회학, 철학과는 다른 특별한 인식론적인 권위를 가지게 되었던 것이다.

그러나 이 특별한 권위는 1960년대 말에서 1970년대에 들어오면서 도전받기 시작한다. 이때 서구 사회는 산업화 과정에서 발생한 환경 오염 문제가 심각해지고 원자 폭탄 등 대량 살상 무기의 위험성에 대한 우려가 증폭되면서 기술 문명에 대한 비판 의식이 지식인 사회에 퍼져 갔다. 일부 극단적인 사람들은 과학기술이 국가 권력과 산업 자본에 이용당하는 도구일 뿐이며, 따라서 과학이 합리적인 진리 체계라는 생각에 대해서도 근본적인 재검토와 분석이 필요하다는 입장을 내세웠다. 게다가 1962년 발표된 토머스 쿤의 유명한 저서 『과학 혁명의 구조(*The Structure of Scientific Revolution*)』도 그전까지 많은 사람들이 인정했던 과학 지식의 특별한 권위를 해체하는 데 많은 영향을 미쳤다. 이 책에서 쿤은 과학사의 수많은 사례를 통해 과학 지식이 누적적으로 한 길을 따라 진보하는 것은 아니라는 것을 보였다. 대신 쿤은 한 시대의 과학적 가설, 법칙, 이론, 믿음 등의 총체를 '패러다임(paradigm)'이라고 명명했는데, 그에 의하면 한 패러다임에서 다른 패러다임으로의 전환은 논리적이라기보다 마치 종교적 개종과 흡사한 비합리적인 과정이라는 것이다. 그리고 한 패러다임과 다른 패러다임은 서로 비교할 수 없는 '공약 불가능성(incommen-surability)'의 관계라고 주장했다. 이러한 주장은 과학적 법칙이 시간과 공간을 초월하는 보편타당한 진리(혹은 이러한 진리를 향해 끊임없이 나아가는 지식 체계)라는 일반 과학자들의 생각을 상당 부분 부정하는 것이었다.

이러한 배경 속에서 과학 지식에 대한 전혀 새로운 사회학적 이론이 영국의 에든버러 대학을 중심으로 태동되었다. 이 대학의 반스(Barry Barnes)와 블루어(David Bloor) 교수 등은 머튼의 과학사회학과는 다른 과학지식사회학(Sociology of Scientific Knowledge, SSK)으로서 "과학 지식의 형성도 사회적 요인으로 설명되어야 한다."라는 소위 '스트롱 프로그램(Strong programme)'을 제창했다. 이들은 과거 과학 지식에 부여되었던 특권적인 지위를 부정하고, 과학 지식도 다

문화에 있어서의 과학의 위상

른 문화적 산물과 근본적인 인식론적 차이가 없음을 주장했다.

"모든 과학 지식이 사회적으로 구성된다."라고 하는 사회 구성
주의자들의 주장은 그 근거로 크게 두 가지를 내세운다. 하나는 과학
철학자 콰인(Willard Van Orman Quine)이 주장한 '증거에 의한 과
학적 이론의 과소 결정(underdetermination of scientific theories by
the evidence)' 명제이다. 콰인은 「경험주의의 두 도그마」라는 논문
에서 같은 경험적 증거를 설명할 수 있는 과학적 이론이 무수히 많
을 수 있다는 것을 보였다. 그렇기에 과학자들이 올바른 이론을 선택
하는 과정은 논리적인 것이 아니라 예측의 풍부함이나 단순성, 그리
고 이전 이론과의 합치성 등 여러 요인이 복합적으로 작용하는 것이
라고 했다. 사회 구성주의 과학사회학자들은 이에 더 나아가 경쟁하
는 과학적 이론이나 해석 중에서 하나가 선택되는 이유는 실험 결과
나 과학 내부의 논리적 증거 때문이 아니라 사회적인 요인의 개입 때
문이라고 주장했다. 사회적 요소로는 계급 갈등이나 우생학 같은 이
데올로기도 있고, 과학자 사회의 관습, 위계질서, 혹은 이해관계 등
이 있을 수 있다고 보았다. 예를 들어 사회 구성주의 과학사회학자 해
리 콜린스(Harry Collins)와 트레버 핀치(Trevor Pinch)는 『골렘(The
Golem: What Everyone Should Know about Science)』이라는 책에서,
아인슈타인의 일반 상대성 이론을 실험적으로 검증했다고 발표하여
세계적인 뉴스가 된 1919년의 에딩턴의 실험(영국의 과학자 에딩턴이
남미에서 일식 때 태양에 의한 별빛의 굴절 현상을 분석하여 그 굴절각이 아
인슈타인의 일반 상대성 이론에서 예측한 것과 같음을 입증했다는 실험)을
살펴보면, 실제 실험 결과는 매우 복잡하고 편차가 심하여 아인슈타

인의 이론과 맞는지 틀리는지를 결론 내기가 불가능했는데도 불구하고, 국제 평화주의자였던 에딩턴이 당시 영국과 독일 과학자들 사이의 적대감을 해소하기 위해서 아인슈타인의 이론이 맞는 쪽으로 해석했다고 주장하고 있다.

과학 지식의 사회적 구성론의 두 번째 근거는 '관찰의 이론 의존성(theory-ladenness of observation)' 명제이다. 이 명제는 모든 관찰은 측정 이론 등의 보조 가정을 포함하고 있고, 어떤 실험 데이터가 유관하고 적절한 증거로 간주되느냐는 결정은 그 실험이 검증할 이론적 패러다임에 의해 부분적으로 결정되기 때문에 관찰이 이론에 배태되어 있다는 것이다. 이러한 생각은 전통적인 과학자들이 생각하는 "과학적 지식의 발견은 사실에 대한 공평하고 객관적인 관찰(실험)에 의하여 시작되며, 이러한 관찰은 엄격한 기준과 규범에 따라 관찰자의 주관적 선호나 의도에 좌우됨이 없이 충실히 재현될 수 있다."라는 믿음과 정면으로 배치된다. 즉 관찰은 해석으로부터 독립적인 과정이 아니라, 범주화와 추론이 수반되는 적극적인 해석 과정의 일부라고 주장하는 것이다. 이처럼 관측이나 실험이 과학적인 실체를 객관적으로 드러내는 것이 아니라 특정 과학 이론과 유관할 수밖에 없기 때문에, 경쟁적인 이론의 공평무사한 판단자일 수 없다는 것이다. 따라서 어떤 이론이 맞느냐는 결정은 객관적인 데이터에 의존할 수 없고 결국 과학자들 사이의 사회적 '협상'의 결과라고 주장한다.

이 같은 과학 지식의 사회적 구성론자들의 주장에 대하여 물론 정통 과학자들이 가만히 있지는 않았다. 우리 시대의 대표적인 물리

　　　　　　　　　　　　　문화에 있어서의 과학의 위상

학자 중 하나로, 소립자 이론으로 1979년 노벨 물리학상을 수상하고 우주의 기원에 관한 책 『최초의 3분(The First Three Minutes)』을 쓴 스티븐 와인버그는 1993년 출판된 『최종 이론의 꿈(The Dreams of a Final Theory)』이라는 책에서 과학지식사회학의 스트롱 프로그램을 강하게 비판했다. 와인버그는 과학철학이 과학의 발전에 미친 영향이 거의 전무하다고 하면서, 과학 지식의 사회적 구성론자들의 주장은 실제 과학을 제대로 이해하지 못하는 데서 기인하는 무지의 소치라고 간단히 규정하고 있다. 그는 "과학의 진리가 실재에 대한 과학적 '타협'의 과정을 통해 얻어진 합의"라고 주장하는 상대주의가 과학의 객관성에 도전하는, 과학에 대한 공격이라고 주장하면서 "등산가들이 여러 경로를 통하여 에베레스트에 오를 수 있지만, 궁극적으로 정상에 오르든지 실패하든지 두 결과가 있을 뿐이다. 내 경험은 과학이 등산과 같다고 확신하게 만든다."라고 주장했다. 이어 1994년에는 해양생물학자인 폴 그로스와 수학자인 노먼 레빗이 과학지식사회학을 정면으로 공격하는 『고등 미신(Higher Superstition)』이라는 책을 출판하여 사회 구성주의자, 포스트모더니즘 과학론자, 극단적인 환경론자들이 과학에 대하여 무지하다고 비판하면서, 이들 주장의 허구를 밝히는 것이 자신들과 같은 과학자의 책무가 되었다고 역설했다. 또한 이들은 사회나 문화가 과학의 내용에 영향을 미친다는 주장은 과학이 객관적 실재를 진실되게 기술하고 있다는 상식적인 실재론에 위배되는 것이라고 단정했다.

이보다 더욱 극적인 일은 1996년에 일어난 '소칼의 날조(Sokal's hoax)' 사건과 이에 따른 소위 '과학 전쟁(science war)'이다. 『고등 미신』의 대표적인 비판 대상이었던 잡지《소셜 텍스트(*Social Text*)》의 편집인인 앤드루 로스(Andrew Ross)는 1996년 봄《소셜 텍스트》의 한 호를 '과학 전쟁'이라는 제목하에『고등 미신』에서 비판받았던 저자들의 반론을 모아 출판했다. 그런데 이 잡지에 「경계의 침범: 양자 중력의 변형 해석학을 위하여(*Transgressing the Boundaries: Towards a Transformative Hemeneutics of Quantum Gravity*)」라는 제목의 논문이 실렸는데, 몇 주 후 이 논문의 저자인 뉴욕 대학 수리물리학 교수 앨런 소칼(Alan Sokal)이 어느 잡지와의 인터뷰에서 자신의 논문이 아무 내용 없는 엉터리 날조에 불과하다고 밝힌 것이다. 이 인터뷰 내용은 과학지식사회학 진영에 떨어진 '폭탄'으로 비유되며 유력 일간지의 문화 면과 사회 면을 장식하는 커다란 뉴스가 되었다. 소칼은 사회 구성주의 과학 이론이 과학을 상대적·주관적으로 만들고 "진리란 단순히 사람들이 믿고 서로 합의하는 것이다."라는 잘못된 주장을 펴는 것을 참기 힘들어서 그런 행동을 했다고 밝혔다. 그는 사회 구성주의자와 포스트모더니스트 들이 엄격한 사고보다는 그럴듯한 입발림에 넘어가는 엉터리 학자들이라는 것을 보이기 위해 엉터리 논문을 제출했고, 그의 기대대로 논문이 출판되었다며 이는 사회 구성주의자들의 학설이 얼마나 허구인가를 보여 준다고 주장했다. 이어 소칼은 1998년 장 브리크몽과 같이『지적 사기(*Fashionable Nonsense*)』란 제목의 책을 출간하여 상대주의 과학철학, 사회 구성주의 과학사회학, 포스트모더니즘 철학 등에 대하여 강력히 비판했다. 이에 대해 프랑스 철학의 거장 자크 데리다가《르몽드》를 통해 반박하기도 했고, 그 외 콜린스 등 사회 구성주의 과학사회학자들의 반박이 있기도 했다. 우리나라에서도 1998년《교수신문》을 통하여 국민대학교 사회학과의 김환석 교수와 필자가 상대주의 과학관에 대하여 세 번에 걸쳐 토론을 했고,[2] 우리나라 과학사/과학철학계의 원로이신 한림대학교 송상용 교수의 정리로 마무리된 일이 있다.

5 과학 지식의 객관성

여기서 필자가 과학자의 입장에서 보는 과학지식사회학자들 주장에 대한 견해를 간단히 기술하고자 한다. 물론 과학지식사회학에 대한 입장은 과학자들도 각각 개인에 따라 상당히 다를 수 있기에 여기서 개진하는 의견은 필자의 순수한 개인적인 의견임을 미리 밝힌다.

먼저 '증거에 의한 과학적 이론의 과소 결정' 명제를 생각해 보자. 과학자들이 실험 혹은 관측을 통해 얻는 경험적인 증거들을 설명할 수 있는 이론은 유일한 것이 아니라 수없이 많다는 주장이다. 실제로 토마스 쿤도 과학의 역사를 볼 때 '결정적 실험(crucial experiment, 두 이론 중에 하나가 확실히 옳고 다른 하나가 확실히 틀렸다는 것을 보여주는 실험)'이 위력을 발휘한 경우는 거의 없다고 지적했다. 필자도 실험적 사실만으로 유일한 이론을 구성할 수 있는 것은 아니라는 점에 동의한다. 하나의 실험적 결과나 관측은 대부분의 경우 여러 다른 이론으로 설명할 수 있다. 그렇기에 과학자들 간에 논쟁이 있고 '학파'가 있는 것이 아니겠는가? 아마도 가까운 예로는 한의학과 서양의학 체계를 들 수 있을 것이다. 동양의학과 서양의학은 같은 병에 대해서도 그 원인에 대한 해석이 다르고 당연히 그 병을 고치는 처방도 다르다. 그러나 실제로는 두 처방이 모두 효과가 있는 경우가 많다. 이러한 사실은 인체와 장기의 역할을 이해하는 지식 체계가 유일하지 않을 수 있다는 것을 말해 준다.(물론 스티븐 와인버그 같은 과학자는 외계인이 오더라도 우리와 똑같은 과학 법칙을 발견할 것이라고 주장한다.)

그렇지만 일부 과학지식사회학자들이 주장하듯이 단지 과학자들 사이의 사회적 타협에 의하여 과학 이론을 마음대로 결정할 수 있는 것은 아니다. 과학에는 항상 자연이라는 심판자가 있어서, 그 심판자의 관문을 통과해야 유용한 이론으로 인정받을 수 있기 때문이다. 물론 그 과정이 과학을 잘 모르는 외부인의 관점에서 볼 때에는 논리적이지 않고 단순히 과학자들 간의 사회적 '타협' 혹은 '합의'의 결과처럼 보일 수도 있다. 그러나 과학을 연구하는 현장 과학자들의 입장에서 보면 객관적이고 설득력 있는 충분한 '과학적 근거'가 있는 것이다. 한 예로 아인슈타인의 특수 상대성 이론을 보자. 상대성 이론의 가장 중요한 가정(postulate) 중의 하나가 '빛의 속도는 그 소스(source)나 관찰자의 운동과 관계없이 항상 일정하다.'라는 것이다. 사실 이 가정은 우리가 일상생활에서 느끼는 파동(wave)에 대한 많은 경험과는 배치되는 듯이 보인다. 예를 들어 소리(음파, sound wave)의 경우에는 소스나 관찰자의 운동에 따라 그 전파 속도가 다르게 나타난다. 심지어 초음속 비행기처럼 소리의 속도보다 소스나 관찰자가 빠르게 움직일 수도 있다. 그러나 빛의 경우에는 비행기가 아무리 빨리 날더라도 조종사가 측정하는 빛의 속도는 다르지 않다는 것이다. 이처럼 일상 경험이나 보통 사람들의 '상식'에 어긋나는 사실에 기초한 상대성 이론이 어떻게 진실로 받아들여지게 되었는가? 첫째는 실험적 관측이다. 미국의 물리학자 앨버트 마이컬슨(Albert Michelson)과 에드워드 몰리(Edward Morley)가 빛의 속도를 정밀히 측정했더니, 소스나 관측자의 움직임과는 관계가 없다는 실험 결과를 얻었다. 사실 마이컬슨과 몰리는 빛도 소리처럼 소스나 관측자의 움직임에 따라 속도가 달라질 것으로 생각하고 실험했는데, 그 결과가 그들의 예상과는 다르게 나왔던 것이다. 둘째는 이러한 실험적 사실을 해석하는 이론의 적합성이다. '빛의 속도가 일정하다'는 실험적 사실도 당시의 여러 유명한 물리학자들은 상대성 이론을 도입하지 않고 설명하려 했고, 또 실제로 설명이 가능했다. 이것은 '증거에 의한 과학적 이론의 과소 결정' 명제의 한 예가 될 것이다. 그러나 이렇게 설명하기 위해서는 여러 부자연스러운 다른 가정들을 도입해야 했는데, 이와는 달리 아인슈타인의 상대성 이론은 부자연스러운 군더더기 없이 아주 명쾌하게 여러 실험 결과들을 설명할 수 있었던 것이다. 과학자들은 이러한 상황을 종합적으로 판단해서 아인슈타인의 상대성 이론을 받아들였는데, 이 내용을 잘 이해하지 못하는 국외자들의 입장에서는 이것이 과학자들의 단순한 합의가 아닌가 하는 의심을 가졌던 것이다.

두 번째 문제는 사회적인 요인이 과학 발전이나 그 내용에 얼마나 영향을 미치느냐는 점이다. 과학 지식의 사회 구성론자들은 과학 발전이 '항상' 사회적인 영향을 받는다고 주장한다. 물론 과학자들도 인간이고 과학자로서 전문가 사회(professional society)를 이루며 살아간다. 그리고 이 과학자 사회에서도 다른 사회와 같이 정치, 권력,

이권 다툼 등이 일어나고, 머튼이 주장한 대로의 보편주의, 공유주의, 무사 무욕, 조직적 회의주의 등이 항상 작동하는 것은 아니다. 그렇다고 해서 과학 연구에 사회가 개입하는 것을 당연하게 생각하는 것은 매우 위험하다. 과거 인종주의가 낳은 유색 인종의 지적 능력(IQ)에 대한 잘못된 과학, 이데올로기 때문에 많은 폐해를 일으켰던 우생학 등의 예에서 보듯이, 사회가 과학 연구의 내용에 개입하기 시작하면 걷잡을 수 없는 문제를 일으킬 수 있다. 결국 머튼의 이상적인 과학자 사회처럼 과학 연구에서는 보편주의, 공유주의, 무사 무욕, 조직적 회의주의를 추구하는 것이 과학의 발전과 사회 전체의 발전을 위해서 좋은 것이다.

물론 실제로 과학이 항상 '가치 중립적'인가 하는 의문은 품을 수 있다. 제2차 세계 대전 이후 미국과 소련의 이데올로기 경쟁과 군비 싸움의 영향으로 대규모 물리과학 및 우주과학 분야가 발전했고, 최근에 와서는 지구 온난화 논란의 영향으로 지구 환경과 녹색 성장 분야 연구가 활성화되고 있다. 이처럼 어떤 연구를 할 것인가 하는 주제와 분야의 선정에 당시 사람들의 '가치'가 들어가는 것은 부인할 수 없고, 그러기에 오히려 연구 주제를 선정할 때에는 과학자들이 '올바른 가치'를 추구하는 자세가 바람직하기도 하다. 최근의 줄기세포(stem cell)에 관한 연구와 유전자 조작 식품(GMO, Genetically Modified Organism)에 대한 논란은 바로 가치의 문제인 것이다. 그러나 과학 연구의 과정에서는 가치의 중립성을 추구하는 것이 과학자들의 올바른 자세이고 실제로 대부분의 과학자들이 이러한 원칙을 따르고 있다. 물론 현실에서는 예를 들어 극단적인 환경론자와 지구

문화에 있어서의 과학의 위상

온난화 현상을 믿지 않는 과학자들이 같은 실험 결과를 놓고도 서로 다르게 해석하는 일이 일어나고, 심지어 사실을 왜곡하는 경우도 있다. 그러나 이처럼 연구 과정에서 가치 중립성을 지키지 않는다면 진실이 밝혀지지 못하고 인류가 제대로 된 객관적 사실에 기초한 현명한 판단을 할 수 없게 될 것이다. 그런 면에서 '과학 연구의 가치 중립성'은 적어도 연구 과정에서는 철저히 지켜야 할 덕목이다.

많은 과학자들이 '과학 지식의 사회적 구성론'에 불편함을 느끼는 이유는 진정한 과학과 사이비 과학 사이의 경계가 무너질까 두려워하기 때문이다. 모든 과학이 '사회적으로 구성'되었고, 문화인류학에서 서로 다른 문화의 우열을 가릴 수 없다고 주장하는 것처럼 과학에서도 각기 다른 과학 지식 체계의 우열을 가릴 수 없다고 주장한다면, 사이비 과학과 정통 과학을 구분할 기준이 없어지는 것이다. 그러나 사람이 병에 걸렸을 때 원시인들이 무당의 주술로 고치려 하는 것과 현대 의술로 고치려 하는 것에는 판이한 차이가 있다. 몇몇 사람들이 믿는다고 해서 사이비 과학이 정통 과학과 같은 대접을 받아야 한다고 주장한다면, 사회적으로 많은 폐해가 생길 것은 자명하다. 현대 과학은 확실히 아리스토텔레스 시대의 과학보다 훨씬 많은 자연 현상을 일관성 있게 이해할 수 있게 한다. 그리고 과학에서 말하는 진리는 '자신이 믿고 싶은 것'을 말하는 것이 아니라 '자연에 존재하는 것'을 객관적으로 알려 주는 것이다. 요즘 우리 사회에는 이처럼 객관적 사실에 근거한 판단을 하는 진정한 과학 정신이 매우 필요하다고 생각된다.

6 과학과 사회

현대 사회에서 과학기술의 중요성은 말할 나위가 없고 그 영향력은 점점 커지고 있다. 최근 인터넷과 스마트폰이 우리의 일상생활을 바꾸고 세계의 산업 구조를 근본적으로 변화시키는 것에서 좋은 예를 볼 수 있다. 20세기 말에 《타임》은 "20세기의 인물"을 뽑았는데, 히틀러나 처칠 같은 정치가 혹은 러셀이나 사르트르 같은 철학자를 제치고 아인슈타인을 선정한 바 있다. 《타임》은 그 이유로서 "아인슈타인이 세기의 천재라서가 아니라, 20세기 인류의 생활을 근본적으로 변화시킨 것은 과학기술의 발전이었기 때문에 과학자의 대표로서 선정한 것이다."라고 밝힌 바 있다. 이처럼 앞으로 인류의 생활이나 사회의 변화 추세를 올바로 예측하기 위해서는 과학을 제대로 이해할 필요가 있다. 미래 사회의 발전 방향은 과학기술에 의해서 결정될 것이기 때문이다.

미래만이 아니라 현재 우리가 부딪히는 사회의 많은 문제들도 과학기술적 요소를 포함하고 있다. 예를 들어 일본과 독일은 원자력 발전소를 없앨까를 두고 고민하고 있으며, 우리나라도 그 비중을 높일지 낮출지에 대해서 논란이 벌어지고 있다. 또한 지구 온난화와 이에 따른 세계적 기후 변화는 모든 나라를 공포에 떨게 하고 있으며, 최근 미국의 존 케리 국무장관은 "기후 변화가 가장 위험한 대량 살상 무기이다."라고까지 말한 바 있다. 그런데 이런 문제들에 합리적으로 대응하기 위해서는 과학자들만이 아니라 일반 시민들이 올바른 과학적 지식을 갖는 것이 중요하다. 이 문제들은 과학기술적 분석만으로

문화에 있어서의 과학의 위상

명쾌한 해답을 얻을 수 있는 것이 아니라 사회적 합의를 얻어야만 해결될 것이기 때문이다. 그러므로 결정의 주체인 국민들이 편견에 휘둘리지 않고 여러 상반되는 이슈들을 사실에 근거하여 합리적으로 분석하고 판단하는 자세를 가져야만 할 것이다. 이를 위한 방안으로 시민들이 직접 과학 활동에 참여하는 시민 과학 운동을 거론하는 사람들도 있으나, 얼마나 현실성이 있을지는 따져 보아야 할 것이다. 다만 우선 꼭 필요한 일은 모든 학생들에게 문과 이과에 관계없이 올바른 과학 정신에 대해 교육하는 일일 것이다. 특히 구체적인 과학적 지식을 많이 가르치는 것보다는 과학 지식이 객관적으로 얻어지는 과정과 그 사고방식을 가르치는 것이 더욱 중요하다.

이와는 반대로 앞으로는 과학자들이 인문학적 지식을 가져야 할 필요성도 더욱 절실해질 것이다. 왜냐하면 과학이 점점 발전해 감에 따라 과거에는 생각해 보지 못했던 새로운 문제들에 부딪힐 것이고, 이를 합리적으로 해결하기 위해서는 윤리학이나 철학과 같은 인문학적 지식이 필요할 것이기 때문이다. 예를 들어 최근 논란이 되고 있는 생명 복제와 줄기세포 연구, 유전자 조작 등에 관한 문제는 과학적 지식만으로 풀리는 문제가 아니다. 이런 문제에 대한 합리적인 해결책을 구하기 위해서는 생명의 존엄성이나 인간과 자연과의 관계 등에 대한 근원적인 사유가 필요하다.

7 문화와 교양으로서의 과학

2010년에 발간된 『사이언스 이즈 컬처(Science is Culture)』라는 책의 서문에 다음과 같은 말이 있다.

> 오늘날의 키워드는 '과학은 문화'이다. 지난 10년간 과학은 정치, 경제, 예술, 지성의 지표를 바꾸어 놓았다. 과학은 우리가 누구이며 어디에서 왔는가에 대한 인식을 바꿈과 동시에 인류의 가치 체계, 그러니까 지구 그리고 인간이 서로를 바라보는 시각을 현대화하고 있다. 신념, 민주주의, 자유 시장 같은 개념들도 물론 세상을 바꿔 놓은 힘이다. 그러나 과학은 가장 보편적이고 압도적인 변화의 매개체이다. 오늘날 과학은 지구 상에 사는 모든 이에게 영향을 미치고 있다.

사실 앞의 2장에서 보았듯이, 과학이 인류 지성의 지표를 바꾸어 놓은 것은 지난 10년에만 국한된 것은 아니다. 이미 수 세기에 걸쳐 코페르니쿠스, 갈릴레이, 뉴턴, 다윈, 파스퇴르, 아인슈타인 등 근대 과학의 거장들은 인류가 누구이며 어디에서 왔는가 등에 대한 보편적 인식을 송두리째 바꾸어 왔던 것이다. 즉 과학은 이처럼 인류 지성의 큰 보고이며 문화적 가치가 많은 활동이다. 단순히 경제 발전의 도구만인 것은 아닌 것이다.

과학과 예술의 관계에도 그런 면이 있다. 노벨상을 받은 미국의 유명한 물리학자 리처드 파인먼은 어느 텔레비전 대담에서 다음과 같은 이야기를 한 적이 있다.

미술가 친구가 한 사람 있는데, 이 친구는 가끔 나로서는 받아들일 수 없는 이야기를 합니다. 예를 들어 꽃을 집어 들고는 이렇게 말하는 거죠. "얼마나 예쁜가 좀 보라고." 물론 저도 동의합니다. 이어서 이 친구는 이렇게 말합니다. "그런데 말이야, 미술가로서 나는 이 꽃이 얼마나 아름다운지 알 수 있어. 그런데 과학자인 자네는 꽃을 발기발기 찢어 지루한 물건으로 만들고 말지." 저는 이 친구가 좀 돌았다고 생각합니다. 우선, 그가 꽃을 아름답다고 느끼면 저나 다른 사람도 꽃을 아름답다고 느낄 수 있죠. 물론 제 미적 감각이 친구보다 덜 세련되었을지는 모르지만 말입니다. 어쨌든 저는 꽃의 아름다움을 즐길 능력이 있습니다. 동시에 저는 꽃에서 제 친구가 보는 것보다 훨씬 더 많은 것을 봅니다. 꽃 속의 세포를 상상할 수 있고 세포 속에서 이루어지는 활동을 상상할 수 있는데, 이것도 또한 아름답습니다. 꽃의 색은 곤충을 유인하여 수정을 하기 위해 진화했다는 사실도 흥미롭습니다. 곤충이 색을 볼 수 있다는 뜻이니까 말이죠. 여기서 또 한 가지 의문이 나옵니다. 인간보다 더 낮은 생명체들에게도 이런 미적 감각이 있을까? 미적 감각은 왜 존재하는가? 과학적으로 알면 알수록 꽃은 더욱 아름답고 신비로운 존재임과 동시에 경탄의 대상이 되고, 꽃을 바라보는 즐거움은 늘어만 갑니다. 이 즐거움이 어떻게 하면 줄어드는지 저는 알지 못합니다.[3]

이러한 즐거움은 마치 나태주 시인의 시 「풀꽃」에서 이야기하는 바와 같다고 생각한다.

자세히 보아야

예쁘다

오래 보아야
사랑스럽다

너도 그렇다

　즉 알면 알수록 더욱 아름답고 사랑스러운 것이다. 과학은 사물을 더욱 깊게 보고 즐길 수 있는 능력을 길러 준다. 유홍준 교수도 『나의 문화유산 답사기』에서 "아는 만큼 보이고, 보이는 만큼 생각하고, 생각하는 것만큼 누릴 수 있다."라고 말했지만, 과학은 사물에 대해서 많은 것을 알게 해 주고, 보이게 해 주고, 생각하게 해 주는 역할을 하고 있다.

　　　　　　　　　　　　　　　　　　　　　문화에 있어서의 과학의 위상

지적 지형의 변화와
교육 혁신

교양 교육의 이념

손동현

한국교양기초교육원 원장

1

프랑스 철학자 베르그송은 인간을 움직이는 힘에는 두 가지가 있다고 말한다. 하나는 물리적 압박(puissance physique)의 힘이고 다른 하나는 소망, 곧 열망(éspoir)의 힘이다.[1] '목구멍이 포도청이라' 하는 수 없이 '울며 겨자 먹기'로 하는 일도 있지만, '진주 목사도 저 싫으면 안 하고', '제 흥이 나면 섶을 지고 불에도 뛰어드는' 게 우리 인간의 행동이니, 그렇게 두 가지로 행동의 동인(動因)을 가를 수 있겠다. 전자는 우리를 등 뒤에서 직접 떠미는 힘이고, 후자는 우리를 앞에서, 그것도 저만큼 떨어진 곳에서 유혹하며 이끄는 힘이다. 그렇다. 인간의 삶은 몸과 마음으로 이루어져 있다. 몸은 땅 위에 발붙여 사느라 외부의 물리적인 세계와 연계돼 있는 만큼 물리적인 외부의 힘에 따르지 않을 수가 없다. 이에 반해 마음은 늘 이상을 향해 꿈을 꾸고 있으며, 때론 멀리 초자연적인 세계까지 올라가려 한다. 소망하는 것을 향해, 그것을 성취하기 위해 움직이는 것이 인간이다. 그러니 인간을 움직이는 힘으로 이 두 가지를 말하는 것은 아주 당연해 보인다.

그런데 이들 두 가지 힘이 작용하는 방식을 보면 그 대조가 더 뚜렷해진다. 탐구 이론에서 쓰는 전문 용어로 표현해 보자면, 전자는 인과(법칙)적으로(kausal) 작용하는 힘이고, 후자는 목적(활동)적으로 (final/zwecktätig) 작용하는 힘이다.[2]

인과적으로 힘이 작용한다는 것은 원인이 결과를 불러온다는 것이요, 따라서 시간적으로 앞서 간 것이 시간적으로 뒤따라오는 것을 결정한다는 말이다. 그러니 인과 관계로 이루어지는 세계에서는 실은 모든 것이 태초에 이미 결정되어 있는 셈이다. 세계가 어떻게 전개될지 아직 알려져 있지 않을 뿐이지, 잠재적으로는 모든 것이 다 결정되어 있다는 말이다. 새로운 것이 나올 수 없는 완결된 세계가 인과 관계의 세계다. 기계적으로 작동하는 물리적인 세계가 그 전형이다.

인간 존재도, 그가 몸을 지니고 있는 자연적 존재인 한, 그리고 그 신체가 물질로 이루어져 있는 한, 이 인과 관계의 세계에서 벗어날 수 없다. 그도 어차피 이 원인과 결과의 연쇄 속에 자신의 행동을 연결시켜 나갈 수밖에 없다. 우리가 흔히 인과 관계, 인과율, 인과 법칙이라고 부르는 이 질서는 자연이 운행되는 원리다. 그러니까 이 원리, 즉 인과 관계를 규정하는 법칙에 대해 잘 아는 것은 곧 그가 그 물리적 자연 세계 속에서 성공적으로 활동하기 위해 꼭 필요한 일이다.

목적적으로 힘이 작용한다는 것은 우리가 설정한 목적이 그것을 실현할 수단을 결정한다는 것이요, 따라서 시간적으로 뒤따라올 것이 시간적으로 그보다 앞서 올 것을 결정한다는 말이다. 목적이란 장차 실현되어야 할 것으로 여겨 미리 설정한, 아직 오지 않은 미래의 것이며, 그것이 실현되려면 그에 앞서 일련의 수단들이 차례로 강구되어야 한다. 따라서 목적적 관계라는 것은 무엇인가 새로운 것이 인간의 의도에 따라 출현하는 과정을 가리키는 것이다. 목적적 관계란

실은 자연에는 없는, 인간의 정신적 활동에서나 나타나는 것이요, 자연을 벗어나는 문화의 세계가 그 본령이다.

그러고 보면 이 '미리 설정되는 목적'이라는 것이 문제다. 인과 관계에서 원인은 우리 인간의 의지와 상관없이 이미 주어져 있는 것이다. 원인과 결과의 연쇄를 거슬러 올라가면 태초에까지 올라갈 것이다. 그러나 목적은 우리가 설정하는 것이다. 목적이란 게 무엇인가? 우리는 무엇을 우리 행동의 목표로 설정하나? 그리고 그 목표들은 궁극적으로 어떤 목적을 향해 나아가나?

원인과 결과의 연관에서 이미 주어진 원인이 '사실'이라 한다면, 목적과 수단의 연관에서 목적으로 설정되는 것은 '가치'라 할 수 있다. 사실이 사실을 낳는 과정이 인과 관계라면, 목적 관계란 가치가 사실로 변하는 과정이다. 목적으로 설정되는 것, 즉 우리가 장차 성취하고자 소망하는 것은 지금 사실로서 주어져 있는 것이 아니다. 지금은 '주어져 있지 않은 것'이지만, 지금 주어져 있는 것보다 '좋은 것'이다. 더 좋은 것을 지향하는 것이 인간 정신의 근본적인 원리이기 때문이다. 이 '더 좋은 것'이 바로 가치이다. 목적(활동)적 관계란 이렇듯 '현실에는 존재하지 않는 가치(value)'를 '현실 속에 존재하는(real) 사실로 바꾸는' 과정이다. 한마디로 말해 '가치를 실현하는(realize)' 과정이다.

상식적으로 보면 너무나 분명하고도 단순한 일이지만, 존재론적으로 보면 경이로운 일이 여기서 일어나고 있다. 실시간의 흐름에서 보자면, 시간의 흐름을 역행해 아직 있지도 않은 것이 지금 있는 것을 결정한다는 사태가 그것이다. 목적이 수단을 결정한다는 것은 곧 가

47

치가 사실을 결정한다는 것인데, 이는 곧 '없는 것이 있는 것을 결정한다'는 말이기 때문이다. 무(無)가 유(有), 즉 존재(存在)를 결정하다니! 자연적 사실의 현실 세계에 이런 일은 있을 수 없다.

2

원인-결과의 관계와 목적-수단의 관계는 이렇듯 전혀 다른 것이다. 그러나 가치 실현의 과정인 목적적 관계도, 목적이 실현되는 과정에서 보면, 그 구조가 인과 관계와 다를 바가 없다. 아니, 그 자체가 인과 관계다. 가치가 실현되는 목적적 관계라는 것도 원인이 결과를 결정하는 인과 관계를 떠나서는 그 자체가 성립할 수 없다. 강구한 수단이 목적을 '실현'시킬 수 있기 위해서는 그 수단과 목적 사이에 인과 관계가 철저히 성립돼야만 하는 것이다. 즉 수단이 원인이 되어 목적을 결과로 가져와야 한다. 그렇지 않고서는 목적 설정이라는 것 자체가 아무 의미가 없는 것이며, 목적적 관계라는 것도 그 자체가 성립할 수 없다.

한 단계의 인과 관계에서 결과로 등장한 것이 그다음 단계의 인과 관계에서 다시금 원인이 되듯이, 목적 관계에서도 한 단계의 목적 관계에서 성취된 목적은 그다음 단계의 목적 관계에서는 수단이 된다. 실시간의 흐름에서 볼 때, 원인-결과의 관계는 수단-목적의 관계와 합치한다. 이렇듯 일정한 원인이 주어지면 그로부터 어김없이 일정한 결과가 나오는 세계라야 우리는 이 세계에서 그 확고한 질서를 믿고 무엇인가 계획을 세우고 그것을 실행해 나갈 수 있다. '콩 심은 데서 콩 나고 팥 심은 데서 팥 나야' 콩 농사 팥 농사를 지을 수 있다. 가을에 벼를 수확하고 싶으면 봄에 볍씨를 뿌리는 게 당연한데, 이는 볍씨에서는 벼가 자라 나오게 돼 있다는 인과 관계의 확실성을 믿기 때문이다.

사실 세계의 인과 관계에 대한 과학적, 객관적, 실증적 지식은 가치의 실현 과정에서 꼭 필요한 것이다. 가치를 실현하기 위한 수단을 강구하기 위해서는 그 수단과 달성될 목적 사이의 인과 관계에 대해 확실한 지식을 확보해야 하기 때문이다. 인간사에서 일이 계획한 대로 성취되지 않고 실패로 끝나는 것은 대부분 이 지식의 부족에 그 원인이 있다.

목적적 관계에서 인과 관계와 그 작동 방향이 반대인 것은 목적을 설정하고 이를 실현시킬 수단을 찾아내는 과정일 뿐이다. 목적적 관계의 고유한 점은 목적의 설정이 인과적 연관 관계에서 벗어난 채 이루어지고 있다는 것이다. 이 점이 경이라면 경이이다. 인과 관계에서는 모든 것이 결정돼 있다. 하지만 목적적 관계에서는 목적 그 자체가 늘 새로이 정해져야 한다. 이 점이 목적적 관계의 본질적인 핵심이다. 그러니까 목적적 관계에서는 목적이 정해지지 않는 한 모든 것이 미결정 상태로 머물게 된다. 어느 항구로 향할지 목적지가 정해지지 않은 상태라면, 선박의 기관이 최상의 상태에 있다 한들 무턱대고 출항할 수는 없는 것과 같은 이치다.

인과 관계가 존립하는 세계와 목적적 관계가 성립하는 세계가 별개의 세계가 아니라 동일한 하나의 세계인 이상, 이 두 가지 결정 구

지적 지형의 변화와 교육 혁신

조는 하나인 이 세계 안에서 한데 얽혀 있는 것이다. 그럴 수밖에 없는 것이다. 이 두 가지가 '얽혀 있는' 구조를 어떻게 설명할 수 있을까? 우리의 상식이 이 물음에 아주 자연스러운 답을 준다. 목적적 관계는 상위에 있으면서 하위에 있는 인과적 관계를 재료로 활용한다고 볼 수 있다는 것이다. '콩 심은 데 콩 나고 팥 심은 데 팥 나는' 빈틈없는 인과 관계를 조금이라도 허물 수는 없는 일이지만, 콩을 심을지 팥을 심을지는 우리가 어떤 곡식을 먹을지 생각하여 정할 수 있는 일이다. 인과적 결정 구조에는 필연적 결정만이 있고 자유가 없지만, 목적적 결정 구조는 그 자체가 자유롭게 목적을 설정하는 것을 전제로 하는 것이므로, 필연적으로 결정되는 인과 관계를 선택의 자유가 있는 목적적 관계가 수단으로 부리는 것이 이 두 가지 결정 구조가 동일한 하나의 세계 속에서 공존하며 결부돼 있는 양상이다.

이 주제는 실은 '자유와 필연'의 양립을 설명해야 하는 해묵은 철학적 난제였다. 그러나 우리는 이 두 가지를 상하위의 두 층위에 나누어 자리 매김함으로써 이 문제가 쉽게 상식적으로 해결된다는 것을 알 수 있다. 어떤 철학자는 이 양태를 "인과 관계가 목적적 관계 속에서 '상향 형성(Überformung)'되는" 모습으로 서술하기도 하고, 목적적 관계가 인과 관계를 재료로 활용하는 모습으로 서술하기도 한다.[3]

3

카를 마르크스는 위대한 철학자다. 그는 정신적 활동을 인간사의 중심에 놓는 당대의 이념 지향적 지식 사회에 혁명적 경고를 하였다. 인간의 정신적 활동이라는 것도 따지고 보면 물질적 생활의 반영에 지나지 않는 것이므로 경제 활동, 그중에서도 생산 방식이 인간의 사회적 삶에서 가장 핵심적인 것이라고 역설하였다. 그에 따르면, "인간의 의식이 존재를 결정하는 것이 아니라, 인간의 사회적 존재가 그의 의식을 규정한다."[4]

사회 의식은 그 사회의 경제적 구조에 상응하는 것이고 그 경제적 구조가 사회의 현실적 토대(Basis)를 이루며, 그 위에 법적 정치적 상부 구조(Überbau)가 형성된다. 더 구체적으로는 '생산 방식'이 사회적, 정치적, 정신적 삶의 과정을 제약한다고 그는 주장한다.

틀린 말이 아니다. 그의 선생 격인 포이어바흐는 "인간은 그가 먹는 것이다.(Der Mensch ist was er ißt.)"라고까지 말했다.[5] 『맹자』에도 "항산(恒産, 일정한 재산이나 생업)이 있는 사람이 항심(恒心)도 있다.(有恒産者 有恒心.)"라거나, "만약 백성들이 항산이 없으면, 그로 인하여 항심도 없게 된다.(若民則無恒産 因無恒心.)"라는 말이 있다.[6]

그러나 우리는 자문한다. 마르크스는 이런 통찰을 어떻게 하게 됐으며, 왜 이런 주장을 하게 됐는가? 만국의 노동자를 단합하게 하여 인간을 자본에 의한 노동의 소외에서 해방시켜야 한다는 그의 결의는 어디서 온 것인가? 아닌 말로, 무얼 먹고 살았기에 그의 머리에 그런 생각이 들어찼단 말인가? 부유한 집안에서 태어나 대학 교육까지 어려움 없이 받던 청년 마르크스가 어찌하여 그런 노동 해방을 통한 인간 해방의 이념을 품게 됐는지, 그의 경제 생활이 이를 설명해 줄 수 있을까?

사실 세계의 인과 관계가 그 인과 관계를 벗어나는 가치를 포함하는 목적적 관계를 낳거나 규정하거나 하진 않는다. 마르크스는 비록 생산 방식이 중심이 되는 경제적 구조에 대한 지식, 즉 사실 세계의 인과 관계에 대한 과학적 지식을 토대로 해서 '과학적 공산주의'라는 사회 경제적 이념을 제시하긴 했지만, 그 자신의 탐구의 목적, 이념 제시의 목적, 혁명의 목적이 그의 경제적 현실에서 나온 것은 아니다. 그는, 실은, 그의 이러한 목적을 달성하고자 하여 경제적 궁핍을 감수해야 했다.

4

철학적 설명이야 어찌 되었든 현실에서 볼 때, 인간사에서 진정 중요한 핵심 문제는 가치 있는 무엇인가를 목적으로 설정하는 일이다. 목적이 설정되고 나면, 그다음부터는 비교적 쉽다. 좌고우면(左顧右眄) 번민할 것 없이 사실 세계의 인과 관계를 잘 살펴 기계적으로 대처해 나가면 되는 일이다. 사실 세계의 인과 관계에 대한 지식이 요구되는 것은 목적이 설정되고 난 뒤의 일이다. 무엇을 목적으로 설정해야 할지, 어떤 가치를 실현하기 위해 어떤 목적을 설정해야 할지, 이에 대한 성찰이 먼저라는 말이다. 너무나 단순한 이치다.

그러나 지금 우리 한국의 교육자들은 이 단순한 이치를 재확인해야 하는 상황에 처한 것 같다. 그리하여 당연하다고 여겨 오랫동안 묻지 않아 왔던 물음, 목적(활동)적 관계가 더 중요한지, 인과(법칙)적 관계가 더 중요한지, 이 물음부터 새삼 다시 던져 봐야 할 것 같다. 한국에서 학교 교육은 무엇을 지향해 왔는지, 특히 대학의 고등 교육에서는 무엇이 우선적으로 강조되어 왔는지 되짚어 볼 일이다. 인과 관계가 지배하는 사실의 세계에 대한 지식이 더 중요시되어 왔는지, 아니면 목적 관계를 중시하여 목적으로 설정할 가치에 대한 지혜가 더 중시되어 왔는지 되물어 볼 일이다.

대학 교육은 내용적으로 볼 때 전공 교육과 교양 교육의 두 축으로 이루어진다. 그런데 한국에서 그동안 대학 교육은 현실적으로 전공 교육의 주 과제를 '전문 직업 교육'에 두고 여기에만 열중해 온 것이 사실이고, 그러다 보니 '보편 지성 교육'을 지향하는 교양 교육은 등한시된 것이다. 사실 세계의 인과 관계에 대한 지식이 어떤 교육을 통해 습득되고 가치를 품는 목적적 관계에 대한 지혜가 어떤 교육을 통해 숙성되는지 생각해 본다면, 보편 지성 교육이 소홀히 되고 전문 직업 교육이 강조돼 온 한국의 대학 교육이 어떤 방향으로 개선되어야 할지 그 답은 분명해 보인다.

직업 교육의 성격이 강한 응용 학문 분야의 전공 교육에서 학생들로 하여금 가능한 한 많은 시간을 전공 학업에 투입하도록 요구해 온 데에는 물론 한국의 경제 사회적 여건이 그 배경 원인으로 작용해 왔다. 강도 높은 산업화를 통해 급속히 국가 사회를 근대화하기 위해서는 선진 문물을 가능케 하는 특정 전문 분야의 '지식과 기술'을 단기간 내에 대폭적으로 학습, 수용하는 것이 절실히 요구되었기 때문이다.

사실 세계의 인과 관계에 대한 지식은 다양한 종류의 '기술'로 현실과 맞닿는다. 결국 그 지식이라는 것이 사실로 이루어진 현실을 움직이려면, 그 지식은 살아 움직여야 하는데, 그런 현실화된 지식은 '기술'의 형태를 띠게 마련이다. 그 근원은 인간의 생물학적 삶의 조건에 도사리고 있다.

인간은 그 어떤 종(種)보다도 더 불리한 생물학적 여건을 반전시켜야 할 생존의 과제를 안고 있다. 미정형의 행동 방식을 스스로 구성해야 하며, 비무장 상태의 결함을 무장을 통해 스스로 보완해야 하며, 내외 자연성의 괴리를 메워 부정합성이 주는 부담을 스스로 '덜어 내야(Entlastung)' 한다.[7] 이것이 자연이 인간에게 강요하는 인간의 자기 활동이며, 이것 없이는 인간은 자연적 존재로서 자연 속에서 생존조차 할 수 없게 된다. 이때 인간의 자기 활동은 원초적으로 감각-운동 기제와 직접적으로 연접되는 신체적 활동이므로 공작적 활동이 아닐 수 없으며, 바로 이런 상황이 기술이 등장하게 되는 연원이다. 인간은 사유인(homo sapiens)이기 이전에 공작인(homo faber)이었다.

근대 이후 서유럽에서 전개된 산업 혁명은 자연과의 교섭사에서 인류가 성취한 가장 위대한 업적이었다. 그 본질적 핵심은 바로 이 '기술'의 승리였고 그 승리의 원천은 실증과학적 탐구였다. 급속한 산업화를 성취하려 했던 한국이 과학을 숭상하는 정책을 국가 제일 정책으로 내세우고, '기술 입국'을 슬로건으로 외치며 젊은이들에게 '일인일기(一人一技)'를 요구했던 것은 어쩌면 불가피한 선택이었다.

5

목적적 관계에 대한 지혜가 인과적 관계에 대한 지식보다 더욱 더 중요하다는 것을 시인하면서도, 전자에 대한 교육보다는 후자에 대한 교육에 더 많은 노력을 기울여 온 것이 그간의 대학 교육이었다면, 이제는 그것이 변모해야 할 때가 되었다. 한국 사회도 이젠 산업 사회를 지나 소위 정보 사회에 깊숙이 진입해 있기 때문이다.

21세기에 들어서면서 인류의 문명은 뜻밖에도 '디지털 혁명'을 통해 '정보 사회'라는 새로운 국면을 맞게 되었고, 이에 따라 지식 사회의 지형도 근본적으로 변모하게 되었다. 디지털 혁명은 사고와 감각, 즉 사고와 관련되는 정보 기술(IT)과 감각과 관련되는 통신 기술(CT)을 정보 통신 기술(ICT)이라는 하나의 기술로 융합한 데서 비롯한다. 이 융합된 새 기술이 사유와 지각의 융합(融合) 및 호환(互換)을 비생명적 물리적 공간 속에서 실현시키기 때문이다.

사유와 지각을 융합 호환하는 이 기술은 시공적 제약을 뛰어넘는 유비쿼터스 커뮤니케이션(ubiquitous communication)을 가능하게 만들고, 역시 시공적 제약을 벗어나는 가상 현실(virtual reality)을 출현시켰다. 자연적 물리적 세계의 시간적 순차성(順次性)과 공간적 배타성을 극복하는 이 기술은 거리(距離)의 소멸, 시간의 증발을 결과로 가져와, 사람들로 하여금 욕구 충족의 순차성과 단계성을 뛰어넘어 동시적, 총체적 욕구 충족의 가능성을 기대하게 만들었다. 이른바 지식 산업은 이를 현실화할 수 있는 알고리즘의 개발에 주력한다. 기술들이 융합하고 이를 토대로 산업들이 융합하는 현상은 불가피한 것이다. 융복합은 이제 선택이 아니라 필수다.

이렇듯 세계 체험의 근본이 되는 시공 체험 양식이 달라지고, 이에 따라 인간의 욕구 구조가 변모하고 그 욕구 충족의 방식이 달라짐에 따라, 지식의 지형도 달라진다. 새로운 지적 지형은 기계론적인 물리학적 세계상에서 벗어나 유기론적인 생물학적 세계상을 토대로 하고 있다.

"물리주의적 세계상 아래에서는 공간적 세계 안에 자리 잡고 반복적으로 전개되는 고정불변의 실체가 삶의 중심에 자리 잡고 있는 것으로 여겨져 이에 대한 추론적 탐구가 지성적 활동의 중추를 이루었으나, 생명주의적 세계상 아래서는 부단한 시간의 흐름 속에서 창발(創發)하는 생명적 활동이 삶을 이끄는 거대한 힘으로 여겨져, 이에 대한 직관적 파악이 지성의 핵심 과제로 떠오른다. 전자에서는 전체가 부분으로 분할되고 재조립되는 것이 대상의 세계였으나, 후자에서는 세계 전체가 부분으로 분할되지도 않거니와 분할된 부분들이 다시 전체를 이룰 수도 없다. 인간의 사실적 경험 세계를 고정, 분석, 조작하는 것이 전자의 세계상에 어울리는 것이었다면, 인간의 삶을 포함한 세계 전체의 생명적 흐름을 조망하고 이에 조응하는 것이 후자에 어울리는 것이다."[8]

세계 문명의 기조가 바뀌고 그에 발맞춰 한국 사회도 변모하며, 그런 가운데 지적 탐구의 여건도 변모하고 있다. 지적 요구도 새로워지고 이에 따라 학문 탐구의 목적과 방법에도 변화가 있다.

첫째, 보편성을 띠는 지식 그 자체와 그것의 응용을 기다리는 특수한 현실과의 거리가 현저히 가까워진 것이 정보 사회의 지적 상황이다. 즉 사회적 요구로부터 멀리 우회적으로 떨어진 지식 체계란 점점 더 외면당하는 사정에 있다.

둘째, 미지의 사실과 그 속에 깃든 법칙성을 발견코자 했던 근대 학문과는 달리 현대의 학문은 진리를 발견하는 방법을 찾고자 한다. 즉 단순히 실재하는 존재 세계를 밝히는 것보다도 그 세계의 의미 연관을 해석하는 주관 연관적, 반성적, 사지향적(斜志向的) 탐구를 지향한다. 따라서 실증적 탐구가 주류를 이루었던 근대 학문과는 달리 현대 학문에서는 비실증적 직관적 방법도 널리 용인된다.

셋째, 현대 학문은 탐구의 영역을 구획하지 않고 가능한 한 그 경계를 무너뜨린 가운데 그 탐구 대상에 관해 가능한 한 총체적인 지식을 얻고자 한다. 구체적으로 말해 학제적, 전공 횡단적, 융합적 지식을 얻고자 힘쓴다. 더불어 기존의 학문 체계에 들어오기 어려운 새로운 대상을 찾아서 독자적인 방법을 모색해 가며 탐구하기도 한다.

6

이와 같은 학문 세계의 변화는 자연히 교육에도 변화를 가져온다. 현실 밀착적 지식, 주관 연관적 맥락적 지식, 그리고 융합적 지식이 지식 사회의 중심에 오는 상황에서 교육 또한 이에 부응하는 방향으로 변모하지 않을 수 없다.

교육은 이제 더 이상 기성 지식의 전달과 전수가 아니라, 지식을 스스로 창출하고, 응용하고, 적응할 수 있는 기초 능력을 길러 주는 일이어야 한다. 새로운 정보를 산출할 수 있는 창의적 사고의 능력, 엄청난 양의 정보 가운데서 적실성 있는 유용한 정보를 선별할 수 있는 비판적 사고의 능력, 자신의 사유 내용을 공동체 구성원과 공유할 수 있는 사회적 의사소통 능력, 그리고 무엇보다도 이러한 능력을 발휘해 핵심적인 문제를 찾고 그 문제를 해결하는 폭넓고 깊이 있는 안목과 통찰력, 종합적 사고 능력을 함양하는 일이 되어야 한다.

정보 사회에서 우리가 해결해야 할 중요 문제는 대체로 여러 지식 분야에 걸쳐 있는 복합적인 문제다. 문제들이 함께 얽혀 있기 때문에 이를 총체적으로 조망하는 능력이 없으면 부분에 관한 전문 지식은 무력해지기 쉽다. 이런 복합적 문제를 해결할 수 있는 다학문적, 학제적 능력이 요구되며, 이를 바탕으로 자신을 중심으로 한 현실적 문제 연관 전체를 조망할 수 있는 안목이 무엇보다 중요하다. 현실 밀착적 지식, 주관 연관적 맥락적 지식, 그리고 융합적 지식을 얻기 위한 교육이 필요해진 것이다. 이는 분업, 분화가 생산성을 높이던 산업화 시대와 달리 기술과 산업의 융복합이 진행되고 있고, 여기에 여러 영역의 지식과 능력이 복합적으로 동시에 요구되는 것이 오늘의 현실이기 때문이다.

지적, 교육적 상황이 이런 만큼, 이러한 교육의 기초가 되는 교양 교육을 강조하지 않을 수 없다. 특정 분야의 전문 지식이 중요하지 않은 것이 아니라, 그런 전문 지식을 비판적으로 수용하고 스스로 창출하여 적실성 있게 활용하기 위해서는 넓은 사유의 지평과 기본적인 지적 능력이 갖추어져야 하기 때문이며, 이런 지적 능력은 기본적으로 교양 교육을 통해서 함양될 수 있기 때문이다.

사실 세계의 인과 관계에 대한 지식은 현실을 파악하는 데 유용하고, 그 지식을 토대로 하여 개발된 기술은 현실을 관리, 운용하는 데 유용하다. 전문 지식이 중요하고 따라서 전공 교육이 중요한 이유가 여기에 있다. 그러나 그 지식과 기술을 재료로 부려 어떤 가치를 실현시켜야 할지, 어떤 목적을 실현시켜야 할지를 통찰할 지혜는 이러한 실용적 전공 교육에서 얻기 힘들다.

　하이데거는 「사유란 무엇인가?」라는 강의에서 "과학은 사유하지 않는다."라고 말한 적이 있다.[9] 과학은 사물을 계량, 분석하고 그 현상의 근거를 밝히며 원인을 설명하지만, 이 모든 것들의 전제가 되는 '이해 지평', '해석 지평'인 '존재의 의미' 자체에 대해 '성찰'하지는 않는다는 뜻으로 한 말이다. 이를 다른 말로 풀이하자면, 과학은 삶 전체의 목적적 의미 연관을 성찰하지는 않고, 다만 그런 의미 연관이 주어졌을 때 그것에 봉사할 수단을 찾기 위한 작업을 할 뿐이라는 것이다.

　목적과 가치에 대한 지혜를 얻으려면 삶 전체의 목적적 의미 연관, 즉 인간의 삶의 조건, 인간다움의 본질, 인간의 본성과 숙명 등에 대한 인문학적 성찰도 필요하고, 인간의 공동체적인 삶의 본질과 그 한계, 가능한 방식 등에 대한 사회과학적인 지식뿐 아니라, 인간적 삶의 기본 토대인 자연에 관해서도 폭넓은 지식을 지니고 있어야 할 것이다. 교양 교육이 아니고서는 이런 교육을 받을 수 있는 기회가 주어지기 어려울 것이다. 과학이 몰가치적(沒價値的), 중립적, 객관적 관점을 취하는 '삼인칭 학문'이라면, 인문학·사회과학·자연과학을 가로지르며 두루두루 폭넓은 성찰을 하게 하는 교양 교육은 어디까지나 가치 개입적(價値介入的), 주체적, 실천적 관점에 서는 '일인칭적' 자아를 세우는 교육이다.

일상의 현실에서 우리는 삶의 의미나 목적에 대해 자주 묻지 않는다. 난관에 봉착하거나 크게 좌절하지 않는 한, 그것을 실현할 수 있다고 믿는 수단의 강구에만 열중한다. 실체적 진실과는 달리 교양의 힘이 기술의 힘보다 덜 실감 나는 이유이기도 하다. 그러나 전자가 후자보다 덜 중요한 것은 결코 아니다. 특히 현실의 토대가 바뀌거나, 현실의 구조가 변화할 때, 자아의 정체성과 세계의 의미가 달라질 때, 기술의 힘보다 더 절실히 요구되는 것은 교양의 힘이다.

교양의 힘이란 무엇인가? 교양이란 일반적으로 말해 '사람다운 삶'에 대한 식견과 태도를 일컫는다. 인간의 인간적인 삶 자체를 총체적으로 성찰하는 지적 자세와 그 성찰의 내용을 실천에 옮기려는 의지적 자세가 교양의 토대를 이룬다. 교양의 힘을 이루는 요인을 보자.

첫째, 교양은 항상 주체적 자아와 관련된다. 외면적인 일반적 관점에서는 파악하기 어려운 인간의 내면에 도사리고 있는 삶의 조건과 그에 대응하는 자기 형성 및 자기 결정의 활동을 위한 능력의 함양이 교양 교육의 내용을 이룬다.

둘째, 교양은 어떻게든 실천적 행위를 위한 가치관을 포함하기 마련이다. 단순한 사실 인식만으로는 실천적 행동의 의지가 발동되지 않고 오직 가치에 대한 지향만이 실천적 행동을 유도할 수 있기 때문에, 교양 교육의 핵심은 가치관 교육에 있다.

셋째, 주체적 자아의 자유로운 행동과 이를 위한 가치 판단은 항상 주어진 정보를 총체적으로 참조할 것을 요구한다. 즉 총체적, 종합적 사유의 능력이 교양의 주요 요소다. 따라서 교양 교육은 세분화된 분야들의 위상을 전체 속에서 혜량할 수 있는 안목을 기르는 교육이다.

넷째, 가치 판단을 위한 종합적 사유에는 반드시 비판적인 사유가 먼저 요구되고, 여기에서 더 나아가 창의적인 사고 또한 요구된다. 새로이 주어지는 문제란 대개 실패한 행동에서 나오는 문제이므로 기성의 사고 내용을 비판하고 새로운 행동을 예비해야 하기 때문이다.

다섯째, 교양에는 또한 정서적(情緒的), 의지적(意志的) 요소가 중요한 것으로 포함되어 있다. 교양 교육에는 따라서 정의(情意)를 토대로 한 정서 교육과 도덕 교육이 포함된다.

7

정보 사회로 변모한 새로운 밀레니엄에 진입한 오늘의 한국인에게 교양의 힘은 그 어느 때보다도 더 필요하다. 다음과 같은 시대 진단이 빗나간 것이 아니라면, 더욱 그러하다.

(1) 한국인은 전근대와 근대와 탈현대가 공존하는 복합적 시대상을 소화해 내느라 문화사적 복통을 앓고 있다.

(2) 한국인은 동서 문명의 충돌이 빚어낸 가치관의 괴리(乖離) 증상을 아직도 봉합, 치유하지 못하고 있다.

(3) 한국인은 이데올로기적 갈등이 민족 정체성 문제와 얽혀 특이한 독성을 품고 있는 남북문제에 끊임없이 시달리고 있다.

(4) 한국인은 준비되지 않은 IT 산업의 선두 주자로 정보화 및 세

지적 지형의 변화와 교육 혁신

계화로 인한 문명사적 전환을 당황스럽게, 그러나 불가피하게 서둘러 맞고 있다.

한국 사회의 문화적 모순과 시대적 격변에서 유래하는 이러한 근본적인 문제에 대한 해답의 모색이 간절하다면, 대학인은 이에 대해 진지하고도 민감해져야 할 것이며, 이는 단순한 전공 학문의 분할된 영역의 연구를 통해서만은 실천하기 어려운 일이다. 급속한 산업화를 집중적으로 추구할 뿐 여타의 문제들은 외면하거나 유보해 왔던 지난 반세기 동안, 한국인들이 추구해 왔던 수단적 가치의 증대라는 이념은 대학에서 전공 학업을 중시하고 진정한 의미에서의 교양 교육을 소홀히 하는 풍조를 만연시켜 왔다. 그러나 아직도 여전히 그 제도적 관성 때문에 변신을 하지 못하고 있다면, 대한민국의 대학 교육은 국제적 수준에 오르지 못하고 여전히 지적 식민지 상태를 벗어나기 어려울 것이다. 이런 전망을 하면서도 분노를 느끼지 않는 사람이 있다면, 그는 진정성 있는 한국의 대학인이 아니다. 이제 '교양 교육'에 대한 천박한 통념을 버릴 때가 되었다. 대학에서 교양 교육은 '하면 좋지만 안 해도 되는' 여분의 교육이 아니다. 교양 과목은 이제, 내용도 상식적인 것이고 학술성이 있다 해도 수준이 낮은 것이어서 연구 없이도 가르칠 수 있고 공부 안 해도 '학점을 딸' 수 있는 그런 과목이어서는 안 된다. 기초 학문의 깊은 탐구 성과가 담겨 있는, 전공 과목보다도 더 많은 공부가 필요한, 그런 과목이어야 한다. 교양 교육은 대학을 졸업한 후에도 평생 학습을 수행해 나갈 수 있는 지적 동기와 능력을 계발하는 교육이어야 한다. 여러 전문 분야들의 근본 문제와 첨단 지식들을 연계시킬 수 있는 '지적 연결 지평'을 갖추어 주는 교육이어야 한다. 따라서 교양 교육은 각 학문 분야의 전공 교육과 배타적으로 '충돌'하는 교육이 아니라, 오히려 그 전공 교육의 성과를 상승시켜 주는 교육이다. 기술의 힘이 선용될 수 있도록 하기 위해서라도, 그 힘이 뻗어 나갈 정향을 바로 잡아 줄 교양의 힘을 기를 때가 되었다. 한국의 대학인은 통념 속의 '학과'라는 격자에 갇혀 정보 시대의 대학 교육이 나아가야 할 길을 가로막고 있을 때가 아니다.

8

그렇다면 그간 소홀히 다루어져 왔던 대학의 교양 교육을 내실화하기 위해 해야 할 일은 무엇인가?

먼저 교양 교육을 위한 교육 내용을 정비해야 한다. 교양 교육의 내용은 학문적 가치의 보편성을 고려해 인문학, 기초 사회과학, 자연과학 등 기초 학문 분야의 연구 성과로 구성해야 한다. 그것도 어느 한 분야에 치우치지 않고 그 전체가 균형을 이루도록 구성해야 한다. 특히 한국 대학의 문제는 문과와 이과를 구획하여 한편으로 극심하게 기울어져 있다는 데 있다. 문과생은 자연과학과 기술에 대해 백지이고 이과생은 인문적 사회과학적 사유에 대해 무지한 '반신불수'로 길러 내고 있다는 점이다.

기초 학문 분야의 연구 성과를 그 내용으로 하고 특정 영역의 직업 교육과 직결되는 응용 학문 분야의 내용은 배제되어야 한다는 원칙은 전문 직업 교육과의 관계를 고려해 볼 때, 꼭 지켜져야 하는 것이다. 당해 학문의 성격은 불문에 부치고 어느 전공이든지 교양 교육 과정에서 일정 '지분'을 확보하려고 하는 대학 현실은 학생 교육을 생각해 볼 때 개탄스러운 일이다. 학문적 성격도 약한 '시민 생활적 교양'을 위한 과목이 청산되어야 함은 두말할 나위도 없다.

기초 학문 분야의 고전적인 연구 성과가 교양 교육에 반영되어야 함은 물론이지만, 여기에서 더 나아가 새로이 등장하는 문화 사회적 문제 영역에 대한 창의적인 연구 성과나 이질적인 학문 분야들을 가로 지르며 주어진 주제를 여러 각도에서 입체적으로 논구하여 얻는 연구 성과도 교육 내용으로 삼아야 한다. 전자, 즉 인간, 문화, 문학, 예술, 종교, 사회, 역사, 국가, 자연, 과학, 기술 등 인간과 세계의 여러 근본 적인 문제 영역에 대한 고전적인 탐구 성과를 교육하는 일을 '법고(法古)'라 한다면 후자, 즉 현대 문명, 환경, 인공 지능, 디지털 기술, 신과 학 등 새로운 주제 영역을 탐구한다든지, 예술과 기술, 철학과 경제, 문 학과 정치, 심리와 법 등 이질적인 문제 영역에 대한 복합적 연구를 한 다든지 하여 새로운 교육 내용을 개척해 나가는 일은 '창신(創新)'이라 할 수 있을 것이다. 교양 교육이 '일반적 보편 지성 교육'의 과제를 충 실히 수행하기 위해서도 법고창신의 노력은 필요하다.

교양 교육을 기초 학문 분야가 전담하도록 할 경우, 문제는 기초 학문 분야에서의 깊이 있는 학술적 연구를 일반 교양 교육에 어떻게 담아내느냐 하는 데 있다. 여기서 필요한 것이 기초 학문 분야에서의 전공 교육과 교양 교육을 연계, 수렴, 통합시키는 일이다. 동일 학문 분야에서 전공 과목과 교양 과목을 별도로 개설한다는 것이 실은 난

센스요, 역시 교양 교육을 경시하는 통념에서 나온 현상이다. 이를 극복하기 위해 우선 할 수 있는 일은 해당 학문 분야 전공 교과목 중 교양 과목으로도 활용될 수 있는 것들을 선정하여 교양 과목으로 제공하는 일이다.

그다음, 이러한 교육을 담아내는 교육 과정과 교육 구조를 개선해야 한다. 교양 교육을 해당 분야 전공 교육을 낮은 수준에서 시행하는 초보적인 교육으로 간주하여 교육 과정상 저학년에서 완료하도록 하는 현재의 교육 과정을 개선해야 한다. 교양 교육은 전공 교육과 더불어 대학 교육의 중심축을 이루는 것으로 오히려 고학년에서 전공 교육과 나란히 시행되어야 그 교육적 성과를 얻을 것이다.

대학 교육 전체에서 교양 교육이 차지하는 비중이 적어도 30퍼센트는 되도록 교육 과정을 편성해야 할 것이다. 특히 직업 교육의 성격이 강한 응용 학문 분야에서 전공을 택하는 학생에게는 이 비율이 엄격히 적용되어야 한다. 교양 교육을 강화하는 가장 확실한 방도는 교육 구조를 개편하여 전문적인 직업 교육은 전문 대학원에 맡기고 학사 과정에서는 교양 교육을 교육의 중심 과제로 삼도록 하는 것이다. 이는 명실상부하게 '학부제'를 실행하고, 나아가 전공의 구분 없이 다양한 이질적인 여러 학문 분야에서 교육받게 하는 '학부 대학'을 그 본래적인 형태로 운영함으로써 실현될 것이다. 이를 위한 전 단계로, 직업 교육의 성격이 강한 응용 학문 분야에서 전공을 택하는 학생에게는 기초 학문 분야에서 또 하나의 전공 혹은 부전공을 택하도록 의무화하는 것도 하나의 방안이 될 것이다. 기초 학문 분야의 학업과 다른 응용 학문 분야의 학업을 평면 위에 병치해 놓고 선택하도록 하는 현행의 '학과제'는 교육 구조가 획일화된 단층 구조이다. 직업 지향성이 강한 응용 학문 분야의 학업은 반드시 기초 학문 분야의 학업을 기초로 하고 그 위에 이루어지도록 학업을 '성층화'시키는 것이 필요하고, 이를 실행하기 위한 제도로서 교육 구조도 성층화되어야 할 것이다.

고야, 나 그리고
아리스토텔레스

예술 경험과 '좋은' 삶

문광훈

충북대학교 독어독문학과 교수

어떤 그림 혹은 이미지는 쉽게 잊히지만 어떤 그림은 잊히지 않는다. 잊히는 듯하다가도 이런저런 다른 일을 겪으면서 그것은 다시 떠오른다. 그런데 '좋은' 그림은 대체로 그런 듯하다. 그림이나 이미지가 그렇듯이 어떤 선율이나 책 구절도 그렇지 않나 싶다. 그러니까 좋은 그림은 마치 좋은 음악이나 좋은 문학처럼 쉽게 사라지지 않는다. 겉으로 사라지는 것처럼 보일지 모르지만, 사실은 주위에 늘 맴돌면서, 느낌과 체험의 내용에 따라, 결국 나의 내부로 스며 들어온다. 그래서 마침내 내 일부가 되고 내 정체성의 한구석으로 녹아들어 삶의 양식을 구성한다. 어떤 사람의 자취나 자연의 풍경이 남긴 인상과 다르겠는가?

그림에서도 내게 어떤 인상을 준 것은 여러 작품이 되지만, 그렇게 남아 내 삶의 일부가 되어 버린 듯한 것들 중에는 페르메이르(Vermeer)의 어떤 그림이나 렘브란트의 이런저런 그림이 있다. 몽테뉴의 『에세이』가 그렇듯이, 루소가 쓴 책이나 프루스트의 작품들, 버지니아 울프의 책이나 발터 벤야민의 저작도 그러하다.

누군가를 잊지 못한다는 것, 그래서 그가 남긴 것이라면 무엇이든, 그것이 문학이든 철학이든 그림이든 음악이든, 깡그리 다 읽고 다듣고 다 보고 싶다는 것, 그렇게 철저하게 음미하면서 그 심부로 삼투

해 들어가 그것의 정수를 모든 세포로 받아들여 나의 혈관에 흐르게 하고 내 근육이 되게 하고 싶다는 것, 이런 열망은 흠모의 감정 없이 불가능하다. 깊이 존경하고 따르려는 것은 흠모의 마음이고 사랑의 감정이다. 그런데 흠모케 하는 이런 대상에 그렇게 흠모하는 나 자신의 면모도 없지 않다면, 대상의 기록은 일종의 동일시이기도 하고, 그러면서 동시에 전적으로 동일시될 수 없는 어떤 탁월성에 대한 친애의 표현이기도 하다. 어쨌거나 그것은 어떤 열정의 궤적이고, 이 열정의 바닥에는 사랑이 흐른다.

그러나 이 사랑은 무엇인가? 인간의 사랑은, 그것이 삶에서 우러나온 것인 만큼, 약속하고 실현하는 사랑이지만, 좌절하고 실패하는 사랑이기도 하다. 그것은 단순히 기대와 희망에 차 있기보다는 섣부른 기대가 얼마나 허망하고, 근거 없는 희망이 얼마나 위악적인가를 아는 사랑이다. 그리하여 그 사랑은 삶의 모순과 역설을 안다. 모순을 알뿐만 아니라 이 모순을 보듬을 줄도 안다. 그것은 환멸 속에서 환멸을 넘어 환멸 아닌 어떤 것들을 희구한다. 지순(至純)한 것은 두려운 일이지만, 이 사랑이 순정하다면 그것은 사랑 자체가 순수해서가 아니라 순수가 더 이상 불가능한 이 세상에서 순정의 한때를 잊지 못해 다시 되찾으려는 열기 — 실패할 수밖에 없는 허망한 삶의 갈망을 아직은 지우지 않았기 때문일지도, 차마 지울 수 없기 때문일지도 모른다.

그리하여 참된 사랑은 사랑이 불가능한 이 세상에서 다시 사랑하려는, 다시 순정하려고 애쓰는, 그러나 필패할 수밖에 없는 어떤 필사적 안간힘에서 온다. 그렇다. 사랑은 사랑과 걸음을 맞추는 것이 아니라 사랑을 거스르면서 이어지고, 사랑이 불가능할 때 사랑하는 것이며, 주어진 사랑이 사랑의 전부가 아니라 사랑 저 너머의 지평을 잊지 않을 때, 비로소 시작된다. 사랑은 근본적으로 불가능한 사랑이고, 사랑 속에서 사랑 너머로 나아가는 사랑이고, 마침내 사랑이라고 불리어지지 않아도 좋을 사랑이다. '콜레라 시대'에 사랑을 도모했던 가브리엘 마르케스의 몸부림도 그와 같은 것이었을까?

나는 패배를 기다린다. 삶의 모순과 역설이 조만간 날 엄습하리라는 것을 나는 잘 안다. 나는 환멸에 대한 준비를 하고 있다. 그러나 이 준비는 이미 사랑의 에너지다. 사랑 없이 무엇을 말하고 사랑 없이 무엇을 쓰겠는가? 사랑 없이 누구를 흠모하고 또 따르겠는가? 사랑 없이 어떻게 감동하고, 사랑 없이 어떻게 나아갈 수 있겠는가? 사랑은 학문과 예술과 철학의 근본이다. 아니다. 나날의 삶의 이유다. 그리고 그것은 생명과 평화를 기리는 성숙된 문화의 바탕이기도 하다. 나는 사랑이 불가능한 이 시대에 내가 사랑하는 것들의 목록을 떠올리며 이 글을 적고 있다. 모든 글은 사랑의 궤적이고, 이 사랑의 힘으로 나는 내 삶을 끌고 간다. 이 글도 그러하다.

이 글을 지탱하는 것은 세 가지 축이다. 첫 번째 축은 고야(F. Goya, 1746~1828)의 판화집 『변덕(Los Caprichos)』 가운데 10여 점에 대한 소개이고, 두 번째 축은 이 그림들에 대한 나 자신의 주관적 실존적 경험이며, 세 번째 축은 아리스토텔레스의 『니코마코스 윤리학』에 들어 있는 선에 대한 몇 가지 생각들이다. 나는 이 세 가지 축 — 고야의 그림과 그에 대한 나의 심미적 경험 그리고 아리스토텔레스의 몇몇 행동 원칙을 오가면서, 예술의 경험이 성격의 개선에 기여할 수 있는지, 그래서 선한 삶을 사는 데 심미적 경험은 어떤 역할을 하는지,

이때 예술의 성찰적 비판적 잠재력은 무엇인지, 그것이 현대인으로 살아가는 데 어떤 의미를 갖는지 한번 생각해 보고자 한다.

1 잊히지 않는 것들 ─ 고야의 두 그림

고야의 그림 세계는 매우 다채롭다. 이 풍요로움은 각 그림에 깃든 생각이나 그가 구사한 다양한 양식과 모티브에서도 우선 드러나지만, 거의 모든 연령과 거의 모든 신분의 사람이 그의 그림에 등장한다는 점에서도 확인된다. 고야의 색채는 강력하면서도 따뜻하고, 그 선의 필치는 섬세하면서도 정확하다. 그리고 이런 기술에서 드러나는 명암의 대비 효과는 완숙하게 느껴진다. 묘사하는 대상이 어떤 것이든, 그 그림의 본질은 모든 표면적 차원을 넘어 사실의 심부에 닿아 있는 것처럼 보인다. 그는 인간의 행동을 꼼꼼하게 관찰하고, 인간의 성격을 집요하게 탐구한 듯하다.

고야는 그보다 100년쯤 앞섰던 렘브란트처럼 다양한 장르에서 상당히 많은 작품을 남겼다. 그리고 그의 그림 언어는 인간 현존의 본질을 내적 아름다움과 고도의 표현력 아래 보여 주는 까닭에 동시대인들뿐만 아니라 후세의 예술가들에게도 엄청난 영향을 미쳤다. 동시대인에 대한 그의 영향력은 주문 생산이 끊임없었다는 점에서, 그리고 그의 주된 고객에 친구나 가족, 왕실 사람들과 귀족 계급뿐 아니라 다양한 직업의 사업가와 정치가가 포함된다는 사실에서 드러난다. 그의 작품 중 다수가 개인 소장품이고, 그 때문에 아직도 국제 경매 시장에는 이런저런 모사품이나 위작이 나오고 있다.

이런 다채로운 그림들 가운데서도『변덕』의 몇몇 이미지는 나의 뇌리에서 사라지지 않는다. 그것은 지난 몇 년 사이에 늘 나의 주변에 남아 고야를 이해하는 데, 또 우리 사회와 내 삶을 돌아보는 데 즐거운 음미의 대상이자 성찰의 자료가 되었던 것 같다. 그동안 이 그림들은 내가 이 땅의 현실을 보고 느끼고 생각하며 표현하는 데 하나의 지침이 되었다. 아래의 이 글은 그런 명상의 지난 경로를, 바라건대 '심미적 경험의 한 사례'로 다시 기록해 보는 데 있다.

고야의 판화집『변덕』[1]은 그의 나이 쉰두 살 때인 1799년에 나왔다. 80점으로 이뤄진 이 판화집의 내용은 서로 이질적이어서 아주 복잡하고 혼란스럽다. 결혼과 매춘에 대한 풍자가 있는가 하면 종교 재판과 미신에 대한 비판이 있고, 관습과 무지에 대한 냉소가 있는가 하면 지배층의 위선과 학자연하는 이들의 오만에 대한 질타가 있다. 또 화려하고 내보이기 좋아하는 문화적 속물들이 바보나 얼간이로 등장하기도 한다. 그러면서 이 같은 풍자와 질타의 사회적 차원은 꿈과 환상 때문에 초현실주의적으로 채색되어 있다. 인간과 사회에 대한 비판이 경험적 차원에 머무는 것이 아니라 경험 너머의 차원으로, 환상적 무의식적 미지의 지평으로 뻗어 가는 것이다. 그래서 판화집의 주제를 간단히 규정하기란 어려워 보인다.

1 자화상「화가, 프란시스코 고야」

고야의 판화집『변덕』을 10여 년 전에 보았고, 많은 일이 그렇듯이, 곧 잊었다. 그러다가 우연히 다시 보게 되었고, 그 후로는 조금 더

고야, 나 그리고 아리스토텔레스

그림 3-1 「변덕」 1번 「화가, 프란시스코 고야」
삶을 똑바로 쳐다보긴 어렵다. 그렇다고 안 볼 수 없다. 나는 비스듬히 그리고 어긋나게 바라볼 것이다.

자주, 그래서 가끔씩 뒤적이곤 했다. 판화집은 혼란스럽고도 착잡한 인상을 남겼지만, 나의 뇌리에서 떠나지 않던 것은 그중 두 개의 그림이었던 것 같다. 그것은 1번 판화인 「화가, 프란시스코 고야」였고, 43번 판화인 「이성의 잠은 괴물을 낳는다」였다. 왜 그랬을까?

첫 번째 판화인 「화가, 프란시스코 고야」는 특이하다. 그것은 화가의 정면 모습이 아니라 옆모습이다. 그는 외투를 입고 실크 모자를 쓴 채, 곁눈질을 하고 있다. 옆모습이지만, 옆으로 선 채 화면의 정면을, 그러니까 감상자 쪽으로 비스듬히 눈을 내리뜨며 아래로 바라본다. 뭔가 내키지 않는다는 듯 냉소적이고 못마땅하다는 투다. 그러면서도 여전히 앞을 보기는 본다. 바로 쳐다보기 꺼림칙하지만, 그럼에도 정면으로의 눈길을 그는 '거두지 않는다'. 이 마지못한 눈길 주기는 무엇인가? 그것은 현실과의 대결이 불가피하다는 뜻일까? 세상이 어떠했길래 그는 바로 쳐다보기를 꺼렸을까? 세상 사람들이 어떠했길래 그는 정면으로 응시하길 주저했을까?

『변덕』이 출간되던 1799년 즈음 고야는 수석 궁정 화가가 된다. 이 무렵 스페인 사회는 사회정치적으로 크나큰 격변기에 있었다. 1797년에 젊은 정치가 마누엘 고도이(M. Godoy)는 호베야노스(Jovellanos)를 포함한 진보적 자유주의자들로 새 정부를 꾸렸지만, 호베야노스는 이듬해 해임된다. 프랑스는 1793년 루이 16세 처형 후 스페인에 선전 포고를 했는데, 점차 세력을 넓혀 이탈리아 원정과 이집트 점령을 마무리하고, 1808년에는 마침내 마드리드에 입성하여 스페인 왕권을 넘겨받는다. 이때 엄청난 약탈과 학살이 자행된다. 왕실의 위기감 속에서 고야를 중심으로 한 자유진보주의자들의 활동은 활발했다. 하지만 종교 재판소의 사회적 영향력은 줄어들지 않았고, 재판소의 마녀사냥도 여전했다. 여기에 민중의 무지나 사회적 편견, 불합리와 미신도 집요했다.

지배층이든 비지배층이든, 궁정이건 교회건 고야는 아마도 여러 종류의 어리석음과 불합리를 겪었을 것이다. 그는 삶의 여러 분야와 수준에서 어쩌면 이루 헤아릴 수 없는 편견과 모순과 몽매에 맞닥뜨렸을지도 모른다. 어떻게 해야 했을까? 그는 이 모든 삶의 불합리에 정면으로 마주했을까? 그러기는 어려웠을 것이다. 삶의 모순은 너무도 다양하고, 이렇게 다양한 모습으로 그것은 온갖 영역에 나타났을 것이다. 그렇다면 그는 이 모순을 외면했을까? 아마 그러지도 못했을 것이다. 그는 화가였기 때문이다. 어떻게 했을까? 아마도 '비딱하게

그림 3-2 「변덕」 43번 「이성의 잠은 괴물을 낳는다」
얼마나 많은 악귀에 시달려야 하는가? 얼마나 시달리면서 환상으로 꿈꾸고 이성에 기대어 그려 내야
하는가? 이성의 꿈은 어디까지 나갈 수 있는가?

바라보고', 이 삐딱한 시선으로 세상을 표현하는 데 골몰했을 것이다. 이 비딱한 눈길로 읽은 결과로서의 그림이 자기 삶의 증거이길 그가 바랐는지도 모른다.

2 「이성의 잠은 괴물을 낳는다」

고야의 곁눈질이 보여 주는 것은 무엇인가? 그 전언은 43번 판화의 제목 「이성의 잠은 괴물을 낳는다(El sueño de la razón produce monstruos)」에 조금 암시되어 있다. 흔히 이 그림은 좁게는 예술가의 표상으로, 더 넓게는 자의식을 가진 근대적 인간의 상징으로 해석된

다. 그래서 단순히 고야라는 개인의 관점에서보다는 유럽의 예술사적 문화사적 관점에서 인간이 어떤 존재이고 인간의 정신과 능력은 무엇인지라는 차원에서 논의되기도 한다.[2]

이 그림의 중심에는 책상에 엎드린 한 남자가 있다. 그 뒤에는 여러 마리의 박쥐와 부엉이가 날아다닌다. 개인 듯 살쾡이인 듯한 동물이 정면을 주시하며 앉아 있다. 그의 허리쯤에는 한 고양이가 몸을 숨긴 채 역시 정면을 주시하고 있다. 화가는 짐승들의 이 모든 소란이 성가셔 외면하는 듯이, 얼굴을 두 팔에 묻은 채 엎드려 있다. 그의 이성은 잠든 것인가? 아니면 꿈을 꾸고 있는 것인가?

그림의 핵심은 아마도 '이성'과 '괴물'의 대조일 것이다. 여기에서 중요한 사실의 하나는 스페인어 'sueño'는 '꿈'과 '잠'이라는 이중적 의미를 가진다는 점이다. 그리하여 제목이 「이성의 잠은 괴물을 낳는다」가 되면, 이성의 부재로 괴물이 생겨나기 때문에 이성이 필요하다는 뜻이 된다. 반대로 「이성의 꿈은 괴물을 낳는다」가 되면 이성 자체의 폐해가 지적되는 것이고, 따라서 이성을 문제시하는 것이다. 그림의 주인공이 얼굴을 깊게 파묻고 있는 것으로 보아 꿈보다는 잠에 빠져든 것처럼 보인다. 그렇다면 이성이 잠들면 괴물이 나타나고, 이성이 깨어나면 괴물은 없어진다에 가깝다. 그러니 정신을 차려야 한다.

꿈이나 무의식은 고야의 시대에 의식적으로 인지되지도 않았고, 과학적으로 연구되지도 못한 상태였다. 1700년대 대부분의 사상가나 예술가에게 빛과 어둠, 감성과 이성의 분리는 확고했다. 이런 맥락에서 보면, '꿈'이나 '어둠'이 밤에 활동하는 새나 짐승의 모습으로 고야의 그림에 나타난 것 자체가 이례적이었다. 고야에게도 어둠은 악이나 거짓 혹은 광기를 의미했지만, 그렇다고 이 어둠이, 대부분의 동시대적 관념에서와는 달리, 현실에서 별도로 있는 것은 아니었다. 어둠과 악령은 그의 환상 속에 자주 출몰했다. 아니 화가는, 모든 자로부터 동떨어진 채 이 같은 공상과 꿈과 악몽에 시달리는 존재다. 이것은 『변덕』이 나온 시대사적 맥락에서 보면, 다시 말해 프랑스 혁명 이후의 환멸과 그에 이은 계몽적 낙관주의에 대한 불신의 관점에서 보면, 좀 더 분명하게 이해될 수 있다.

고야의 판화는 이성을 강조했지만 이성만 강조되는 것은 아니다. 거기에는 이성과 더불어 환상도 나타나고, 이 환상으로부터 나온 검은 새들도 있다. 여기에서 박쥐가 어둠을 대변한다면, 부엉이는 이성과 빛을 대변한다고 할 수 있다. 부엉이는 사실 지혜와 예술과 학문의 수호신 미네르바를 따라다니는 새이기도 하다. 부엉이는 중앙에 엎드린 화가의 어깨 위에서 날개를 펄럭이며 그를 흔드는 듯하다. 맨 왼쪽의 부엉이는 펜을 든 채 그를 깨우려는 것처럼 보인다. 일어나라고, 일어나 주변의 악귀를 그리라고, 그렇게 그림으로써 세상의 악귀를 물리치라고 재촉하는 듯하다. 밤에 활동하는 살쾡이 역시 감상자를 정면으로 쳐다보며, 깨어나 이 어두운 광기에 저항하라는 듯, 두 눈을 부릅뜨고 응시한다.

악령이 인간의 환상에서 나온다면, 그는 이 악령을 오직 자기에 기대어 자신의 힘으로 대처하지 않으면 안 된다. 이전 같으면 이 힘은 천사이거나 예수이거나, 혹은 성모 마리아가 될 것이다. 하지만 고야는 초자연적 신적 존재에 의지하지 않는다. 그림 속 화가는 신적 도움을 청하는 것이 아니라, 홀로 엎드려 있다. 그는 근본적으로 외로운 자다. 그는 스스로 일어서야 하고, 자신의 두 발로 걸어야 한다. 그러니까 「이성의 잠은 괴물을 낳는다」는 어두운 악령과 밝은 이성 사이에서 오직 자신의 힘으로, 말하자면 자신의 표현력에 의지하여 세상과 대결하려는 근대적 지식인의 전형을 보여 준다고 할 수 있다. 이렇게 근대 이후의 지식인은 사회적으로 버려져 있고, 의식적으로 분열적이며, 이성의 책무감 속에서도 이 이성 자체가 괴물일 수 있다는 사실에 괴로워한다. 이것은 근대 이후 지식인/예술가가 처해 있는 전형적이고도 보편적인 실존 상황이다.(고야는 실제로 이 그림에 대한 두 번째 사전 스케치의 제목을 '보편적 언어(Ydioma universal)'라고 적었다.)

여기에서 핵심은 예술이고, 예술의 표현력이다. 고야의 이성은, 정확하게 말하여, 괴물까지 고려하는 이성이다. 그것은 삶의 환상적 괴물적 요소를 포용하는 이성이고, 마법이나 유령까지 담아내는 명료성이다. 그러면서 이러한 예술 의지의 무게 중심은 여전히 이성에 있다. 그러므로 고야의 이성은 '환각적 이성(hallucinatory reason)'이라고 부를 만하다. 이것이 예술의 이성이다. 예술의 참된 이성은, 「이성의 잠은 괴물을 낳는다」에 나오는 부엉이나 살쾡이가 보여 주듯이, 두 눈을 부릅뜬 채 어둠을 직시하는 정신이다. 『변덕』 시리즈의 전체 표지로 원래 구상된 이미지가 고야의 자화상이 아니라 이 43번 판화였던 것도 이런 맥락에서 이해할 수 있을지 모른다.

유령 같은 현실 앞에서 우리는 이 현실을 외면하고 싶은 유혹을 느낀다. 그래서, 그림 속 남자처럼, 자주 웅크린 채 지낸다. 그러나 고야는 이성의 잠에 빠진 이 남자를 '그려 내었다'. 그리고 이렇게 그린 그림으로 현실을 외면한 인간의, 이성의 잠에 빠져 괴물에 시달리는

고야, 나 그리고 아리스토텔레스

한 남자의 현장을 '증언한다'. 이 증언의 힘은 어디에서 나오는가? 그것은 현실을 직시하려는 예술가의 태도다. 고야의 곁눈질은 이것을 보여 준다.

그러나 화가는, 43번 판화가 드러내듯이, 현실의 악귀 앞에서 웅크리지 않을 수 없다. 그렇다면 이 악귀의 내용은 무엇인가? 『변덕』 시리즈의 전체는 현실을 구성하는 갖가지 악귀의 기나긴 행렬을 증언한다.

2 판화집 『변덕』의 세계

1 무지와 거드름

『변덕』 시리즈를 관통하는 하나의 근본 생각은, 6번 판화 「아무도 모른다」가 보여 주듯이, 세상이 하나의 가면 현실이라는 사실에 대한 인지일 것이다. 사람은 다른 사람에게 가면으로 마주한다. 그림 중앙의 남자는 가면을 쓴 채 구애하듯 여자에게 말을 붙인다. 그런데 오른편의 여자도 눈가리개를 쓰고 있다. 눈가리개는 가면의 단순 형태다. 여자는 왼손을 허리 뒤쪽에 숨기고 있다. 두 사람의 알 수 없는 희롱 장면 뒤로 또 다른 세 사람이 큼직한 사육제 모자를 눌러 쓴 채 유령처럼 서성거린다. 이들 얼굴은 가면을 쓰지 않았음에도 가면 같다. 가면 쓴 얼굴과 맨 얼굴 사이에는 차이가 없는 것이다.

결혼하면 자유로울 거라고 여기는 것은 하나의 맹목이다. 이런 맹목은 가면을 쓴 여자에게도 나타나지만, 어두운 배경 속에 자리한

자들에게도 있다. 이들은 자유를 미끼로 결혼을 성사시키려는 것처럼 보인다. 하지만 결혼을 '거래'로 여기는 것은 뚜쟁이만이 아니다. 가족 친지도 그런 소개업을 떠맡곤 했다. 연애 장면에서 노파가 흔히 등장하는 것은 그 때문이다. 19번 판화에도 보이듯이, 18세기 당시 시골 출신 아가씨를 마드리드로 데려와 한몫 챙기려는 늙은 어머니는 드물지 않았다. 그렇다면 이 노파의 기도는 무엇을 위한 기도인가? 기도는 그 자체로 결코 순정하지 않다! '행운을 주옵소서.'라는 말은 '지혜롭게 살게 해 주세요.'나, '부디 천국에 갈 수 있도록 해 주세요.'라는 말처럼 허위적일 수 있다.

하나의 가면이 있고, 이 가면을 마주 보는 가면이 있으며, 이런 가면들의 희롱을 둘러싼 채 서성거리는 가면도 있다. 이들의 목소리나 표정이 거짓이듯이, 그 자세나 행동도 거짓이다. 세상은 가면 천지다. 그리하여 이 판화 제목이 보여 주듯이, "아무도 모른다". 세상의 실상이 무엇인지, 인간이 어떤 존재인지 누구도 모르는 것이다. 바로 이런 무지 때문에 서로가 서로를 속이며 서로가 서로를 농락하는 것이다. 만고불변의 이 무지 때문에 삶의 기만과 악덕, 고집과 탐욕과 무례가 생긴다.

그리하여 세상은 온갖 종류의 도깨비와 악마와 악귀가 지배하는 장소가 된다. 이것은 유령의 공간이자 유령이 지배하는 광기와 미신의 공간이다. 뚜쟁이가 연애의 유령이라면, 흑심 품은 신랑은 결혼의 유령일 것이며, 처형당한 자의 이가 효험 있다고 뽑아내는 자(12번 판화)는 몽매의 유령일 것이다. 그렇듯이 탐식은 무절제의 유령이고, 이단자 처형은 종교의 유령일 것이다. 형벌과 박해가 종교의 횡포라면,

고야, 나 그리고 아리스토텔레스

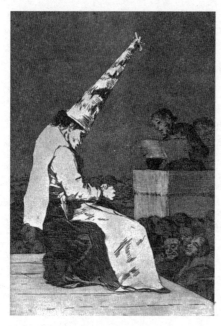

그림 3-3 「변덕」 23번 「트집 잡기」
'판결문을 낭독한다.'라는 것은 '단정'하고 '확언'한다는 것이다. 그러나 이런 판단의 근거는 무엇이고, 그 근거는 설득력 있는가? 고개 숙인 자의 죄의식은 벌 받아도 마땅한 것인가?

편견과 미신은 무지의 횡포일 것이다. 이러한 편견과 미신, 단죄와 형벌 속에서 갖가지 악습이 행해진다. 인간의 허영심과 사회적 금제(禁制) 그리고 박해는 이런 식으로 합법화된다. 허영과 부도덕이 합법화된 세상은 유령 세상이다. 이것을 극적으로 보여 주는 것은 23번 판화 「트집 잡기」다.

　여기 무대의 중심에는 한 여자가 있다. 그녀는 고깔모자를 쓴 채 — 그 시대에 이단으로 단죄받은 죄인들은 참회복 차림에 이 같은 연노란색 모자를 써야 했다. — 고개를 숙이고 있다. 저 아래 높은 연단에는 판사인 듯한 자가 판결문을 낭독한다. '이러이러한 죄목으로 이단에 처하노라.'라는 내용일 것이다. 이 판사 아래 익명의 군중이 몰려 있다. 재판소 권력에 희생된 자들에 대한 고야의 연민 의식에는 자신을 후원한 진보적 계몽주의자의 생각이 들어가 있을 것이다.

드러난 폭력은 숨은 폭력의 일부에 불과하다. 공개된 종교 재판소의 폭력은 은닉된 대중의 잠재된 폭력/욕망을 반영한다. 이는 전시된 폭력 앞에서 대부분의 사람들이 환호하며 열광하거나 즐기듯 바라보거나 외면하는 데서도 드러난다. 대중의 방관이 무지로부터 오는 것이라면, 지배층은 대중의 이 무지를 이용한다. 그래서 존재하지도 않는 것들을 믿게 하고 두려워하게 하는 것이다. 아이들로 하여금 아버지보다 도깨비(coco)를 더 무서워하게 만드는 것도 같은 맥락에서다. 폭군의 폭정보다 무서운 것은 군중의 무지다. 무지와 무관심만큼 폭력적인 것도 없다. 무지가 폭력보다 더 폭력적일 수 있는 것이다. 대중은 폭정의 잔혹을 즐기면서 타인의 고통을 위안거리로 삼는다.

지옥이 따로 없다. 모든 땅이, 인간이 사는 삶의 세계 전체가 이미 지옥이다. 그것은 모든 관계의 야수화다. 여기에서 나와 너는 동거하면서 유형무형의 억압을 자행한다. 그리하여 억압을 통한 어리석음은 항구화된다. 여기에 빛은 없다. 이성은 죽어 있다. 그러므로 비열함은 어리석음처럼 계승된다. 세상 사람들은 서로 속고 속이며, 먹고 먹히는 채로 살아간다. 45번 판화 「실컷 빨아먹어야지」의 해설에 분명 적혀 있듯이, "팔십 먹은 노파들은 갓난아이들을 빨아먹으며, 열여덟도 안 된 여자들은 나이 든 남자들을 빨아먹는다. 결국 사람이란 빨아먹히기 위해 태어나고 살아가는 것 같다."

고야, 나 그리고 아리스토텔레스

그림 3-4 「변덕」45번 「실컷 빨아먹어야지」
뭐든 빨아먹는다. 노파는 아이를 빨아먹고, 여자는 남자를 빨아먹는다. 인간은 서로 잡아먹으면서 또 먹힌다. 그들은 쉴 새 없이 뜯어먹고 때리고 할퀴고 내동댕이친다.

세상은 악덕의 감옥이다. 인간은 누군가에게 고통을 당하면서 누군가를 괴롭힌다. 남의 고통을 빨리 잊듯이 자기 고통도 오래 기억하지 못한다. 그래서 즐거이 고통을 야기한다. 이것은 76번 판화에서 확인할 수 있다. 이 판화의 제목은 「알아듣겠나? …… 음, 내가 말한 바와 같이…… 에! 조심하게! 안 그러면……」이다. 이 판화 속 군인은 왼손으로는 지휘봉을 쥐고 있고 오른손으로는 옆에 선 부하에게 뭔가를 지시하며 서 있다. 검은 모자를 쓴 부하는 요괴 모습을 하고 있고 뒤에 선 부하도 수수께끼 같은 표정을 짓고 있다. 모두들 지휘관의 명령에 귀 기울이지만 이 명령을 따를지는 알 수 없다. 해설은 이렇

그림 3-5 『변덕』 76번 「알아듣겠나? …… 음, 내가 말한 바와 같이…… 에! 조심하게! 안 그러면……」
절차와 의례는 필요하다. 명령과 지휘도 소중하다. 하지만 이것이 삶의 전부는 아니다. 말과 몸짓과
태도에서 거품을 빼내는 일, 그래서 허세와 거만과 남용을 줄이는 일.

다. "모표(帽標)와 지휘봉 덕분에 이 어리석은 자도 자신이 뛰어난 것
으로 여긴다. 그는 지위를 남용함으로써 그를 아는 모든 사람들을 괴
롭힌다. 그는 자기보다 못한 모든 사람에게 거만하고 오만하며 우쭐
대지만, 자기보다 높은 사람에게는 굽실대고 야비하다."

　　그렇다. 사람을 거만하게 만드는 것은 '모자 장식'과 '지휘봉'이
다. 일정한 표식이 사람의 사회적 지위와 서열을 규정한다. 그래서 그
는 제복과 지휘봉을 믿으며 권한을 남용한다. 그렇다면 이런 표식 밖
에서는? 사람에게 제복과 지휘봉이 없다면? 허세의 근거는 철저하게
사회적이고 인위적이다. 그것은 '인간들 사이에서' 주어지는 잠시의

고야, 나 그리고 아리스토텔레스

그림 3-6 「변덕」63번 「얼마나 거드름 피우는지 보라!」
누군가의 등에 올라타 있다면, 우리는 야수가 아니 되기 어렵다. 야수는, 고야의 맥락에서, 유령이고 악귀고 허수아비다.

표식일 뿐이다. 그래서 부서지기 쉽다. 거만하거나 허세 부릴 이유는 전혀 없는 것이다. 거만은 권력의 사회적 인위적 조건을 인지하지 못하는 데서 온다. 그것은 생각 없는 삶이다. 이런 무반성적 삶은 63번 판화 「얼마나 거드름을 피우는지 보라!」에도 잘 묘사되어 있다.

두 마리의 당나귀를 타고 있는 것은 사람이지만, 그 얼굴은 짐승이다. 하나는 독수리고 하나는 돼지 귀를 가진 알 수 없는 짐승이다. 사람은 다른 사람을 당나귀처럼 올라타서 괴롭힌다. 이렇게 올라탄 그는 더 이상 사람이 아니다. 그는 악마 꼴을 하고 있다. 인간의 삶은 눈과 귀가 막힌 채 살아가는 전적인 맹목성의 현장이다. 이 점을 가장

그림 3-7 「변덕」50번 「친칠야 가문의 사람들」
눈을 감고 귀가 막힌 채 우리는 쓰러져 있거나 서 있다. 그런 우리에게 누군가가 자기 눈도 가린 채
먹을 것을 건넨다. 맹목성은 곳곳에 있다.

잘 보여 주는 것은 50번 판화 「친칠야 가문의 사람들」로 보인다.

이 판화에서 한 사람은 구속복(拘束服)에 갇힌 채 쓰러져 있고, 또
한 사람은 똑같은 차림으로 서 있다. 이들의 머리는 철제 귀 막이로
잠겨 있다. 그것은 말에게 씌우는 눈가리개인지도 모른다. 움직이지
도 못하고 보지도 못하며 듣지도 못하는 자에게 누가 무엇을 먹인다.
그의 얼굴은 알 수 없다. 그는 당나귀 귀를 세우고 있다. 이렇듯이 우
리는 우리가 알지 못하는 사람에 의해 규정되거나 조종되고, 이렇게
조종하는 자 역시, 중간에 선 인물이 보여 주듯이, 자신을 드러내지
않는다. 모두는 누군가에게 희생되는 피해자이면서 동시에 다른 누

고야, 나 그리고 아리스토텔레스

군가를 희생시키기도 하는 가해자다. 그들은 누구인가? 이들처럼 모든 사람은 모든 사람을 괴롭히지만, 각자는 자신을 알지 못한다. 이것은 거대한 정신 병동 혹은 가면무도회의 축소판처럼 보인다.

우리의 귀는 제대로 듣고 있는가? 우리의 눈은 현실을 직시하는가? 우리에게 매일매일 주입되는 메시지나 이데올로기는 없는가? 고야는 이 판화에 다음과 같은 해설을 붙인다. "아무것도 듣지 못하고, 아무것도 알지 못하며, 아무것도 하지 못하는 자는 저 많은 친칠야 가문의 사람으로, 그는 아무짝에도 쓸모없다." 우리는 쓸모 있는 사회의 쓸모 있는 구성원으로 살아가는가?

2 "모두가 추락한다"

이렇듯이 고야가 보여 주는 불합리는 곳곳에 자리한다. 그것은 일종의 파노라마 형태를 띤다. 다양한 형태의 광기가 있고, 갖가지 속임수가 있다. 그것은 개인에게도 나타나듯이 사람과 사람 사이의 관계에서도 나타나고, 사람과 동물과 자연의 관계에서도 나타나듯이 제도적 차원에서도 나타난다. 종교 재판이나 의료 행위 그리고 교육 현장은 그런 제도적 불합리의 예다.

그런데 고야의 그림은 단순히 고발적 차원에 머무르지 않는다. 만약 인간의 편견이나 악덕 혹은 부도덕을 풍자하는 데 그친다면, 이 풍자는 어떤 특정한 대상을 향한 것이다. 그것은 자신을 향한 것이 아니다. 그러나 고야의 비판은 대상에 대한 풍자에 그치는 것이 아니라 자신에 대한 풍자로 이어져 있다. 이것을 보여 주는 판화가 19번 「모두가 추락한다」다.

그림 3-8 「변덕」 19번 「모두가 추락한다」
누구나 언젠가는 떨어진다. 이렇게 떨어지면, 이 떨어진 자를 또 누군가가 괴롭힌다. 추락한 이들 사이에 고야도 있다. 그렇듯이 우리/독자도 있다.

이 판화에서는 여러 마리의 새가 허공으로 날아다닌다. 그런데 몇몇 새의 머리에는 사람 얼굴이 그려져 있다. 여자도 있고 남자도 있다. 이들 남자 중에는, 자세히 보면, 고야를 닮은 얼굴도 있다. 그 옆에는 여자 새가 무슨 둥근 테 위에 도도하게 서 있다. 이 테는 무엇일까? 여자 새는 고야를 외면한 채 으스대듯 앞쪽을 바라보고 있고, 고야 새는 허공에서 날개를 퍼덕이며 구애하듯 그녀를 불안 속에 쳐다보고 있다. 그녀는 그가 한때 사랑한 오랜 후원자 알바(Alba) 부인인지도 모른다. 아무튼 좀 닮은 것 같기도 하다. 날아다니는 새들 아래로 두 젊은 여자와 한 노파가 앉아 있다. 젊은 여자들은 떨어진 새의

　　　　　　　　　　　고야, 나 그리고 아리스토텔레스

꽁무니에 꼬챙이를 집어넣으며 싱글벙글대고 있고, 노파는 그 옆에서 기도를 한다. 무엇을 위한 기도일까? 허공을 나는 새들이 그녀 앞에 떨어지길 기도하는 것일까?

이렇게 구애하는 자신의 사랑이 언젠가는 추락할 것이라는 것을 고야는 의식하고 있었는 지도 모른다. 사랑도 구애를 위한 날갯짓도 언젠가는 추락을 피할 수 없다. 「모두가 추락한다」에 자신을 그려 넣었다는 것은 고야가 비상(飛翔)의 허영을 경계했다는 뜻일 터. 자기비판이란 자기 성찰이다. 허영은 세상 사람들의 허영이면서 무엇보다 자기 자신의 허영이다. 세상의 허영은 나의 허영에서 비롯된다. 그렇듯이 세상의 부도덕은 내가 부도덕하기 때문이다. 고야는 세상의 가면이 자신의 가면과 무관한 것이 결코 아니라는 사실을 분명하게 의식했던 것 같다. 그래서 스스로 우스꽝스럽게 여기기도 한다. 이런 자기 희화화가 가장 잘 나타난 작품이 41번 판화 「더도 덜도 말고」일 것이다.

이 판화는 특이하다. 화면의 중심에는 시커먼 바탕의 캔버스가 세워져 있다. 화면 왼편에는 당나귀가 허리를 세운 채 길게 앉아 있고, 그 오른편에서 한 원숭이가 작은 키를 벌충하듯 상자 위에 앉아 당나귀를 그린다. 당나귀같이 어리석은 짓, 이 어리석은 대상을 원숭이가 그린다. 그러나 그리는 일은 정확히 말해 '흉내 내는' 일이다. 원숭이가 하기 때문이다. 캔버스에 그려진 당나귀는 자세히 보면 가발을 쓰고 있다. 그것은 재판관의 가발이다. 그렇다면 그 시대 모든 재판은 당나귀 짓과 진배없다는 것일까? 혹독한 비판이 아닐 수 없다. 고야는 자신의 그림이 원숭이 흉내에 불과하다고 인식했던 것 같다.

그림 3-9 「변덕」 41번 「더도 덜도 말고」
원숭이가 당나귀를 그린다. 당나귀는 원숭이에게 무엇을 원하고, 원숭이는 당나귀의 무엇을 그리려
는 것일까? 자기 일의 진실성을 믿으면서도 이 일이 우리는, 고야가 그러했듯이, 원숭이 짓에 불과할
수도 있음을 직시할 수 있는가? 예술가의 자조(自嘲)는 환멸이자 자부(自負)이기도 하다.

하지만 어리석음에 대한 이런 인식 자체는 이성적이다. 이성이 죽으
면, 악덕의 세계극은 계속된다. 이 그림을 그리며 고야는 이렇게 탄식
했는지도 모른다.

　　나는 화가가 아니다.

　　한 마리 원숭이에 불과할 뿐.

　　나는 원숭이로서 당나귀를 그린다.

　　어리석은 당나귀와

　　어리석은 인간들 그리고 어리석은 세상을.

　　　　　　　　　　　　　고야, 나 그리고 아리스토텔레스

그러니 이 그림은 진실할 수 없다.

진리가 아니라 우매함을 나는 그린다.

나의 그림은 원숭이 짓이다.

가짜가 가짜를 그린다.

그러니 나의 그림은 가짜의 가짜일 것이다.

만의 하나 진실이 있다면,

그것은 가짜가 가짜에 불과함을 드러내었다는 데 있을지도 모른다.

이 판화에는 화가의 이런 심각한 자조(自嘲)가 묻어 있는 듯하다. 자조란 자기 조롱이고 자기 탄식이다. 그것은 자기로부터의 거리 두기에서 온다. 거리 두기는 비판적 자의식이 있어야 가능하다. '자의식이 있다'는 것은 '자기 하는 일의 빛과 그림자에 대한 깨우침이 있다'는 뜻이다.

고야는 자기의 그림이 '진리를 전파한다'고 여기지 않았던 것 같다. 적어도 이런 점을 강변하거나 내세우진 않았던 것 같다. 오히려 그는 자신을 원숭이로 우스꽝스럽게 만들었다. 그리고 원숭이로서의 자기가 그리는 대상이 진실 자체가 아니라 당나귀, 즉 어리석음의 화신임을 드러내었다. 그는 자기 작업의 기만적 가능성을 직시했고 또 고백했다. 아니 이 고백 자체의 가면성까지 드러내는 것을 마다하지 않았다. 그리하여 그의 그림은 가짜의 가짜임을 토로한 것이다. 고야의 진실은 단순히 진실을 주장한 데 있는 것이 아니라, '진실'이라고 내세워진 것들의 허위적 가능성을 고백한 데 있다. 그는 대상에 대한 문제의식을 가졌을 뿐만 아니라, 이 대상적 문제의식 자체의 문제성

그림 3-10 『변덕』 53번 「얼마나 멋진 부리인지!」
우리가 경탄하는 것들 ― 듣고 배우며 갈망하는 것들은 앵무새 소리일 수 있다. 많은 것은 거듭 검토되어야 한다.

까지 의식했던 것이다. 말하자면 그는 대상 비판과 주체 비판을 동시적으로 수행했다. 고야 회화의 근대성은 이 이중적 비판 의식에 있다고 나는 생각한다. 그의 회화적 정직성은 이 철저한 자의식의 결과일 것이다.

　고야의 이 자기 고백은, 더 넓은 맥락에서 보면, 지식인의 허위의식에 대한 고백으로 읽을 수 있을 것이다. 이 같은 고백은 당나귀가 의사 행세를 하고(40번 판화), 당나귀가 그림을 보며(39번 판화), 당나귀가 당나귀를 가르치기도 하는 데서도(37번 판화) 확인된다. 그리고 이것은 당나귀 앞에서 원숭이가 기타를 칠 때, 뒤에서 사람들이 박수 치는 장면(38번 판화)에서도 반복된다. 앵무새가 말하는 것을 모두 입

벌린 채 경탄하며 바라보는 장면(53번 판화 「얼마나 멋진 부리인지!」)은 또 어떠한가? 앵무새의 설교에 두 손 모아 기도하는 사람들도 있다. 우리가 읽는 것, 우리가 진단하거나 분석하는 것은 앵무새 놀음일 수도 있다. 우리는 진리의 이름으로 진리 아닌 어리석음을 교환할 수도 있다. 영원한 것은 진리가 아니라 어리석음의 계승이고 몽매의 전승(傳承)이다.

지식인에 대한 풍자도 이런 자기 성찰적 자기비판적 차원에서 이해할 수 있을 것이다. 29번 판화 「그는 분명 독서 중」을 보자. 그림의 중심에는 나이 든 한 노인이 앉아 있다. 이 노인은, '독서'가 주제화되었으니, 학자인지도 모른다. 노인 옆으로 두 사람이 있다. 한 사람은 노인의 머리를 손질하고, 다른 사람은 그의 신발을 닦아 준다. 이 판화에 붙인 글이 특이하다. "이런 그를 두고 대부분의 시간을 낭비한다 말할 자 누가 있으랴."

이 글 역시 냉소적이다. 이 노학자는, 고야의 판단으로, '시간 낭비를 하지 않는다'. 그의 머리 차림새나 신발은 하인이 알아서 처리해 주기 때문이다. 그는 '독서에만', 즉 학문에만 열중하면 된다. 그러나 이 열중은 무엇을 위한 열중인가? '착취'라고 말하지 않아도, 한 사람의 연구가 다른 사람의 희생을 대가로 이뤄지는 경우는 드물지 않다. 그렇다면 연구란 것은 무엇을 위한 연구이고 누구를 위한 탐구인가? 비판의 초점은 지식인의 허위의식이라고 말할 수 있을지도 모른다. 33번 판화 「팔라티노 백작에게」의 부제는 고야의 이런 문제의식을 좀 더 직접적으로 드러낸다.

이 판화에서 주인공은, 그가 바로 '팔라티노 백작'으로 불리는 인

그림 3-11 「변덕」29번 「그는 분명 독서 중」
배움도 크고 작은 희생 위에 자리한다. 우리는 배움 속에서 이 배움의 배경과 토대를 살펴보아야 하지 않을까?

물일 듯한데, 한 남자의 머리를 왼손으로 쥐고 자기 오른손을 이 남자의 입안에 쑤셔 넣고 있다. 이 두 사람 앞에서 또 다른 남자는 무엇인가 토하고 있다. 그리고 또 그 남자 옆으로는, 이미 이 같은 일을 당한 듯이, 고개 숙인 채 괴로워하는 사람이 있다. 어쩌면 이 판화는 '학문한다'는 자들의 행패 혹은 학문 활동의 폭력성을 고발하는지도 모른다. 지도 편달되는 것은 몽매의 비법인지도 모른다. 그렇다면 지식인들의 속물적 행태는 사회 지도층의 부도덕이나 성직자들의 부패 혹은 강도의 약탈과 무엇이 다른 것일까? 사회의 어둠은 이 모든 미숙함이 쌓이고 퍼져서 양산되는 것일 터이다. 이 그림에 대해 고야는 이

고야, 나 그리고 아리스토텔레스

그림 3-12 『변덕』 33번 「팔라티노 백작에게」
이 판화의 주제는 고야가 붙인 글에 분명히 나타난다. "참으로 현명한 자라면 미리 말하는 데 언제나
신중하다. 그가 약속하는 것은 적고, 이루는 것은 많다." 회의와 의심이 없다면 학문적 행위도, 팔라
티노 백작이 보여 주듯, 가학증일 뿐.

렇게 적는다.

제대로 공부한 적도 없으면서 만병통치약을 가진 것처럼 말하는 협
잡꾼들이 모든 학문에는 있다. 그런 자들의 말은 한마디도 믿어선 안 된
다. 참으로 현명한 자라면 미리 말하는 데 언제나 신중하다. 그가 약속
하는 것은 적고, 이루는 것은 많다. 그러나 팔라티노 백작은 약속한 것의
어떤 것도 해내지 못한다.

삶의 세계가 어이없고, 이 어이없는 세계를 탐구하는 학문의 활

동도 어이없다면, 이런 사회의 공적 공간은 무너질 수밖에 없다. 그리하여 진실은 더 멀어지고, 사회 전체는,「정신병자 수용소」(1793~1794)가 보여 주듯이, 하나의 거대한 정신 병동처럼 된다. 이 비정상적 공간에서 누군가는 싸우고 누군가는 채찍을 들며, 누군가는 그늘 속에 숨어 있고 누군가는 팔짱 낀 채 관망하며, 또 누군가는 웃고 있다. 우리는 아마도 이들 중 하나로 살아갈 것이다.

3 죽을 때까지 허깨비로!

그리하여 어리석음은 계속된다. 우둔과 몽매는 인간에게 거의 불가항력적일 만큼 필연적 조건으로 보인다. 그것은, 인간이 살아가는 한, 끊길 일이 없기 때문이다. 그래서 고야는 '아스타 라 무에르테(Hasta la muerte)'——'죽을 때까지'라고 쓴 것인가? 이런 제목을 가진 그림이 바로 55번 판화다.

이 판화의 주인공은 일흔다섯 살의 노부인이다. 그녀는 거울 앞에 앉아 머리 모양새를 손질하고 있다. 머리에는 매듭 장식이 얹혀 있다. 어떻게든 예쁘게, 또 젊게 보이기 위해 그녀는 갖은 애를 쓴다. 그 모습은 처량하다. 얼굴을 반쯤 드러낸 옆모습이지만 그녀 앞에 세워진 거울에 의해 그 전면은 사실감 있게 드러난다. 그것은 옆모습보다 더 추하다. 이런 추함을 감히 발설할 수 없어서 노파 옆 하녀는 입을 다물고, 거울 옆 남자는 조소하듯 히죽거리고, 또 한 사람은 망연자실 허공을 쳐다본다. 어쩔 수 없다는 체념의 표시다. 이 그림에 고야는 이렇게 적었다. "곱게 보이려고 애써 치장한다. 오늘은 그녀의 생일. 이제 일흔다섯 살이 됐다. 곧 친구들이 그녀를 보러 올 것이다." 늙음

　　　　　　　　고야, 나 그리고 아리스토텔레스

그림 3-13 「변덕」55번 「죽을 때까지」
죽을 때까지 계속되는 것은 평화나 안식 혹은 진실이 아니다. 변함없이 이어지는 것은 칠하고 바르고
꾸미는 일이다. 그것이 인간의 현실이고 그 삶이다. 자기를 내세우는 것은 자기가 약해서다.

을 치장하는 일은 실상을 가리고 진실을 숨긴다. 「죽을 때까지」가 사실 은폐이자 사실 치장의 소극적 방식이라면, 가문과 가계를 자랑하는 57번 판화 「가문」은 적극적 방식의 한 예라고 할 것이다.

한 여자가 그 앞에 앉은 어떤 부인에게 무엇인가 읽어 주고 있다. '족보'인가 보다. 앉은 여자는 지체가 높아 보이는데, 족보 읽는 여자는 그 옆에 선 남자의 중매쟁이인지도 모른다. 아니면 이 족보를 중매쟁이 뒤에 선 남자에게 읽어 주는 것인지도 모른다. 어떻든 앉은 여자도 늑대 탈을 쓰고 있다. 그녀는 무릎에 놓인 더 큰 탈을 쓰다듬고 있다. 그것은 어느 조상의 얼굴인가? 판화 밑에는 이렇게 적혀 있다.

그림 3-14 『변덕』 57번 「가문」
가족이나 집안의 내력이 어떻게 사소하겠는가? 하지만 '내'가 빠져 있다면, 그래서 가문과 족보와 부모가 나를 대신한다면, 내 삶은 어디에 있는가? 허영의 허깨비는 곳곳에 있다.

"여기, 자신의 부모와 조부모, 증조부와 고조부가 누구였는지 족보를 보여 주며 애인을 멍청하게 만드는 젊은 여인이 있다. 그런데 그녀는 누구일까? 그는 조만간 알게 될 것이다." 허영과 과시의 시장은 휴일을 모른다. 그것은 사람의 신분이나 계층도 가리지 않는다.

고야가 던진 질문을 다시 던지자. 그림 속의 '그녀는 누구일까?' 확실한 것은 그녀가 누구이든, 그녀에게 그녀 자신은 없다는 사실이다. 그녀의 정체성, 그녀를 그녀답게 만드는 자질들, 말하자면 그녀만의 인성과 개성과 성격과 자아는 없다. 즉 그녀는 죽어 있다! 그녀는 살아 있는 사람이 아니다. 그렇다고 말할 수 있다. 자신의 가치와 기

고야, 나 그리고 아리스토텔레스

그림 3-15 『변덕』 70번 「경건한 맹세」
이 그림의 인간 야수는 또 다른 야수의 등에 올라탄 채 야수가 든 책을 읊조린다. 우리가 무엇을 배운다고 할 때, 이 배움의 근거와 목표가 무엇인지 물어야 한다. 그것은 배움의 좌표축을 헤아리고, 학문의 위상학을 점검하는 일이다.

준이 없다면, 나는 '나 자신'인가? 삶에 대한 자신만의 원칙과 세계관이 없다면, 우리는 우리 자신이 될 수 있는가? 그녀가 아니라 그녀의 가문이 그녀를 살아가는 까닭이다. 그녀 자신이 아니라 그녀의 부모와 조부모와 증조부가 그녀의 삶을 대신하는 까닭이다. 그녀는 말의 엄밀한 의미에서 시민(市民)이 아니라 신민(臣民)이다. 이런 신민의 특징은 70번 판화 「경건한 맹세」에 잘 나타난다.

　이 판화에서도 주인공은 사람 몸을 가졌지만, 머리는 요괴 형태를 띤다. 이 요괴는 다른 요괴의 등에 올라탄 채, 그를 닮은 그러나 신분상으로 더 높아 보이는 두 요괴가 든 책자를 읽고 있다. 이 두 요괴는 손이 아니라 집게로 책자를 들고 있다. 이 책자는 교리서나 문답서인지도 모른다. 종교적 교리가 인간을 집게처럼 조여 댄다. 이에 대한 해설로 고야는 적는다.

"너의 스승들과 높은 사람들에게 복종하고 그들을 존경하겠다고 너는 맹세하겠는가? 그들이 명령을 내리면, 그것이 무엇이건 또 언제건, 너는 다락방을 쓸고 굵은 밧줄을 짜고 종을 치고 울부짖고 고함지르고 날고 요리하고 기름 바르고 빨고 굽고 불고 튀기겠는가?"
"맹세하죠."
"그렇다면 자네는 이제 마녀가 되었네. 축하하네."

해설의 핵심은 '복종'과 '맹세'와 '추종'이 마녀가 되게 한다는 사실이다. 우리는 이 맹세를 '숭고한' 것인 양 행하면서 자신을 자발적으로 지워 간다. 그래서 신민이 된다. 명령받는 것이 무엇이건, 또 어느 때건, 명령받은 대로 쓸고 닦고 요리하고 바르고 굽고 튀기는 것은 허수아비요 허깨비의 일이다. 허수아비란 신민이고, 신민은 말의 엄격한 의미에서 더 이상 인간이 아니다. 그는 유령 같은 존재다. 왜냐하면 생각 없는 추종과 맹세 속에는 '그'가 없기 때문이다. 그리하여 개인의 기만과 사회의 악덕은 영구화된다. 가문을 내세운다면, 그는 '현대인'이 되기 어렵다.

고야는 삶을 구성하는 어두운 힘에 대하여, 이 힘의 폭력성에 대하여 눈을 감지 않았다. 그는 인간의 탐욕이나 어리석음을 직시했을

뿐만 아니라 이렇게 직시하는 힘으로서의 이성의 진실을 믿었지만, 이 이성을 넘어서는 운명의 '변덕'도 외면하지 않았다. 그는 '죽을 때까지' 치장하면서 '가문'을 내세우는 저 집요한 어리석음을 질타하면서도 이성이 잠들지 않기를 희구했다. 결국 살아남는 것은 몽매이지 계몽은 아니다! 아마도 그럴 것이다. 아마도 그렇다고 해야 할 것이다. 고야는 이성을 견지한다고 해도 인간 삶이 요괴로 에워싸이는 불길한 경로를 피할 수 없음도 분명히 인식했던 것이다.

그러나 더 중요한 점은 이 모든 착잡한 삶의 현장을 그림 언어로 증언했다는 사실이다. 고야의 위대성은 바로 악귀의 직시가 아니라, 이 직시를 위한 이성의 필요성을 인식했고, 이런 인식에도 살아남을 악귀의 항구적 지속에 표현적 방법으로 대응했다는 사실에 있을 것이다.

3 고야의 선택

> 우리는 졸라의 소설 『대지』와 『제르미날』을 읽었으니, 농부를 그린다면 이 독서가 우리 몸의 일부가 되었음을 보여 주고 싶어.
>
> ─ 고흐, 『편지』(1888년 8월 11일)

화가에게는 선과 형태와 색채에 대한 고유한 감각이 있다. 그래서 세상은 이들 속에서 늘 '전적으로 새롭게' 태어난다. 그것이 개성이다. 모든 뛰어난 예술가에게는 그들만의 이 같은 개성이 있다. 바로 이것이 그들의 정체성, 즉 고야를 고야이게 하고, 렘브란트를 렘브란트로 만들며, 고흐를 고흐답게 만드는 무엇이다. 이것은 무엇일까?

예술가의 개성을 위대한 것으로 만드는 것은 무엇일까? 그것은 선의와 열의, 혹은 선의에 찬 열정인지도 모른다. 이 열정은 인간성, 보다 넓고 깊은 인간성을 향한다. 인간성을 향한 노력 속에서 그는 위로를 구한다. 그 어떤 물질적 보상이나 명예가 아니라, 믿음 속에서 얻어지는 평정한 마음에 그는 차라리 자족하는 것처럼 보인다. 그리하여 그가 쓰고 읽고 그린 모든 것이 그의 삶에 녹아든 것이다. 마치 고흐가 읽은 졸라의 소설이 고흐 몸의 일부가 되었듯이. 예술의 경험 내용이 이렇게 경험한 주체 자신의 피와 살과 생활이 되지 못한다면, 그것은 무슨 소용인가?

고야의 『변덕』 판화는 어리석음의 만화경이고 악덕의 아수라장이다. 그것은 거짓이나 으스댐이나 거드름 같은 흔히 있는 일상에서부터 강탈이나 착취 같은 폭력 상황에 이르고, 판에 박힌 교정과 훈계를 일삼는 자기기만에서부터 '죽을 때까지' 가문을 내세우는 허영심을 지나 이단 재판이나 마녀 집회 같은 미신적 제의에까지 광범위하게 걸쳐 있다. 이런 무지와 악덕과 탐욕을 조롱하면서 고야는 그와 다른 인간적인 현실을 염원했을 것이다. 그것은 예술 경험 속에서 도달한 '또 다른 현실'의 이름이다.

우리는 이 비루한 현실 그 너머에 다다를 수 있는가? 우리의 심미적 경험은 개인적 사회적 강제를 벗어난 곳으로 나아가는가? 그리하여 허수아비나 꼭두각시로서가 아니라 자기 책임 아래 행동하는 인간으로 우리 각자는 살아갈 수 있는가? 나는 인간의 내면에서 일어나는 이 은밀한 변화가 가시적 물리적 혁명보다 때로는 더 중요하다고 생각한다. 그것은 변화된 미래의 행동을 준비하는 마음의 현재적 변화인 까닭이다. 심미적 경험은 이 내면의 은밀한 변형으로 이어진다. 고야의 경우에 이것은 다른 것일까?

1 일과 생계, 즐거움과 자유 사이에서

지금 남아 있는 고야의 편지는 주로 친구 마르틴 사파테르(Martín Zapater, 1747~1803)와 주고받은 것이다. 사파테르가 먼저 세상을 떠날 때까지 20년 이상 계속된 이 편지에서 우리는 고야가 어떤 인간인지, 그가 살았던 1750년대 이후 스페인의 사회정치적 문화적 분위기는 어떠했는지 얼마간 짐작할 수 있다. 그는 이 친구를 몹시 사랑했고, 산토끼나 자고새나 메추라기 사냥을 즐겼다. 그리고 투우 경기와 연극 공연을 자주 구경하러 다녔으며, 오페라도 가끔 보러 다녔다. 고야는 학교 교육을 별로 받지 못했지만, 광범위한 친교 관계에서 드러나듯이, 그 시대의 가장 명망 있는 시인과 극작가, 사상가와 학자와 우정을 나눴음을 알 수 있다.

아내가 아이를 낳은 것에 대해, 또 건강의 회복으로 살아 있는 시간이 연장된 것에 대해 고야는 하나님께 감사드리기도 하고, 가족 생계를 위해 닥치는 대로 일하기도 한다. 또 어느 해에는 어머니의 6개월치 방세를 못 내어 한 친구한테 부탁하는 대목도 있다. 산 프란시스코 엘 그란데 대성당의 노임을 못 받아 하인 수를 줄이는 수밖에 없다고 토로하기도 하고, 거듭되는 생활고에서 벗어나기 위해 몇 푼 안 되는 남은 돈을 투자하려고 친구에게 묻기도 한다. "은행이든 부동산이든 여하튼 이윤을 제일 많이 낼 수 있는 방법을 가르쳐 주게."(1789년 5월 23일)[3] 주식과 은행과 아카데미 수입을 다 합쳐도 충분하지 않았지만, 그는 이 액수에 만족하면서 자기가 "세상에서 가장 행복한 사람"이라고 고백한다.(1786년 3월 1일)

고야는 나이 40세(1786) 때 카를로스 3세의 공식 화가로 선정되어 왕과 그 가족을 영전하고 그들의 "손등에 입 맞추는 영광"을 입었다며 자랑스러워하고, 마드리드에 세 대뿐인 으리으리한 영국제 마차를 타고 돌아다니기도 한다. 하지만 이 마차가 뒤집혀서 다리를 다쳤고, 그 때문에 그는 오랫동안 절뚝거리며 다녀야 했다. 늘어나는 경쟁자들의 질투와 시기를 걱정하기도 하고, 그림에 대한 벗들의 칭찬을, 마치 고흐가 비평가의 칭찬에 그러했듯이, '과찬'이라고 물리친다. 왕실의 인정을 큰 영광으로 여기면서도 홀로 있는 시간이나 마음 맞는 친구와 함께하는 시간을 그는 더 그리워했다. "폐하와 왕자들의 찬사를 받으면서 갖가지 귀찮은 일을 처리하는 것보다는 우리가 함께 보낼 시간을 빼앗기는 게 내겐 더 큰 고통이라네."(1786년 12월 16일)

고야는 솔직하고 유머러스했던 것 같다. 그는 초콜릿을 좋아해서 "하루라도 먹지 않으면 견딜 수가 없다."라며, 친구에게 "많이 가져오라."라고 부탁하기도 한다. 마흔한 살 때 쓴 어느 편지에는 자신을 '뚱뚱이 파코(Facho)'라고 칭한다. 그러면서 스페인-프랑스의 동맹을 비꼬는 정치 비평서를 친구끼리 돌려 보기도 한다. 그는 자유주의적 진보 사상에 공감했지만,[4] 자유에 대한 이 같은 열망이 주위 사람을 불편하게 만들지 않기를 원했고, 이런 바람이 담긴 글이 상대에게 잘 받아들여지길, 그래서 호의 속에서 그들과 교유하게 되기를 원

고야, 나 그리고 아리스토텔레스

했다. "자유로워지고 싶네. 난 자유를 얻기 위해 노력하고 있다네. 나의 어리석음이 자넬 귀찮게 하지 않길 바라며 편지를 쓰네. 하지만 이 편지가 잠시 자네에게 미소를 선사할 수 있겠지. 자네가 이 글을 읽는 동안 자네를 만나길 바라고 있네."(1797년 10월 10일)

고야의 열망은 강했다. 그는 인간과 현실을 정확히 그리려고 애썼고, 이런 표현에 어떤 품위가 깃들기를 바랐다. 그는 현실주의적 원칙 아래 작업했지만, 이 원칙에 현실의 다양성과 가능성이 갇히길 원하지 않았다. 원칙보다 중요한 것은 현실 자체인 까닭이다. 그러면서 그는 먹고 마시고 일하고 걷고 쉬는 일에서 삶을 향유하던 인간이었다. "자네가 하고 싶은 일을 하게. 비록 집에 가서는 그저 먹고 마시고 춤추고 싸고 울고 하품하고 잠자고 싸우고 기도하고 면도하고 기침하고 뛰고 어슬렁거리고 그 무슨 짓을 한다 해도 말일세."(1787년의 어느 날)

알바 부인과의 일이 보여 주듯이, 고야는 알려지거나 알려지지 않은 여러 여인들과도 친밀했다. 그는 1792년 무렵 중병에 걸렸는데, 이 '중병'은 성병일 가능성이 높았다. 그가 귀먹은 것도 이 병에서 왔을 거라는 견해도 있다. 귀먹게 되었으므로 그는 어쩔 수 없이 수화를 배워야 했다. 이는 단순히 수화를 배웠다는 데 그치는 것이 아니라, 누군가와 대화한다는 것에 대해, 자신을 털어놓는다는 것에 대해, 나아가 진실을 말한다는 것에 대해 거듭 고민했을 것임을 뜻한다. 그는 청각의 상실로 어쩔 수 없이 주변 세계와의 거리를 느꼈고, 바로 이 때문에 삶의 본질에 대해, 회화의 진실에 대해 더 깊게 몰두할 수 있었을 것이다. 병은 그에게 원망의 대상이 아니라 더 깊은 예술적 진실을 위한 성찰의 계기가 되었을 것이다. 그는 손짓발짓 대화 때문에 자신과 얘기 나누느라 상대방이 식사도 제대로 못하는 것을 미안해했다.

하지만 이 모든 것보다 더 중요한 사실은 고야가 '위대한 개인'이었다는 점에 있을지도 모른다. 1781년 10월 20일자 편지에는 이런 구절이 있다. "나 자신의 즐거움을 추구하는 것보다 더 가치 있는 일은 없을 걸세. 궁정 혹은 세상의 어떤 것이나 어느 곳을 마음에 품은 사람들은 모두 지옥으로 보내게. 야망을 가진 사람은 어떻게 살아야 할지, 어디에 살아야 할지 모르는 법일세."

2 악덕의 아수라장

고야는 열정이 '야망'이 되어 어떻게 살고 어디에 살아야 하는가 같은 문제에서 눈먼 인간이 되길 원치 않았다. 예술의 열정이란 그것이 삶의 근본 문제를 떠나지 않을 때 비로소 올바르게 되기 때문이다. 외적 찬사나 세평으로부터 거리를 유지할 때, 자신의 개성적 표현이 나올 것이기 때문이다. 그는 자기에 대한 즐거운 헌신 속에서 세상의 전체로 나아가길 원했고, 이 같은 예술적 추구가 자유의 길이길 간절히 희원했던 것 같다.

『변덕』의 광고문   그런데 이런 문제의식은, 몇 가지 장막이 없지 않은 채로, 『변덕』이 출간되던 당시의 광고문에 이미 들어 있지 않나 여겨진다. 고야는 1799년 2월 6일자 《마드리드 일보(Diario de Madrid)》에 직접 광고를 실었다. 그 내용은 이렇다.

돈 프란시스코 고야가 고안하고 새긴 변덕스러운 주제를 담은 동판화 모음집. 인간의 과오와 악덕에 대한 비판은, 비록 수사학과 문학에 속하긴 하지만, 회화의 대상이 될 수도 있다고 작가는 확신하기 때문에, 모든 인간 사회에 공통된 수많은 부절제와 어리석음에서, 그리고 습관과 무지 혹은 탐욕 때문에 허용되는 천박한 편견과 속임수 중에서 우스꽝스러움에 대한 소재를 제공하고 동시에 예술적 환상을 자극하는 데 특별히 적절하다고 여긴 것들을 선택했다.[5]

이 광고문에서 특징적인 것은 세 가지 사실이다.

첫째, 고야는 자신을 "작가"라고 지칭한다. 즉 자신의 예술적 정체성과 개성을 확고하게 드러낸 것이다.

둘째, 그가 『변덕』에서 다룬 것은 "모든 인간 사회에 공통된 수많은 부절제와 어리석음"이고, "습관과 무지 혹은 탐욕 때문에 허용되는 천박한 편견과 속임수"다. 이런 요소들은 "우스꽝스러움에 대한 소재를 제공하고, 동시에 예술적 환상을 자극하는 데 특별히 적절하"기 때문이다. 그러니까 그는 현실에서 무엇이 자신의 회화적 대상이 되어야 하는지에 대한 분명한 문제의식을 갖고 있었다.

셋째, 고야는 그때까지 통용되어 오던 전통 회화적 원칙들, 이를테면 자연/본성의 충실한 묘사라는 원칙을 따르지 않는다. 그렇다고 현실을 벗어난 추상적 원리를 적용하는 것도 아니다. 그는 모든 인간 사회에 '공통된', 그러니까 널리 퍼져 있는 수많은 무절제와 과잉, 어리석음과 터무니없는 일을 겨냥한다.

『변덕』 시리즈에는, 앞서 살펴보았듯이, 당대 현실의 어두운 모습이 다각도로 묘사되어 있다. 그 모습은 보이는 측면뿐 아니라 보이지 않는 측면도 포함하고, 사회적 관습적 악덕뿐 아니라 의식적 무의식적 미숙 상태도 지닌다. 이때의 고발 방식은, 80장 판화의 배열 구성이 일목요연하고 일관된 순서를 따르지 않기 때문에, 낯설고 급작스럽다. 각각의 그림은 그림을 보는 사람으로 하여금 그때그때 다른 시각과 관점을 갖도록 촉구한다. 그러니까 판화집의 전체 모습은, 마치 카드를 뒤섞어 놓은 듯이, 수용자가 선택한 그림을 어떻게 다시 배열하느냐에 따라 전혀 다른 복합성을 보이는 것이다. 이것은 동질적 통일적 양식을 요구하는 전통적 회화 규범에 대한 위반이 아닐 수 없다. 고야는, 앞의 각주에서 썼듯이, 1792년 아카데미 미술 교육에 대한 의견서를 제출할 때 "회화에서는 그 어떤 규칙도 없다."라고 적은 바 있다.

그리하여 『변덕』 시리즈는 인간의 어리석음과 악덕에 대한 이질적 만화경으로 자리한다.[6] 곳곳에 싸움과 거짓과 억압과 으스댐, 감시와 단죄와 거만과 위선이 있다. 이것이 인간과 인간 사이의 싸움 현장이라면, 투우 장면은 인간과 동물 사이의 싸움 현장일 것이고, 난파선 장면은 인간과 자연 사이의 재난 현장일 것이다.

허수아비처럼 이 어리석고 우스꽝스러운 악덕의 만화경을 잘 보여 주는 그림의 하나가 「정신병자 수용소」이지 않나 싶다. 그림 중앙에는 옷을 벗은 채 맞붙어 싸우는 두 사람이 자리한다. 이 두 사람을 간수가 옆에 서서 채찍으로 내리치고, 뒤에서는 싸움을 응원하듯 누군가 두 손을 든 채 소리 지르고 있다. 왼편 앞쪽에는 한 사람이 팔짱을 낀 채 앞을 쳐다보고, 오른쪽으로는 한 사람이 웅크린 채 관람자를 야유하듯 웃으며 바라본다. 웅크린 이 사람 뒤로는 싸움을 말리려는 듯

고야, 나 그리고 아리스토텔레스

그림 3-16 「정신병자 수용소」(1793〜1794)
싸우고 때리고 웃고 외치고 웅크린 채 바라보는 것, 이것은 그 자체로 인간 사회의 전경(全景)이다.

어느 한 사람이 엎드린 채 하소연하는 듯하다. 그리고 이 모든 사람들 뒤에 예닐곱 사람이, 어두운 벽을 배경으로 고개 숙이거나 서 있다.

아마도 「정신병자 수용소」는 여기에 등장하는 사람들의 서로 다른 몸짓에 대한 기나긴 목록을 작성하는 것만으로도 이해되지 않을까 여겨진다. 여기 등장하는 열두 명의 피조물이 겪는 고통스러운 상황을, 그것이 12사제를 상징할 수도 있기에, 최후 만찬에 대한 비유로 해석하는 경우도 있다. 이들은 세상의 변두리로 밀려난 사람들, 예컨대 주정뱅이이거나 강도, 뚜쟁이이거나 정신병자들일 것이다. 그들의 감정이나 행동은 일정치 않다. 그래서 끊임없이 소리치고 싸우고 때리고 뒹굴면서 앉아 있거나 서 있다. 곳곳에 공포와 전율이 지배한다. 이들의 정서적 불안정에『변덕』의 불안정한 형식은 정확히 일치한다.

『변덕』의 연작 시리즈는 근본적으로 변덕스럽다. 그것은, 첫 번째 판화를 제외하면, 처음부터 끝까지 정해진 시작점이나 종결점을 찾기 어렵다. 모든 판화는 느닷없이 시작하고 느닷없이 끝난다. 그래서 통일된 서사적 줄거리를 정하기 어렵다.『변덕』의 감상자는 한 그림에서 다음 그림으로 차례대로 넘어가기보다는 자주 앞으로 돌아와야 하고, 이렇게 앞에서 확인한 것을 다시 뒤로 넘어가 되새겨야 한다. 고야의 관점이 다각도이듯이, 그의 판화를 바라보는 수용자의 관점도 다각적이지 않으면 안 되는 것이다. 이런 다각도의 관점 — 다원근법적 시각은 사실 고야 예술의 근대성과도 이어진다.

「정신병자 수용소」가 광기 어린 변덕의 병리적 현장이라면,「인형 인간」(1791~1792)은 이 어리석은 변덕이 일반적으로 펼쳐지는 유쾌한 현장이다. 여기에서 인간은 지푸라기나 헝겊으로 만들어진 인형처럼 살아갈 뿐이다. 그가 솟구친다면 그것은 그를 튕긴 다른 사람들 때문이고, 그가 아래로 던져진다면 그것은 다른 사람이 그렇게 던졌기 때문이다. 이런 인형 인간에게 자유 의지는 없다. 그는 오직 남의 손에 놀아날 뿐. 그는 스스로 움직이는 것이 아니라 움직이도록 조종되는 존재다. 세상을 채우는 것은 꼭두각시 인간의 가짜 인생이다.

사실과 환상 속에서 사회적 부조리와 정신적 강박 관념이 고도로 결합된『변덕』판화들은 다각도의 관점에서 다각도로 해석될 수 있다. 거의 모든 그림들은, 각 그림 속의 여러 부분들이 그러하듯이, 하

고야, 나 그리고 아리스토텔레스

그림 3-17 「인형 인간」(1791~1792)
나는 사람들이 갖고 노는 인형이고 꼭두각시일 뿐. 누구나 마음대로 던지고 떨구고 팽개치다가 내버리는, 아무런 영혼도 의식도 없는.

나의 커다란 유비적 관계 속에 있다. 하나의 판화는 다른 판화와 주제적으로 반드시 연결된다고 말할 수는 없지만, 그렇다고 서로 이질적인 것은 아니다. 처녀와 뚜쟁이가 짝하고, 수도사와 강도가 어울리며, 군중과 재판관과 이단자가 함께 나오며, 마녀와 동물 인간이 뒤섞여 있다. 기이한 것이 일상적인 것과 짝하고, 거짓된 것과 진실한 것이 서로 결합되어 있는 것이다. 그러니 가면을 쓴 사람과 쓰지 않은 사람 사이에는 별 차이가 없다. 가면과 탈가면이 대체되면서 자연적 인간과 인위적 인간의 구분도 사라진다. 그리하여 전혀 이질적인 요소들

그림 3-18 『변덕』 56번 「위로 아래로」
떠오르거나 떨어지는 것 사이에 모든 삶이 있다. 이 부침(浮沈)의 순환을 '운명'이라고 한다. 그러므로 운명의 순환과 그 왕래를 잊지 않는 것. 상승 속에서 추락을 준비하고, 추락 속에서 상승을 예감하는 것.

그림 3-19 「정어리 매장」(1793~1819)
축제가 반드시 축제적인 것은 아니다. 오히려 이 그림에서는 기괴하고 음울한 분위기가 지배적이다. 축제가 맹목과 광기로 추동된다면, 그것은 슬픔과 죽음을 야기한다. '무엇'으로 불리는 것들은 인간의 사회에서 그 무엇이 아닐 수도 있다.

을 하나의 세계상으로 엮어 내는 것은 『변덕』 연작을 추동하는 고야 예술의 근본 원리이다. 여기에 묘사된 다양한 병리 현상은 곧 인간 현실의 특성이다. 이 특성은 비유적 묘사로 인해 풍속화적 개별성을 넘어 일반화된다.

우리 각자는 서로 다른 인간으로서 마치 허수아비 인형처럼 상승과 하강을 반복하며 삶을 탕진해 간다. 그것은 거대한 허영의 시장이고, 자기기만의 무언극이다. 56번 판화 「위로 아래로」가 권력 추구의

고야, 나 그리고 아리스토텔레스

그림 3-20 「거대한 숫염소」(1820~1823)
여기 모인 사람들의 눈과 귀는 예외 없이 한쪽으로 기울어져 있다. 염소가 사탄의 상징임을 모른다고
해도 이것은 기이한 집중이고 병적인 편향성이 아닐 수 없다. 아마도 이 그림만큼 인간 사회의 집단
주의적 무지와 강박증을 극명하게 보여 주는 예는 없을 것이다. 나는 한국 사회에 주기적으로 등장하
는 마녀재판적 상황을 떠올린다.

허망함에 대한 정치적 우화라면, 「정어리 매장」(1793~1819)은 사회
적 신분과 계층적 차이를 넘어 모두가 뒤섞이는 소극(笑劇)의 현장이
다.[7] 이런 우스꽝스러움이 종교적으로 드러난 것은 이단자의 재판 장
면(23, 24번 판화 「트집 잡기」나 「구원은 없었다」)일 것이다. 사회는 아집
과 편견과 악덕과 무지가 지배하는 가면무도회와 같다. 그것은, 마녀
들의 집회 현장처럼, 질서가 사라지고 규범이 무시되는 거대한 혼란
을 이룬다. 그렇다면 평상시에 사회를 지탱하던 위계와 권위와 자부
심은 어디로 가 버렸는가? 그것은 근거 없는 오만은 아니었던가? 혹
은 그것은 그럴싸한 관계와 관습적 규율 아래 숨죽인 어두운 충동의
외피인지도 모른다. 그것은 사라진 것이 아니라 잠시 억눌리고 쫓겨
난 것이다. 고야 그림의 가면은 억눌린 충동과 본능의 기호다.

　이렇듯 삶의 많은 것은 숨겨진 이기와 탐욕, 지배 의도와 권력관
계로 이뤄진다. 사람들은 악령처럼 왜곡된 채 나타난다. 그것은, 「정
어리 매장」이 보여 주듯이, 그저 유쾌한 축제의 현장이라기보다는 유

그림 3-21 「종교 재판소의 공판 장면」(1812~1819)
이것은 『변덕』의 23번 판화와 주제적으로 통한다. 누구는 판결하고, 다른 누구는 이 판결에 괴로워한다. 누구는 단정하고, 다른 누구는 그 오해에 시달린다. 단죄와 추궁과 판결과 오해의 소통 불능적 상황은 오늘날에도 살아 있다.

쾌함 속에 섬뜩함이 깃들어 있고, 알 수 없는 기괴함이 압도하는 장면으로 보인다. 그리하여 이 자리에는 온갖 도깨비와 꼭두각시가 지배하는 듯 보인다. 아마도 「거대한 숫염소」(1820~1823)는 — 여기에서 사람들은 대부분 거대한 염소의 말에 넋을 잃고 경청한다. 숫염소는 '사탄'을 상징한다. — 이런 축제가 시작되기 전이나 끝난 후의 모습일 테고, 「종교 재판소의 공판 장면」(1812~1819)은 특정인을 집단적 무지 아래 '이단'으로 몰아가는 현실 상황의 묘사가 될 것이다. 나는 「정어리 매장」이나 「거대한 숫염소」 그리고 「종교 재판소의 공판 장면」 같은 그림 속에 고야의 현실관이 다 들어 있다고 생각한다. 이것은 물론 오늘의 삶에서, 또 지금의 한국 사회에서 유념해야 할 바

115   고야, 나 그리고 아리스토텔레스

가 아닌가 여겨진다.

세상을 지배하는 것은 무지와 편견과 몰상식이다. 여기에 이성은 없다. 넋을 잃고 혼이 빠질 때, 그 자리에 들어서는 것은 도깨비와 허수아비다. 그리하여 세계는 뒤집히고, 이 뒤집힌 세계에서 사람들은 인형처럼 자신의 의지와 기준을 잃은 채 내던져지고 내버려진다. 이들 모두에게 참다운 의미의 '성격'은 부재할 것이다. 유령만이 현실에 자리하면서 서로가 서로를 속이면서 모두가 적이 되는 것이다.

그리하여 우리는 이렇게 말할 수 있을지도 모른다. 추함은 반드시 추한 것은 아니다. 그렇듯이 아름다운 것이라고 하여 참으로 또 영원히 아름다운 것은 아니다. 인간 사회는 고통이 반복되고 어리석음이 순환하는 거대한 소극(笑劇)의 우스꽝스러운 무대요 부조리의 공간이다. 인형 인간의 '인간'은 인형이 아니라 진짜 인간이며, 가면무도회의 '가면'은 가면이 아니라 진짜 현실이다. 사실 『변덕』 시리즈에 등장하는 인물들은 가면을 쓰지 않은 경우에도 마치 가면을 쓴 것처럼 일그러져 있거나 뒤틀려 있다. 가면은 밖에서 오는 것이 아니라 그들 자신의 속성인 것이다. 마찬가지로 악덕은 '사회적으로' 고조되는 것이면서 동시에 그들 자신의 본성이기도 하다.

그렇다면 가면은 언제나 타기해야 할 대상이 아닌지도 모른다. 어쩌면 가면은 '나쁘다' 혹은 '좋다'의 대상이기 이전에 인간 자신의 불가피한 속성이기도 하다. 그래서 완전히 벗어 던지기 어렵다. 사람 사이의 관계란, 그리고 이런 관계 속의 현실이란 도깨비고 허수아비 같지 않은가? 삶에서 궁극적 진실을 알 수 없다면, 철학의 제일 원리를 인식할 수 없다면, 우리가 진리라고 말한 것은 '진리로 일컬어진 것'이지 진리 자체는 아니다. 우리는 진리의 밖에 서서 진리의 가면 놀음을 계속하는지도 모른다. 그렇게 보면, 세상은 바뀔 수 없는 가면 무대의 연속일 것이다. 애써 노력하면, 인류의 역사가 가면의 역사이고 인간의 진리가 가면의 진리임을 알게 될 뿐. 오직 그뿐, 아마 그 이상이긴 어려울지도 모른다.

고야에게서 '변덕'은 환상이 아니라 현실의 실상으로 자리한다. 그에게 삶의 부조리와 악덕은 추상화된 술어로서가 아니라 체험된 사실로 묘사된다. 인간은 허수아비로 존재할 뿐이고, 사회는 진짜가 아닌 가짜의 현실로, 가면무도회로 자리한다. 그래서 아름다움은 추방되고, 우아함은 짓밟힌다. 아름다움이 있다면, 그것은 우리의 현실과 따로 있는 것이 아니라, 이 현실의 거짓을 드러내는 가운데 있다. 아름다움은 진실 자체가 아니라, 또 이 진실과 무관한 것이 아니라, 바로 거짓을 드러내는 진실 때문에 아름다운 것이다. 나는 「인형 인간」이나 「위로 아래로」, 「정어리 매장」 그리고 「트집 잡기」 속에 고야의 세계관이 모두 집약되어 있다고 생각한다.

한 가지 염두에 두어야 할 점은 고야가 『변덕』 시리즈를 주문을 받아 그린 것이 아니라는 사실이다. 어떤 귀족의 후원이 있었던 것도 아니다. 그는 익명의 다수 고객을 위해 스스로 원해서 그렸다. 이것은 그 자체로 그의 예술적 자부심을 드러낸다. 아무런 도움이나 후원 없이도 시대 현실을 증언하겠다는 의지의 결과이기 때문이다.

고야는 『변덕』 판화집을 향수와 술을 취급하는 일용품 가게에서 하나의 상품으로, 커다란 기대 없이, 어쩌면 체념 속에 팔았을지도 모른다.(이 가게가 위치한 곳은 '환멸'의 거리(der Calle del Desengaño)였다!) 그는 이 작품이 특정인을 풍자한 것도 아니고, 사회 문제에 대한 정치적 비판도 아님을 누차 강조했다. 그래서 루이자 여왕을 다루거나 미술 아카데미를 풍자한 몇 작품은 제외시켰다. 하지만 이단자 재판이나 타락한 성직자는 자주 등장한다. 판매 시작 후 열흘 만에 판화집을 회수한 것은 그가 왕실의 경고나 종교 재판소의 소환을 두려워했기 때문일 것이다. 그사이에 팔린 부수는 스물일곱 권이었고, 나머지 240부를 그는 4년 뒤 왕립인쇄소에 기증한다. 대신 아들 하비에르의 연금을 약속받는다.

3 예술가 꿈

앞에서 살펴본 10여 점의 『변덕』 판화가 인간 현실을 묘사한 것이라면, 첫 번째 판화인 「화가, 프란시스코 고야」는 이 연작에 대한 고야의 입장을 드러낸 것이라고 할 수 있다. 그런데 그의 예술가적 문제의식을 본격적으로 보여 주는 것은 앞서 언급한 43번 판화인 「이성의 잠은 괴물을 낳는다」다. 이와 관련하여 다섯 편의 그림, 즉 「'변덕' 43번을 위한 사전 스케치」(1797~1798), 「보편적 언어」(1797), 「이성의 병」(1797~1798), 「회개 없이 죽어 가는 자 옆의 성 프란시스코 데 보르하」(1788) 그리고 「호베야노스」(1798)를 언급하려 한다. 이 작품들에는 예술가로서의 고야의 문제의식이 거의 다 녹아 있지 않나 여겨진다.

괴물이냐 이성이냐　앞서 보았듯이, 43번 판화 「이성의 잠은 괴물을 낳는다」에는 여러 마리의 새와 짐승으로 둘러싸인 한 남자의 모습이 그려져 있다. 박쥐와 부엉이의 아우성에 괴로운 듯이, 그는 두 팔

그림 3-22 「'변덕' 43번을 위한 사전 스케치」(1797~1798)

43번 판화 「이성의 잠은 괴물을 낳는다」보다 나는 이 스케치가 좋다. 변화의 여러 단계가 묘사되어 있기 때문이다. 그림 속의 그는 고개를 들려 하고, 깨어나려는 그 안간힘으로부터 빛이 번져 나온다. 이 빛 속에서 화가는 마침내 삶을 직시할 것이다. 잠에서 깨어남으로, 감성에서 이성으로, 하나의 상태에서 또 다른 상태로 부단히 옮아가며 갱신하지 못한다면, 삶이란 무엇이란 말인가?

로 얼굴을 감싸고 있고, 그 뒤에는 고양이가, 그 옆에는 살쾡이가 앉아 있다. 그가 엎드린 책상 위에는 펜과 조각칼과 종이가 놓여 있다. 전면에서 보이는 이 책상의 옆면에는 "이성의 잠은 괴물을 낳는다.(El sueño de la razón produce monstruos.)"라는 글자가 적혀 있다.

이에 비해 습작 삼아 그린 듯한 「'변덕' 43번을 위한 사전 스케치」에서는 한 남자가 비슷한 자세로 엎드려 있지만, 그 얼굴의 일부가 엿보인다. 주변에는 여러 마리의 박쥐가 날고 있지만, 그는 이 어둠의 새들에게 위협당하는 것 같지 않다. 부엉이나 살쾡이는 보이지

고야, 나 그리고 아리스토텔레스

않는다. 또 '이성의 잠은 괴물을 낳는다.'라는 글자도 없다. 대신 엎드린 그의 머리로부터, 마치 구원의 원천인 것처럼, 빛이 뿜어 나온다. 이렇게 번져 가는 빛줄기 위로 놀라거나 웃거나 진지한 표정의 고야 모습이 다양하게 그려져 있다. 자화상 같은 이 진지한 모습 옆으로, 그러니까 그림의 가로로 또 하나의 얼굴이 약간 희미하게 그려져 있다. 이들 얼굴 위로는 달려드는 듯한 말의 두 발굽과 머리가 대충 소묘되어 있다.

이 사전 스케치에서 핵심은 아무래도 빛줄기로 보인다. 화가는 어떤 악몽 혹은 잠으로부터 막 깨어나는 순간에 있는 듯하다. 이렇게 깨어나는 화가의 모습(첫째)으로부터 찡그리고 놀란 듯한 모습(둘째)이 나오고, 이 둘째 모습에서 제압하듯 아래로 내다보는 모습(셋째)이 나오며, 바로 이 셋째 모습 위에는 정면을 주시하는 자화상(넷째)과, 이 얼굴을 90도로 튼 모습(다섯째)이 그려져 있다.

이 습작에서 화가는,『변덕』43번 판화에서처럼, 더 이상 밤의 악귀에 휘둘리지 않는다. 박쥐는 주변에서 화가를 위협하듯이 퍼드덕거리지만 어느 정도 물러나 있다. 여기에는, 말의 앞발굽이 암시하듯이, 예술가의 어떤 의지가 드러나 있고, 표현에 대한 갈망이 꿈틀대고 있다. 고야의 두 자화상은 화가의 머리로부터 나오는 빛줄기로부터 생겨 나온 듯 보인다. 다섯 단계에 걸쳐 묘사된 화가의 모습은 그런 변형의 과정을 보여 주지 않는가? 그렇다면, 이 변형에는 어떤 고민이 숨어 있을까?

환상적 이성 고야의 표현에는, 거듭 말하건대, 이성과 환상이 결합되어 있다. 고야는 43번 판화 밑에 다음과 같은 격언을 써 놓았다.

"이성을 떠난 환상은 있을 수 없는 괴물을 만들어 낸다. 하지만 이성과 결합된 환상은 예술의 어머니요, 예술이 낳는 경이로움의 원천이다."

고야 예술의 출발은 환상이다. 하지만 이 환상은 이성과 결합되어 있다. 표현은 하나로 된 환상과 이성이다. 그것은, 더 정확하게 말하여, '이성적으로 제어된 환상의 원리'로부터 나온다. 그 때문에 고야는 표현 속에서 쉽게 드러나지 않는 것들, 그럼에도 불구하고 인간을 옥죄이는 유형무형의 불합리한 원천에 대응할 수 있었다. 무의식적인 것이나 본능적인 것 혹은 충동적인 것은 이 불합리한 요소들 가운데 하나다. 그러니까 예술적 표현은 이 어두운 힘들을 물리칠 수 있는 화가 나름의 방식이다. 화가는 하늘의 천사나 신적 구원의 메시지에 의지하는 것이 아니라, 어두운 힘의 표현적 객관화를 통해 이 힘의 횡포를 제어하는 것이다. 그래서 현실의 어둠은 조금 더 걷어지고, 세상의 혼돈은 줄어져 간다.

표현은 축귀술(逐鬼術) 화가는 곧 펜을 들고 캔버스 앞으로 나설 것이다. 그렇다면, 앞의 그림은 예술가의 형상화 과정을 묘사한 것으로 볼 수 있다. 예술가의 형상화 과정은 어떻게 이뤄지는가? 이것의 의미는 베르너 호프만(W. Hofmann)이 보여 주듯이,[8] 「회개 없이 죽어 가는 자 옆의 성 프란시스코 데 보르하」와 비교해 보면, 좀 더 분명하게 드러난다.

프란시스코 데 보르하는 1500년대에 살았던 매우 신실한 예수회 수도사였다. 그는 원래 왕가의 사람이었으나 아내가 죽은 뒤 신분과 재산과 권력을 포기했고, 마침내 예수회에 귀의하여 사제가 되었다. 감동적인 설교로 유명했던 그는 스페인 전역을 돌아다니기도 했

그림 3-23 「회개 없이 죽어 가는 자 옆의 성 프란시스코 데 보르하」(1788)
수도사가 십자가로 악귀를 내쫓는다면, 화가는 무엇으로 악귀를 내쫓는가? 그에게는 펜과 종이와 조각칼이 있다. 예술가는 표현으로 온갖 유령을 내쫓는다.

다. 「회개 없이 죽어 가는 자 옆의 성 프란시스코 데 보르하」는 그 당시 모습을 그린 장면이다. 이 그림에는 한 젊은이가 침침하고 휑한 방에서 입 벌린 채 침대에 누워 있는데, 그의 사지는 단말마의 고통을 드러내듯이 뻣뻣하게 굳어 있다. 보르하는 십자가를 든 채, 이 십자가에 입 맞추기를 거부하는 침대의 청년 앞에서 눈물을 글썽이며 뭐라고 중얼거린다. 침대의 어두운 뒤쪽에는 이런저런 악귀가 서성댄다. 수도사의 주문은 악귀를 내쫓는 내용일 것이다.

「회개 없이 죽어 가는 자 옆의 성 프란시스코 데 보르하」 그림을 다시 43번 판화 「이성의 잠은 괴물을 낳는다」나 그 사전 스케치와 비교해 보면, 예술가의 위치나 예술의 의미가 밝혀진다. 차례대로 살펴보자. 첫째, 죽어 가는 자/인간은 악귀에 시달린다. 그는 악귀에 시달리며 죽어 가고 있다. 악귀란 무지나 몽매 같은 어두운 힘을 상징하고, 더 나아가면 반계몽과 비자유를 뜻할 수도 있다. 둘째, 악귀를 내쫓으며 수도사는 죽어 가는 자를 위로한다. 이 보르하 옆에는 그 어떤 천사도 보이지 않는다. 대신 수도사는 십자가를 든 채 기도문을 외운다.

회개하지 않은 자 혹은 고통받는 자와 악마 그리고 성직자의 관계에서 예술가는 어디에 위치하는가? 예술가는, 그가 쉽게 회개하지 않는다는 것, 그 때문에 차라리 고통 속에서 살아가길 택한다는 점에서, 이 병든 청년과 같을지도 모른다. 그러나 예술가는, 청년처럼 고통 속에서 악귀에게 시달리기만 하는 것이 아니라, 마치 보르하가 십자가로 그러하듯이 그림으로 악귀를 내쫓으려 하는 데서, 수도사와 같다. 예술의 표현은 악령을 물리치는 기술 — 일종의 축귀술이다. 이 표현이, 고야 그림에서처럼, 무지와 악습과 편견을 물리치려 한다면 그것은 이성적 힘이다. 이 이성의 계몽적 힘으로 고야는 일체의 악몽을 내쫓으면서 인간의 영혼을 구하고자 한다.

우울과 명상　　그러나 영혼의 구제는 어려운 일이다. 이성은 쉽게 작동하지 않는다. 삶의 어두운 힘은 곳곳에 웅크리고 앉아 우리를 엄습하기 때문이다. 그리하여 현실의 변혁은 지난한 과제가 된다. 앞서 『변덕』의 첫 판화에서 보았듯이, 고야가 곁눈질로 앞을 바라보는 것도 이런 간단치 않은 삶의 면모 때문일 것이다. 인간 현실로서의 세상은 결코 간단치 않다. 그리하여 고야의 곁눈질은 냉소이자 야유이면서 체념이자 거리 두기이기도 하다. 이런 체념이 가장 잘 나타난 그림은 아마도 초상화 「호베야노스」일 것이다.

고야와 호베야노스(G. M. Jovellanos, 1744~1811)의 친교는 잘

알려져 있다. 호베야노스는 스페인 계몽 운동의 지도자였고, 교육 문제나 경제 문제에 대해서뿐만 아니라 여성의 문제나 연극에 대해서도 여러 편의 글을 쓴 보편적 지식인이었다. 문학예술에 대해 일가견이 있던 그는 고야 그림이 '혁신적'이라고 격찬하면서 고야의 후원자가 되었고, 『변덕』 시리즈도 그의 시에서 영감을 얻은 면이 있다고 얘기된다. 그는 1797년에 법무장관으로 임명되었지만, 10개월도 못 가젊은 재상 고도이에 의해 해임된다. 말하자면 공적인 사안을 포괄적으로 개혁하려던 계몽적 시도가 좌초되어 버린 것이다. 그러나 핍박받은 사람은 호베야노스만이 아니었다. 1800년을 전후하여 많은 계몽적 문학가나 개혁 정치가가 추방되거나 위협받았고, 그 가운데는 고야의 친구이자 후원자도 많았다. 시인 멜렌데스 발데스(Meléndez Valdéz)나 스페인 최초의 국립 은행을 세운 카바루스(F. Cabarrús)도 의심을 받았다. 고야는 카바루스의 은행에 돈을 맡겼고, 이 은행 이사들의 초상화도 주문받았다.

어쨌든 자신을 지지하고 후원하던 호베야노스가 또 다른 후원자인 정치가 고도이에 의해 해임되었을 때, 고야의 마음은 착잡했을 것이다. 호베야노스는 처음에는 고향으로 추방되었다가 그 후에는 무려 7년간 마요르카에서 망명 생활을 해야 했다. 이처럼 친구와 적의 관계는 크고 작은 음모와 정치적 야심 속에서 복잡하게 얽혀 있었다.

초상화 「호베야노스」에는 이 무렵 고야가 겪었을 착잡함과 우울이 표현되어 있는 듯하다. 시를 짓는 정치가는 '교회의 적'이 되어 추방되었고, 교회와 귀족과 궁정과 사회를 풍자하고 조롱한 화가는 그런대로 살아남았다. 그림 속의 호베야노스는 아직 장관직에 있을 때

그림 3-24 「호베야노스」(1798)
호베야노스는 진보적 자유주의를 믿었던 시인이자 정치가였고 고야의 후원자이기도 했다. 그는 법무
장관으로 임명된 지 10개월이 안 되어 해임되고 추방되었다. 그의 우울은 꿈의 우울이고 이념의 우
울이다. 그것은, 현실 속에서 이념을 가지고 살면서 이 현실과 이념을 통일시키려던 자의 좌초라는
점에서, 정치의 실패이고 변증법적 사유의 실패인지도 모른다.

의 모습이다. 하지만 의자에 앉아 탁자에 몸을 기댄 채 왼팔로 턱을
괴고 정면을 바라보는 그의 표정은 무엇인가 골똘하게 생각하듯 가
라앉아 있다. 그것은 개혁을 추진하고 변화를 역설하는 정치적 야심
가의 모습이라기보다는 이 개혁에 주저하고 회의하는 듯한 사색가의
모습이다. 그는 차분하고 사려 깊으며 우울하면서도 명상적으로 보
인다. 그가 기댄 탁자 구석에는 지혜의 여신인 미네르바가 서 있다.
미네르바는 철학자와 시인을 보호한다고 알려져 있다. 우울과 명상

고야, 나 그리고 아리스토텔레스

은 꿈의 좌절을 겪은 누구에게나 있다.

이에 견주어 43번 「이성의 잠은 괴물을 낳는다」를 다시 살펴보면, 여기에 나오는 화가는 아무런 보호도 받지 못한 채 밤의 악귀에 시달린다. 이 판화에 비하면 「호베야노스」 그림에는 아무런 사건도 일어나지 않는다. 그의 작업실은 고요한 사유의 공간처럼 보인다. 그런데 두 작품 속의 주인공은 서로 아주 비슷하다. 탁자에 기댄 방향이 다를 뿐, 그 자세는 기본적으로 같다. 다리의 포갠 모양이나 방향도 같다. 그 점에서 호베야노스의 체념과 명상은 고야 자신의 체념이자 명상이기도 하다.

두 인물의 특징인 명상과 체념은 시인이나 예술가 그리고 철학자에게 공통적으로 나타나는 모습일 것이다. 더 크게 보면, 그것은 표현적 인간에게, 인간과 삶을 창조적으로 표현하는 모든 작가적 활동에 나타날 것이다. 우울과 명상은 정열을 이성의 힘으로 제어하는 예술적 학문적 작업의 핵심이다. 참된 예술가는 우울 속에서도 표현하고 회의 속에서도 탐사한다. 그의 회의는 고귀한 회의이다. 그의 우울은 창조적 우울이다.

불미(不美)의 미　여기에서 짚고 넘어가야 할 사실 하나는 고야의 미 개념과 진실 개념이다. 고야의 미는 단순히 미적이지 않다. 고야의 아름다움은 '순전히' 아름답지는 않다. 그것은 차라리 이런저런 추한 요소들로 오염되어 있기 때문이다. 그것은 추함과 기괴함, 잔혹함과 섬뜩함으로 가득하다. 고야의 그림이 아름다운 것은, 『변덕』의 광고지에서도 드러났듯이, '터무니없고 어리석으며 천박하고 기만적이며 무지하고 탐욕적인' 인간의 본성을, 이런 인간들로 가득 찬 삶의 현실을 투시했기 때문이다.

그러므로 고야의 아름다움은 아름다운 세계가 아니라 아름답지 못한 세계를 관통하면서 비로소 얻어진 결과다. 그렇듯이, 그의 진실 개념은 참된 것을 설파하고 주장하는 데 있지 않다. 오히려 그는 이 진실이 현실에서 얼마나 위기에 처해 있는지, 얼마나 진실이 진실하기 어려운지 증언한다. 진실의 진실하기 어려움을 직시하는 데 예술의 진실이 있다. 그래서 그는 예술 표현에서 그 어떤 요소도 배제하지 않는다. 또 가치에 있어 그 어떤 서열화도 고집하지 않는다. 그의 진실이나 미 개념은 역동적이다. 진미 개념의 이런 변증법은, 거듭 살펴보았듯이, 『변덕』의 양식 혼합적 성격 속에 이미 들어 있다. 만약 고야가 예술적 규범 위반을 감행한 것이라면, 그것은 그가 양식의 위반을 좋아해서가 아니라, 또 가치의 파괴를 즐겼기 때문이 아니라, 삶의 진실에 더 가까이 다가가고자 하는 열망 때문이었다.

그러므로 고야의 '변덕'은 변덕이 아니다. 고야의 변덕은 변덕스럽지 않다. 그것은 그에게 세상을 전혀 다른 식으로 관찰하기 위한 예술적 방식이었다. 그는 변덕스러운 착상에 열려 있었고, 이 착상 속에서 현실을 다각도로 관찰하는 것을 선호했다. 앞선 화가들은 기이한 악령이나 몽상을 혼란스럽다고 배제했지만, 그는 이 착상 속에서 규범적 도식을 넘어 더 넓고 깊은 삶의 진면목에 열려 있고자 애썼다. 삶은 이런 착잡하고 기이하며 어울리지 않는 것들의 파노라마였기 때문이다. 삶의 조건(conditio humana)은 모순적일 만큼 혼합적이기 때문이다. 그리하여 그의 『변덕』에서 이상과 현실이라는 전통적 대립 항은 더 이상 효력을 갖지 못한 채 허물어진다.

4 예술의 자기 성찰적 구조

> 국가 양곡의 대차 대조표보다 자기 인생의 대차 대조표를 아는 것
> 이 더 나은 것이오.
>
> — 세네카, 『삶의 짧음』(A.D. 46)

우리는 이성의 빛 속에서 표현으로 세상의 악덕을 줄여 갈 수 있는
가? 이런 문제의식은, 고야가 의도하건 의도하지 않았건, 그가 그린 몇
편의 자화상과 「이성의 잠이 괴물을 낳는다」(43번 판화) 그리고 이를
위한 습작 「'변덕' 43번을 위한 사전 스케치」와 「보편적 언어」에서 읽
어 낼 수 있다. 그것은 아마도 예술의 자기 성찰적 자기 관련적 구조
때문일 것이다.

예술의 자기 성찰적 구조는 무엇보다 '예술 작품'의 자기 성찰적
구조다. 또 이 작품을 예술가가 만든다는 점에서, 자기 성찰적 구조는
예술가 자신으로부터 나온다. 나아가 예술 작품의 자기 성찰적 구조
는, 그것이 작품을 감상하는 과정에서도 나타난다는 점에서, 독자/수
용자의 것이기도 하다. 수용자의 자기 성찰적 구조란 심미적 경험의
과정에서 일어나는 자기 성찰의 사건이다.

먼저 예술 작품의 자기 성찰적 구조를 알아보자. 이것은 작품을
그린 화가 자신의 문제의식을 살펴봄으로써 검토할 수 있다. 고야는
어떤 생각으로 「이성의 잠이 괴물을 낳는다」를 그렸을까?

1 예술 작품의 자기 성찰

이중적 거리감 「이성의 잠이 괴물을 낳는다」의 주인공이 이런 저런 어두운 힘에 의해 휘둘리는 것이라면 ─ 그의 얼굴은 깊게 고개 숙인 까닭에 보이지 않는다. ─ 그래서 꿈이 아니라 아예 깊은 잠에 빠져든 것이라면 ─ 그렇다면 그 제목은 「이성의 잠……」이 더 적절할 것이다. ─「'변덕' 43번을 위한 사전 스케치」의 주인공은 얼굴을 조금 들고 있고, 머리 쪽에서 빛이 번져 나오며, 이 빛줄기에는 찡그리거나 놀라거나 압도하듯 직시하는 여러 표정이 나타나 있다. 「보편적 언어」의 내용은 이 두 그림의 중간 단계로 여겨진다. 왜냐하면 이 그림 속의 주인공은 기본적으로는 앞의 두 그림과 구도적으로 같으나, 그래서 책상에 엎드려 있는 듯 보이지만, 두 그림에서와 다르게 그의 머리 위로 어떤 밝은 세계가 암시되어 있기 때문이다.

「보편적 언어」 판화에는 「이성의 잠이 괴물을 낳는다」가 보여 주던 혼돈스러운 세계가 사라져 있고, 그 대신 밝은 세계가, 마치 이성의 빛이 비쳐들듯이 반원 형태로 그려져 있다. 하지만 이 밝은 공간에는 아무것도 아직 그려져 있지 않다. 더 나은 세계, 이성으로 기획할 수 있는 보다 높은 진선미의 세계는 아직 실현되지 못해서일까? 이 빛줄기에 대해 호프만은 이렇게 쓴다.

이 밝은 것은 괴물을 쫓아 버릴 뿐만 아니라 자연적이고 피조물적인 것의 일체까지 쫓아 버리는 기하학적 합리주의의 무표현성(Bild-losigkeit, 이미지 없음)을 나타낸다. 고야의 새들은 원 부분을 피해 있다. 이것은 이성의 빛이 비이성의 밤과 충돌한다는 것을 뜻할 수 있다. 계속

고야, 나 그리고 아리스토텔레스

그림 3-25 「보편적 언어」(1797)

『변덕』의 43번 판화와 똑같은 구도다. 하지만 왼쪽 위로 거대한 빛의 공간이 자리한다. 어둠의 힘도 많이 누그러져 있다. 화가는 어둠과 빛, 광기와 명석성 사이에 '걸쳐' 있다. 이 중간 세계의 착잡함을 포착하는 것이 예술가의 보편 언어일 것이다.

하여 추론할 수 있는 사실은, 이성의 밝음에서 상상력이라는 산물이 제거되면, 그것이 추상적 원리로 공허하게 된다는 점이다. 이것은 바로 오만함이 빚어낸 이성의 고행적 꿈이 아닌가? 그늘 없는 무오류에 대한 (이성적) 요청은 변증법적 역행 속에서 괴물을 만들어 내지 않는가? 어쩌면 고야는 이 소묘를 통해 '계몽의 변증법'을 성찰하고 있는지도 모른다.[9]

'계몽의 변증법'이란 물론 호르크하이머와 아도르노가『계몽의 변증법』에서 전개한 기본 문제의식 — 근대의 이성적 계몽주의가 현대에 들어와 비이성적으로 변질되어 버렸다는, 그래서 이성 자체가 도구화되어 버렸다는 문제 제기를 뜻한다. 호프만은 고야가 불합리한 현실에서의 불안을, 이 불안에 일정한 형태(Gestalt)를 부여함으로써, 그 나름의 방식으로 이겨 낸 것은 아닌가라고 해석한다.

이 점에서 보면, 고야는 단순히 근대의 예언자로 머무는 것이 아니다. 그는 이성의 힘뿐만 아니라 그 폐해까지 직시하기 때문이다. 그는 귀족과 교회와 일반적 편견 때문에 뒤틀린 사회의 후진성을 단순히 계몽의 이름 아래 비판하는 데 그치는 것이 아니라, 슈스터가 적절하게 지적하듯이, 이성 자체의 이중적 성격, 말하자면 프랑스 혁명을 전후하여 권력과 이익을 위해 모든 인간적인 것을 말살하게 되는 이성의 자기모순적 측면까지 가차 없이 드러내는 "이중적 근대의 예언자"로 자리한다.[10] 그러므로 고야의 이성은 이성주의의 기계적 도구적 이성이 아니다. 그것은 낙관주의적 계몽의 파토스로부터 거리를 유지하는 까닭이다. 그렇다고 그것이 순수하게 감성적이거나 감상적이라고 말하기도 어렵다. 이미 말했듯이, 그의 감성은 이성적으로 구조화되어 있기 때문이다.

핵심은 형태 부여의 방식이 갖는 의미이다. 마치 어떤 꽃을 '장미'라고 부름으로써 그 꽃이 비로소 살게 되듯이, 형태 부여는 근본적으로 '예술적인' 것이다. 형태 부여란 이름 짓기다. 예술의 의미는 형태 부여를 통해 이뤄지며, 이 형태를 부여하게 하는 추동력은 이성이다. 즉 고야 예술의 중심에는 형상화 원리로서의 이성의 힘이 자리하는 것이다. 고야는 이성의 힘에 안내를 받으면서 상상력에 기댄 채 비이성의 나락 — 기이한 불합리의 심연 속으로 들어선다. 그래서 심연에 자리한 낯선 것들을 형상력으로써 전취하고 굴복시킨다. 이성이 없다면 그의 환상은 이 미지의 괴물 앞에 굴복해 버렸을 것이다. 이성

고야, 나 그리고 아리스토텔레스

과 결합된 환상은, 43번째 판화에 적혀 있듯이, 모든 "예술의 어머니와, 이 예술이 낳는 경이로움의 원천"이다.

참된 예술가의 환상은 이성을 결코 떠나지 않는다. 그렇듯이 환상으로부터도 거리를 유지한다. 이것은 거리감이 '이중적으로' 견지된다는 뜻이다. 그는 이성적 명료성을 위해 꿈과 무의식을 떠나지 않고, 기이하고 불합리한 생각 때문에 이성을 희생시키지도 않는다. 그는 이성적 명료성과 환상적 자유, 법칙과 무질서 사이를 부단히 오간다.

떨쳐 버리다 그러나 이중적 움직임보다 더 중요한 것은 이 움직임 속의 어떤 실천일 것이다. 이 실천의 내용은 무엇인가? 그것은 기괴한 것들 — 납득하기 힘든 불합리성을 물리치고 내쫓고 몰아내는 일이다. 이 비이성적인 것의 축출 작업은 「이성의 잠이 괴물을 낳는다」에 대한 두 번째 스케치인 「보편적 언어」에도 분명하게 적혀 있다. "작가/예술가는 꿈꾼다. 그의 유일한 의도는 해로운 상투어를 몰아내고, 변덕의 이 작품으로 진리의 확고한 증언을 계속하는 것이다." (강조는 인용자)

예술가의 임무는 현실의 불합리를 추방하는 일이다. 이 예술적 추방은, 어떤 선언이나 주장이나 단정을 통해서가 아니라, 또 신적 종교적 차원에 기대거나 초월적 형이상학적 영역으로 도피함으로써가 아니라, 구체적 표현을 통해 이뤄진다. 고야의 그림에서 악귀를 쫓는 것은 하늘의 천사나 성직자가 아니다. 그는 예술가다. 예술가는 십자가를 들고 주문(呪文)을 외우는 것이 아니라, 끔찍한 것을 붓으로 그림으로써 이 대상에 형태를 부여한다. 이것은 화가의 머리맡에 연필과 조각칼이 놓여 있는 「이성의 잠이 괴물을 낳는다」에서 잘 확인된

그림 3-26 「이성의 병」(1797~1798)
이 그림은 『변덕』의 50번 판화 「친칠야 가문의 사람들」과 주제적으로 유사하다. 이성은 이성 자체의 '병'을 외면하지 않아야 이성다운 이성일 수 있다. 예술의 이성은 그것이 환상을 포용하면서 어두운 악령과 명석 판명하게 만날 때 획득될 것이다.

다.「이성의 병」은 삶의 불합리를 놀랍도록 정면으로 주제화한다.

「이성의 병」은 제목에서부터 화가의 문제의식이 드러난다. 앞서 보았던 『변덕』 시리즈의 50번 판화 「친칠야 가문의 사람들」과 비슷한 이 그림에는 구속복을 입은 두 피해자 외에 이 둘에게 뭔가 떠먹이는 두 여자가 있고, 이들 희생자 뒤로 한 여자가 더 있으며, 이 모든 사람 뒤로 한 남자가 숟가락을 든 채 서 있다. 두 피해자 외에는 모두 희희낙락한 표정이다. 이렇게 온 몸이 조인 상태에서도 뭔가를 먹고 있다는 것이 신기한 듯이, 모두 유쾌한 표정으로 웃고 있는 것이다.

이들 희생자처럼 우리 역시 사로잡혀 있다고 할 수 있다. 이렇게 무엇인가에 포박된 채로, 마치 자동인형처럼, 누군가를 괴롭히고 있다. 이 눈먼 폭력 상황은 신체적/물리적으로 일어날 수도 있지만, 이념적/사유적으로 일어날 수도 있다. 이것은 보편적 광기의 상황이다.

고야, 나 그리고 아리스토텔레스

이 미친 상황에서 우리는 우리가 아니다. 폭력의 현장에서 우리는 마치 우리가 아닌 것처럼 행동한다. 그래서 속이면서 속고, 때리면서 맞는다. 우리 모두는, 보이지 않는 어떤 끈에 달린 헝겊 인형처럼, 아무런 자의식이나 책임감 없이 행동하는 것이다. 이 무질서가 하나의 공적 행사로 자리 잡은 것이 카니발이라면, 정신 병동은 이런 무질서의 병리를 제어하는 공공 기관일 것이다. 그리하여 이성과 폭력 사이의 거리는 그리 멀지 않다. 그렇듯이 해방과 강제 사이의 거리도 매우 가깝다. 이것은 마치 미가 추와 별개의 것이 아니라는 사실, 참된 미는 추를 관통하면서 비로소 어렵게 획득되는 것과 이어진다.[11]

앞서 언급했던 『계몽의 변증법』은 이성의 이 같은 병리화, 말하자면 이성의 불합리한 횡포를 지적하는 현대의 고전적 저작이라고 할 수 있다. 이성의 비이성화는 20세기에 들어와 전체주의 파시즘의 정치 체제에서 실현되기 훨씬 이전에, 이를테면 프랑스 혁명이 테러리즘으로 변질된 데서 이미 확인되던 사실이었다. 집단적 광기의 역사는 인류의 역사만큼이나 오래된 것이다. 이성의 병과, 이 병에서 야기된 인간 내면과 현실의 분리는 인간관계적으로 사회적으로 또 정치적으로 곳곳에 자리한다.

이 점에서 보면, 고야는 이성을 믿었지만 단순히 이성주의자는 아니었다. 그는 이성의 힘을 신뢰했지만, 이렇게 신뢰한 이성은 수학적 기하학적 도구적 이성은 아니었다. 이성의 힘이 미리 정해진 원리나 독단으로부터가 아니라 자기 물음으로부터 온다고 여겼기 때문일 것이다. 그는 이성의 원리를 그 자체로 신뢰한 것이 아니라, 현실과의 경험적 대비 속에서 그 타당성을 지속적으로 검토하며 견지했던 것 같다. 이성으로 인한 교만을, 이 교만으로서의 '이성의 병'을 경계했기 때문일 것이다. 고야는 비이성의 광대한 영역에 형식을 부여함으로써 기이하고 병들고 무지하고 관습적이며 충동적인 것들을 제어하고자 했다. 그는 환상 속에 서성거린다는 점에서 몽상가이지만, 이 환상을 이성에 기대어 형식화한다는 점에서 분석가였다.

고야는 몽상적이었지만 이성 덕분에 충동에 굴복하지 않았고, 명료한 정신을 견지하지만 어두운 힘에 열려 있기에 이성주의로 떨어지지 않았다. 자신의 교만을 직시하지 못하면 이성은 이성이 아닌 까닭이다. 바로 이 몽상적 명료성이 예술의 형상화를 가능하게 한다. 그는 이성적 명료성에 기대어 삶의 악귀를 표현함으로써 당대 현실의 타락을 증언하는 데로 나아갔다. 이것은 그가,『변덕』의 광고문에 나오듯이, 특정 사람들의 과오를 비웃지 않았다는 점, 그때그때 사회의 어떤 특별한 곤경을 비판하지 않았다는 점에서도 이미 드러나는 것이었다. 오히려 그는 인간 사회라면 어디서나 있는 상수적 폐해를 환상과 이성에 기대어 당혹스러울 정도로 다의적으로 드러낸다. 아마도 이 다의성만큼 근대적인 것의 특성을 드러내는 것도 없을 터이다. 그는 다의적 표현 속에서 현실과 맞서고, 표현을 통해 자신을 돌아보았다. 그의 표현적 이성은 근본적으로 '자기 성찰적'이었다.

그런데 예술 작품의 이러한 자기 성찰적 구조는, 이런 작품을 감상하는 독자의 수용 과정에서도 어느 정도 반복된다고 할 수 있다. 다시 말해 심미적 경험의 과정도, 크게 보면, 근본적으로 자기 성찰적이다. 이것은 미학적 예술철학적으로 매우 중요한 대목이다. 그래서 좀 더 자세히 검토해 보기로 한다.

고야, 나 그리고 아리스토텔레스

2 심미적 경험의 자기 성찰

근대 이후의 예술은, 미학사적으로 보면, 흔히 '성찰적/반성적 (reflexive)'이라고 간주된다. 이때 '성찰적'이란 예술의 주된 관심이 물질을 향한 것이 아니라 자기로 향하게 되었다는 뜻이다. 그러니까 대상에 대한 '경험'이 아니라 자기에 대한 '생각'이 중요하고, 이 자기 생각이 일어나는 성찰적 반성적 측면이 문제시된 것이다.

예술의 이 자기 성찰적 성격을 헤겔은, 알려져 있듯이, 낭만주의 예술 형식에서 파악했다. 그에 따르면, 예술은 감각적 형상(Gestalt)과 정신적 내용(Gehalt)이 이상적으로 결합된 것이다. 예술 작품에서는 문화적 역사적 삶의 형식이 갖는 정신적 요소가 감각적으로 파악될 수 있다는 것이다. 조각은 그 좋은 예였다. 조각은 인간 몸의 정신적 구조물이기 때문이다. 하지만 감각과 정신의 이러한 균형은 근대에 들어와 깨어진다. 정신의 요소가 감각적 요소를 능가하기 때문이다. 이것을 헤겔은 '정신의 내면화'라고 부르면서, 이 정신의 내면화는 근대 예술이 시작되는 낭만주의 작품에서 나타난다고 진단한다.

근대 예술에 대한 헤겔의 역사철학적 논의에서 중요한 것은 낭만주의 예술이 '성찰적'인가 아닌가가 아니다. 또 예술이란 정신이 자기를 의식화하는 운동에서의 한 단계라든가, 정신의 내면화란 성찰적 주체의 내면화라든가 하는 생각이 아니다. 오늘날에도 의미 있는 부분은 예술 작품이란 감각적 형상과 정신적 내용의 이상적 결합이라는 그의 통찰이다. 예술에서 감각적 물질적 요소는 정신적 내용에 대한 외적 요소가 아니라 이 정신과 결합되어 있기 때문이다. 예술은 감각적 질료적 형태로 정신적인 것을 실현하는 하나의 방식이다. 예

136

술에서 감각과 정신이 이상적으로 결합되어 있다면, 예술은 자연과 정신의 화해적 형태가 될 수 있다.

헤겔이 근대 예술의 특징을 논하면서 '정신화', '내면화' 그리고 '성찰성'을 거론한 것은, 정신사적 맥락에서 보면, 앞서 각주에서도 언급했지만, 1800년대를 거치면서 인간의 현실이 복잡해지고 사람의 생각이 많아지기 때문일 것이다. 그러나 예술의 자기 성찰성은, 그가 진단한 것처럼, 반드시 근대에 들어와서, 또 낭만주의 예술 이후에만 나타나는 것일까? 그렇게 보이지 않는다. 오히려 예술은 근본적으로, 그 본질적 속성상, '자기 성찰적'이지 않나 나는 생각한다. 단지 예술의 자기 연관적 성격은 근대에 들어와 가중되는 의식의 분열로 말미암아, 이전보다 조금 더 자명해지고 더 일반화되었다고 말할 수는 있을 것이다.

자기 성찰적 구조는, 앞서 보았듯이, 일차적으로는 예술가나 이 예술가가 만드는 작품에 나타나지만, 이차적으로는 수용자/독자에게도 확인되는 현상이다. 예술가에게 그것은 작품을 창작하면서, 그러니까 색채로 그리고 언어로 표현하는 가운데 나타난다. 그에 비해 수용자에게는 작품을 감상하고 해석하는 가운데 나타난다. 앞의 것을 창작적 생산 미학적 표현적 차원이라면, 뒤의 것은 수용 미학적 감상적 해석적 차원이라고 할 수 있다. 심미적 경험의 자기 성찰성은 수용 미학적 차원에서 체험되는 종류의 것이다.

자발적 자기 관련　예술 이론에는 물론 다양한 관점의 다양한 원천이 있다. 작품의 평가에도 여러 가지의 기준과 척도가 있다. 하지만 예술과 관련하여 무엇을 다루건, 또 미학에서 다뤄지는 주제가 무엇이건,

그 중심에는 예술 경험의 문제가 있다. 예술 창작이 소수의 예술가에게 국한되는 반면, 예술의 경험은 다수 수용자에게 해당된다는 점에서 훨씬 일반적인 주제다. 이 예술 경험의 중심에는 무엇보다 '자기 연관성(Selbstbezogenheit)'이 자리한다. 이때의 자기 연관성이란 무엇보다 언어의 자기 연관성이고, 이 언어에서 시작되는 사고의 자기 성찰성(Selbstreflexivität)이다.

예술 언어는 근본적으로 자기를 돌아보면서 성찰하는 언어이고, 그 점에서 자기 성찰적이고 자기 연관적이다. 즉 예술은 자기 성찰 속에서 세계를 성찰한다. 이 점에서 언어의 자기 성찰성은 사유의 자기 성찰성이기도 하다. 나는 예술 언어의 자기 성찰적 자기 연관적 특성이 곧 인문학의 자기 성찰적 언어와 직결된다고 생각한다. 비예술의 언어가 대상 서술적이라면, 예술의 언어는 자기 서술 속에서 타자를 서술한다. 그 점에서 예술 언어는 겸손하고, 예술의 주체는 실존적 내면으로부터 이 내면의 밖인 사회 현실로 나아간다. 이렇게 외부 현실로 나아간 생각은 다시 이 생각의 주체인 자기로 돌아온다. 즉 재귀적이다. 예술의 언어와 사고는 근본적으로 재귀적이고 자기반성적이다.

그러나 자기 관련성만큼이나 예술 언어에서 중요한 특성은 자발성일 것이다. 자발성이란, 소극적으로 말하면, '비강제성'이다. 예술은 어떤 것도 강요하거나 강제하지 않기 때문이다. 예술이 그렇듯이, 예술에 대한 심미적 경험도 다르지 않다. 예술 경험은 '내'가 원하여 하는 것이고, 내가 즐거워서 하는 일이다. 그것은 기본적으로 자발적 선택의 활동이다. 그러면서 이 즐거운 자발성에는, 예술의 경험이 감각에 그치는 것이 아니라 사고와 이어지고 이 사고 속에서 각성이 일어나고 이 각성에 책임이 따르는 만큼, 어떤 윤리적 도덕적 차원이 겹쳐 있다. 이 점에서 심미적 경험의 의미는 단순히 작품 해석의 차원을 넘어선다. 먼저 심미적 경험의 자기 성찰적 성격을 살펴보기로 하자.

부정(否定)의 경험   심미적 경험이 모두 '예술 경험'인 것은 아니다. 비예술적인 대상들, 이를테면 자연 현상이나 일상의 어떤 순간도 '심미적으로' 경험될 수 있다. 또 어떤 디자인이나 수공예품 혹은 다큐멘터리나 스포츠 중계도 그럴 수 있다. 하지만 그것이 얼마나 심미적인지, 이때의 심미적인 것의 요소가 어느 정도의 감동을 주는지는 더 엄격하게 물어보아야 한다.

내가 말하는 '심미적(aesthetic/ästhetisch)'이란 단순히 '미'가 아니라 '미적인' 것이고 ─ 그러니까 미 자체보다 더 넓은 개념이다. ─ 더 정확하게는 '심미적(審美的)'으로 번역하는 것이 옳아 보인다. 즉 '미를 판단하고 심사하며 검토하는'이라는 뜻이다. 이러한 검토의 과정은 그 자체로 성찰의 반성적 과정이다. 참으로 심미적인 대상은 이런 검토 속에서 어떤 의미를 내장한 것이어야 한다. 그래서 성찰적 비판적 계기를 부여할 수 있어야 한다. 이 성찰적 비판적 계기를 내장해야 비로소 심미적인 것이 될 수 있다. 사실 19세기 말 이래 미학적 현상은 '미적' 현상에만 국한되는 것이 아니라, 이 미적 요소를 넘어 '비미적인' 요소까지 광범위하게 포괄하게 된다. 추악과 잔혹, 섬뜩함과 충격 그리고 파편성은 이 비미적 요소의 대표적 예다. 여기에는, 앞서 보았듯이, 1800년대를 거치면서 자각되는 현실의 복잡성이나 인간 존재의 모순에 대한 점증하는 의식이 자리하고, 그로 인한 의식의 분열, 본능과 충동과 무의식의 발견 등이 자리한다. 이 모든 근대적 경험의 내용은 예외 없이 부정적(否定的)이다.

이렇듯이 현대에 들어와 좁게는 아름다움의 의미가 변하고, 넓게는 심미적인 것의 개념이 복잡해졌다. 그 때문에 심미적 경험의 고유한 특성을 한마디로 규정하긴 어렵다. 예를 들어 칸트는 심미적인 것의 특성을 '이해관계로부터 자유로운 쾌적감(interesseloses Wohlgefallen)'이라고 지칭했고, 버크(E. Burke)는 '사랑의 어떤 형식'으로, 그리고 비어즐리(M. C. Beardsley)는 '체험의 어떤 강렬성'이라고 적었다. 그것이 어떠하건, 우리는 예술 작품에서, 적어도 이 작품이 '좋은' 것이라면, 기존과는 '다른' 경험을 한다고 할 수 있다.

심미적 경험의 대상이 렘브란트나 고야의 그림이건, 아니면 브람스의 실내악이나 베토벤의 교향곡이건, 좋은 작품에는 기존의 느낌과 생각을 다르게 그리고 새롭게 만드는 면모가 분명 들어 있다. 그래서 심미적 경험은 즐겁고도 당혹스러우며 전복적이고도 풍요롭다. 이런 경험은 밀도나 강렬성에 있어 삶의 그 어떤 다른 활동에서보다 가치 있고 의미 있는 것이기 쉽다. 그 때문에 그것은 감각과 사고의 무엇인가를 '쇄신시킨다'. 심미적 경험은 어떤 경험과도 대치될 수 없는 유일하고도 특별한 경험인 것이다. 그것은 기존과는 다른 지평의 경험이고, 이 지평 속에서 지금까지의 가치와 기준을 쇄신하고 보완하며 교정하는 경험이다. 심미적 경험은 부정의 경험이다. 이런 경험 속에서 주체는 자신의 감각과 이성을 더 넓고 깊게 성찰하면서 자신의 삶을 새롭게 조직한다. 낯선 지각 방식과 사고방식은 이런 식으로 적극화된다.

감성과 이성의 교차 훈련　심미적 경험에 대한 통일적 이론은 없다. 그에 대한 논의는 심미적 경험의 대상이 다양하고 이 경험의 주체인 인간이 모호한 까닭에 복잡할 수밖에 없다. 예술의 경험이 다른 학문 활동이나 다른 삶의 활동과 다른 점은, 그것이 기본적으로 '감각적으로' 이뤄진다는 사실이다. 예술 경험은 감각에 직접적으로 호소한다. 심미적 경험은 개별 작품과의 감각적 교류에서 일어난다. 이 점에서 그것은 논리적 절차 과정으로서의 철학과 뚜렷하게 구분된다. 그것은 '논증적 추상화' 속에서 '설명'되는 것이 아니라, '감각의 쇄신적 체험 과정' 속에서 '이해'되기 때문이다.

동시에 심미적 경험에는 사후적(事後的)으로 예술에 대한 철학적 이론적 이해가 잇따른다. 아니 그렇게 잇따라야 한다. 왜냐하면 감각만으로 이루어진 경험은 피상적이기 쉽기 때문이다. 감정이 일정한 깊이에 이르려면 이성적으로 검토되어야 한다. 이것은 이성이 메마르지 않기 위해 감각의 도움을 받아야 하는 것과 같다. 그리하여 철학은 감정의 심화에 불가결하다.

그러므로 심미적 경험은 감각만의 경험도 아니고 인식만의 경험도 아니다. 그것은, 흔히 말하듯이, '감각적 인식'의 특별한 형식이다. 심미적 경험에는 감각과 인식이 매개되고, 감성과 이성이 혼융하기 때문이다. 다시 묻자. 왜 특별한가? 심미적 경험은 기본적으로 몸의 느낌 속에서 이뤄지면서, 이 느낌의 내용이 이성적으로 검토되기 때문이다. 결국 심미적 경험은 감각과 인식의 교차 훈련이다. 이 심미적 교차 훈련 속에서 우리는 자신과 세계에 대한 전혀 다른 인식을 가장 강렬하고도 밀도 있게 재조직한다. 부정적 경험의 강렬성, 이 반성의

　　고야, 나 그리고 아리스토텔레스

밀도와 성찰적 잠재력이 예술적 진실의 척도를 이룬다.

생활 세계적 사건　앞에서 나는 심미적 경험이란 근본적으로 '부정적' 경험이라고 적었다. 이때 부정적인 것이란 우선 느낌과 생각에서의 부정성이다. 예술 경험 속에서 우리의 느낌은 어제 그대로의 느낌이 아니라 오늘 새로워진 느낌이고, 지금의 생각은 지금까지 되풀이된 생각이 아니라 변화된 생각이다.

변화된 감각과 사고는 어떤 경우 변화된 행동으로 이어진다. 정서적 인식적 변화는 실천적 변화와 연결될 수도 있다. 그리하여 심미적 경험은 반드시 어떤 지식의 획득으로 끝나지 않는다. 즉 그것은 인식적 차원에 그치는 것이 아니라, 행동을 변화시키고 다가올 실천을 예비하기도 한다. 심미적 경험의 '자기 연관적 차원'이란 바로 이 점을 말한 것이다. 그것은 주체가 자기를 돌아보는 데, 이렇게 돌아보면서 자기 자신의 정체성을 구성하는 데 기여한다. 이 점에서 심미적 변화는 태도와 자세의 변화를 포함하는 것이다. 이것은 어디로 나아가는가?

심미적 경험에서는 수용자의 느낌과 생각, 감성과 이성, 지각과 지식이 어우러진다. 그렇게 어우러지면서 두 개의 축이 좀 더 높은 단계로 나아간다고 할 수 있다. 이렇게 나아가면서 수용자의 감성이나 이성뿐만 아니라 그의 태도까지 변화시키는 것이라면, 그리고 이 변화된 태도 속에서 그의 삶이 조금씩 변모하는 것이라면, 심미적 경험의 변화는 곧 삶 자체의 변화가 아닐 수 없다. 그것은 주체 자신의 정체성을 새롭게 구성하는 데로 나아가는 것이다. 정체성의 새로운 구성이란 삶의 바른 구성이고, 더 구체적으로 말해, 좀 더 높은 진선미의 단계로 옮아간다는 뜻이라고 할 수 있다. 그러니까 심미적 경험에서는 감성과 이성과 직관과 사유와 실천과 태도가 서로 얽힌 채, 또 하나가 되어 한층 나은 삶의 단계로 자기 변형해 가는 것이다. 이것이 바로 심미적인 것의 감각적 인식적 실천적 윤리적 특성이고, 심미적 경험의 자기 연관적 자기 성찰적 차원이다.[12]

심미적 경험에서, 적어도 이상적인 경우, 느낌과 사고와 행동 등 수용자의 많은 요소가 조금씩 변해 가는 것이라면, 그래서 한 인간의 삶이 보이듯 보이지 않듯 변해 가는 것이라면, 이렇게 변하는 것은 어떻든 그의 삶을 구성하는 생활 세계적 전체다. 이 생활 세계를 이루는 것은 이런저런 기억과 회한이기도 하고, 기쁨과 슬픔, 우울과 체념의 정서이기도 하다. 더 나아가면, 심미적 경험에서 변하는 내용은 감정의 구조나 사고의 질서, 세계관과 이념, 형태 감각과 삶의 율동 등등이 될 것이다.

예술 경험은 근본적으로, 또 궁극적으로 보면, 이 생활 세계의 전체의 변화와 관련된다고 할 것이다. 심미적 경험 속에서 우리는 삶의 더 넓고 깊은 지평을 돌아보고 헤아리기 때문이다. 심미적 경험은 인간을 이루는 요소의 특별한 전체, 이 전체의 맥락과 구조(constellation) 속에서 일어나고, 이 전체 구조 속의 총괄적 변형인 것이다. 그렇다면 '심미적 태도를 가진다'는 것은 '생활 세계의 전체성에 열려 있다', 혹은 '이 전체성에 열려 있으려 한다'는 뜻이고, 조금 더 나아가면, 이 세계의 전체성처럼 '심미적 주체의 심성적 구조를 온전히 새로 구성하고 조직할 준비가 되어 있다'는 뜻이다.

그러므로 심미적 경험은 주체의 전면적 자기 갱신의 활동이고,

이러한 자기 갱신이 자발적으로 일어나는 생활 세계적 사건인 것이다. 우리는 예술 경험에서 세계와 자기의 전혀 다른 차원과 만날 수 있다. (행복한 사람이란 현실과 사회와 자연과의 관계를, 무엇보다 자기 자신과의 관계를 언제나 다시 쇄신하는 사람이다. 넓고 깊은 삶의 가능성은 그렇게 갱신되는 관계망 속에서 비로소 열린다.)

항구적 자기 성찰 한 사회에서 왜 예술 작품만이 그 모든 공리적 이해적 목적에서 벗어나고, 때로는 사회적 필요나 도덕적 의무에서도 벗어나서 보다 나은 삶의 방향을 탐색하는 데 가장 깊은 성찰의 자료를 제공한다고 간주되는 것인가? 얼핏 쓸모없는 듯 보이지만, 그러나 더 긴 관점에서는 깊은 의미에서 어떤 쓸모를 갖는다는 것인가? 예술의 경험은 아무런 목적이나 이해관계가 없는데도 결국에는 넓고 깊은 삶의 지평을 생각하는데, 그래서 더욱 이성적 사회의 미래적 방향에 대한 고민에 기여하는 것인가? 여기에는 심미적 경험의 특별한 속성에 대한 믿음이 깔려 있다. 심미적 속성이란 무엇인가?

자신을 새롭게 느끼거나 세상을 다르게 생각하게 되는 것은 말할 것도 없이 예술 경험 이외에도 여러 다른 경험이 제공할 수 있다. 가족 관계나 교우 관계, 사회생활이나 정치적 사건이 그럴 수 있고, 동아리 활동이나 여행도 그런 뜻있는 경험을 제공한다. 더 평이하게는 나날의 일상이 삶의 경험 내용을 바꾸어 준다. 하지만 이때의 경험이 즐거우면서도 그저 즐거움에 그치는 것이 아니라 어떤 기억할 만한 내용이 되는 경우는 많지 않다. 또 어떤 의미 있는 계기가 되는 것은 드물다고 할 수 있다. 즐겁고 뜻있는 경험이 '비강제적으로' 이뤄지는 경우는 더더욱 드물다. 누군가 지시하거나 명령해서가 아니라, 내가 스스로 원하여 하는 일이 '의미 있으면서 동시에 즐거운 경우'란 인간의 삶에서 얼마나 드문 것인가?

예술의 경험은 근본적으로 자발적이고 그 때문에 즐거운 것이지만, 이 즐거움이 단순한 놀이에 그치는 것이 아니라 진지하기에 의미 있는 활동이다. 그래서 예술은 흔히 '진지한 놀이'라고도 불린다. 예술은 그 부정적 잠재력 때문에 인식을 내세우지 않고도 각성적이며, 실천을 내걸지 않아도 윤리적이다. 이러한 경우는 흔치 않다. 우리로 하여금 아무런 강제나 강요 없이, 적어도 그처럼 놀라운 밀도와 강렬성 아래, 세계에 대한 새로운 느낌과 사유로 이끄는 것은 예술뿐일지도 모른다. 자발성과 즐거움, 진지함 그리고 반성력은 예술 활동의 고유한 특성이다. 심미적 경험은 자족적이면서 자족의 영역을 넘어 그 외부로 영향을 끼친다. 그 영향력은 사회적이다. 그러니 예술 경험은 자족적이되 자족적이지 않다.

심미적 경험의 이러한 자기 성찰적 면모는 물론 독자에 따라, 또 이 독자가 가진 다양한 수용 방식에 따라, 다르게 나타날 것이다. 그것은 독자의 감성이나 사고, 언어와 표현과 세계관 속에서 여러 형태로 나타나겠지만, 그 중심에는 해석이 있다. 예술이, 헤겔이 썼듯이, 감각적 질료와 정신적 내용의 이상적 결합이라면, 독자는 작품 속에서 '매개된 감각과 이성'을 만난다. 해석은 이렇게 매개된 감각의 이성 혹은 질료 속의 정신을 느끼고 이해하면서 이러한 이해 내용에 표현을 부여하는 일이다. 비평은 이런 해석을 좀 더 적극적으로 하는 활동이다. 그리고 이 표현은 그 자체로 반성의 과정이기도 하다. 이해하고 표현하면서 우리는 작품뿐만 아니라, 작품에서 유추된 자신과 자

고야, 나 그리고 아리스토텔레스

신의 주변을 돌아보기 때문이다.

그리하여 수용자의 해석 과정은 작품에 구현된 삶의 전체 맥락을 뒤좇는 행위다. 심미적 경험의 반성 과정은 그 자체로 세계의 전체성을 재구성하는 행위다. 이 반성 속에서 작품의 내용과 형식이 다시 검토되고, 대상과 주체, 작품과 독자의 관계도 새롭게 배열된다. 이런 식으로 독자는 예술가의 감각적 사유적 자기 관련성을 재구성한다. 이 반성은 일회적으로 끝나는 것이 아니라, 심미적 경험이 이어지는 한 계속된다. 이것이 심미적 경험의 항구적 자기 성찰이다. 그래서 우리는 이렇게 말할 수 있다. 예술의 경험은 자기 성찰을 통해 인간의 문화적 실천에 기여한다. 심미적 경험의 자기 성찰은 곧 삶의 자기 구성 과정이다.

그러므로 예술이, 그것이 적어도 오늘날의 예술이라면, 이러한 반성과 성찰을 중단할 수 없다. 만약 반성을 중단한다면, 그 예술은 실패할 것이다. 성찰과 비판 속에서 자신의 한계와 가능성을 끊임없이 돌아보지 않는다면, 예술은 더 이상 오늘의 예술이라고 말하기 어렵다. 그러니까 예술의 현대성은 오직 항구적 자기비판 속에서 비로소 자신의 존재 근거를 입증한다고 할 수 있다.

3 형상화 = 성격의 형성 과정

지금까지의 논의로부터 나는 작가가 시도하는 예술 작품의 형상화 과정(Gestaltungsprozeß)이 작품을 감상하는 독자/수용자의 심성적 형성 과정(Bildungsprozeß)과 상응 관계를 이루지 않는가 생각하게 된다.(사실 독일어에서 Gestalt는 때때로 Bild와 같은 의미를 갖기도 한다. '게슈탈트(Gestalt)'건 '빌트(Bild)'건, 이 모두에는 '만든다'는 의미가 들어 있고, 만들어진 것으로서의 '형상' 혹은 '이미지' 혹은 '형태' 혹은 '그림'이라는 뜻도 갖는다.)

마치 예술가가 표현 속에서 충동을 제어하며 작품을 만들어 가듯이, 이렇게 만들어진 결과로서의 작품을 읽는 독자 또한 예술 경험 속에서 자신의 마음을 다독인다. '만든다'는 점에서 예술가의 창작이나 독자의 감상은 같지만, 이렇게 만들어지는 대상이 예술가에게는 작품일 것이고 독자에게는 심성이 된다는 점에서 서로 다르다. 그러니까 독자의 심미적 경험 속에서 형상화란 더 이상 작품을 만드는 일이 아니다. 그것은 이렇게 만들어진 작품을 감상하면서 독자가 '자신의 심성과 삶을 만드는' 일이다. 그러므로 예술 작품의 형상화 과정은 작품의 수용 시 일어나는 심성의 형성 과정과 평행 관계를 이룬다.

하지만 이러한 언급은 하나의 출발점에 불과하다. 더 근본적인 문제는 '형상(Gestalt/Bild)' 자체가 무엇인가'라는 물음일 것이다. 이것은 미학/예술철학과 철학적 미학에 있어 하나의 핵심적 물음이 아닐 수 없다. 이 복잡하고 근본적인 문제를 필자가 여기에서 제대로 다룰 능력은 되지 않는다. 간단히 말할 수 있는 것은 형상의 의미를 우선 두 가지로 간단히 이해하면 어떤가라는 점이다.

첫째, 화가든 시인이든 음악가든, 자신의 느낌과 체험에 '일정한 형식을 부여하는' 것이 곧 형상화(Gestaltung)다. 작품은 이렇게 형상화된 결과다. 그래서 그것은 형상물이 된다. 그러니까 '형상화하는(ges-taltend)' 행위는 '형태/형식을 부여하는(form-giving)' 행위와 비슷하다. 형상 혹은 형태 혹은 형식이 부여된 것으로서의 대상은 대상 그

　　　　　　　　　　　　　고야, 나 그리고 아리스토텔레스

자체가 아니라, 대상과 주체 사이에 '거리'가 생겨났다는 뜻이다. 주체는 대상에 형태를 부여함으로서 대상을 '거리 속에서' 바라볼 수 있고, 이 거리가 바로 '반성적 거리'이다. 대상의 상대화 혹은 객관화는 이렇게 이뤄진다. 예를 들어 우리의 체험에 표현을 가할 때, 글이나 색채로 표현된 체험의 내용을 우리는 좀 더 객관적으로 바라볼 수 있다. 반성적 거리감 때문이다. 하지만 작품에 실현된 형상이란 '구체적' 형상이고, 따라서 그것은 형상의 '한 사례'일 뿐 형상 자체는 아니다.

둘째, 그렇다면 형상 자체는 무엇인가? 우리가 '형상적 상상력'이라고 할 때, 이때의 상상력이란 우리가 '어떤 형태를 상정하면서' 가동된다. 이 형태란 무엇인가? 그것은 우리의 현실을 에워싸면서 이 현실을 넘어선 하나의 이념(Idee)일 수도 있고, 인간 삶의 바탕으로서의 어떤 존재론적 근거일 수도 있다. 혹은 신이나 신적 표상일 수도 있고, 플라톤적 이데아라고 말할 수도 있다. 어떻든 우리는 이념적으로 '본질'이라고 느끼는 것을, 비록 그 실체를 한마디로 규정할 수는 없지만, 어렴풋이 염두에 두면서 상상력에 기대어 어떤 구체적 대상을 묘사한다. 그래서 이렇게 묘사한 대상에는 개별적인 것(특수성)과 일반적인 것(보편성)과의 관계가 자리한다. 예술가가 묘사한 작품에는, 이 작품이 소설이든 그림이든 악보이든, 그가 상정한 이념, 즉 아도르노식으로 말하여 기존 현실에 없는 부정적 현실로서의 대안 이념이 실현되어 있다고 간주된다.

예술의 이념이란 이데아 자체이진 않지만 이데아의 흔적 혹은 자취를 지닌다고 여겨진다. 이때 이념이란 작품 속에 구현된 이념의 구체적이고 특수한 한 사례가 아니라, 이 이념에 녹아 있는 드높은 질서에 대한 갈망이라고 할 수 있다. 사실 모든 예술적 상상력 혹은 시적 직관은 이런 보편적 질서를 열망한다. 이 형상은 고정된 것이 아니다. 그것은 차라리 '어떤 질서에 대한 에너지'이고, 보다 높은 가치에의 충동이고, 이 가치를 향한 정신의 움직임이다. 그것은 예술적 주체가 스스로 움직이면서 자신을 변화시켜 가는 창조의 과정으로 자리한다. 그러므로 형상이란 표현 속에서 새로운 의미를 부여하고, 이런 의미 부여를 통해 삶의 새로운 지평을 창출하는 어떤 드높은 정신의 자취라고 말할 수 있을지도 모른다.

인간에게는 형상적 충동이 있다. 혹은 형상적 충동을 표현하려는 초월적 욕망과 형이상학적 열정이 있다. 물질적 삶은, 그리고 사회정치적 경제적 조건이나 경험의 내용은 너무도 중요하지만, 인간에게는, 인간의 정신 속에는 몇 개의 개념이나 언어로 환원될 수 없는 저기 저 너머로의 근원적 지향이 자리한다. 이러한 지향은 사실 거의 모든 의미 있는 활동에서 나타난다. 그래서 정치 경제 분야에서나 과학 기술 혹은 종교 활동 등 거의 모든 문화적 실천에서 광범위하게 확인된다.

하지만 형상적 욕망이 예술가에게 특별히 강렬한 충동으로, 그래서 대치될 수 없는 내면의 어떤 절대적 요청으로 나타나는 것임에는 틀림없어 보인다. 형상에 담긴 내면적 목소리 혹은 형이상학적 갈망은 그 어떤 언어로도 설명될 수 없고, 몇몇 작품으로도 해소되기 어렵다. 그것은, 거듭 말하여, 신적 차원의 흔적이고 이데아의 자취인 까닭이다. 그러니까 예술의 형상 속에서 우리는 신적인 것의 가장자리로 들어선다.(아리스토텔레스가 선의 실천 속에서 신적 차원으로 나아간다

고야, 나 그리고 아리스토텔레스

고 썼다면, 그의 이 생각은 이 글의 맥락에서 보면, 예술의 형상화 작업이 곧 선을 실천하는 신적 활동이 되는 셈이다.) 예술의 형이상학적 열망은 지금 여기의 현실로부터 그 주변으로, 이 주변으로부터 다시 우리를 넘어 우주적 차원까지 뻗어 있다. 형상화에 대한 예술적 의지는 인간 내면에 자리한 드높은 이데아에 대한 형이상학적 갈망에서 나온 것이라고 할 수 있을 것이다.

예술 작품의 형상화 과정이 이 작품을 수용하는 독자의 심성적 형성 과정과 상응 관계를 이룬다고 한다면, 이때 형상화의 의미는 단순히 '만드는' 것에 머물지 않고 '변화시킨다'는 뜻으로 나아간다. 그것은 작품을 만들어 가는 예술가 자신의 변화이면서, 이렇게 만들어진 작품을 감상하고 이해하고 해석하면서 겪는 독자 자신의 감정적 사유적 행동적 변화다. 그리하여 예술적 형상화란 곧 실존의 형성이요 변형(transformation)의 과정이 된다. 심미적 경험은 곧 독자 삶의 변화다. 이렇게 변화할 수 있는 것은 물론, 그가 예술가이건 수용자이건, 주체 자신의 반성력에서 온다.

작품의 창작 과정에서건, 이렇게 창작된 작품에 대한 수용 과정에서건, 이 어두운 충동은 더 이상 꿈이나 몽상 속에 머물러 있지 않다. 그것은 예술가의 형상력 속에서 이 형상력에 의해 일정한 형태로 불려 나와 억제된다. 이 힘은, 앞서 보았듯이, 이성에서 온다. 어두운 힘은 이성적으로 조금씩 제어되고 경감된다. 그리하여 오만과 시기, 무절제와 탐욕 그리고 분노와 게으름은 형상화 속에서 다시 성찰되고 검토된다. 삶의 악덕은 예술가의 창작 행위나 독자의 예술 경험 후에도 여전히 지속될 수 있다. 하지만 그 몇 가지는 표현을 통해, 또 심미적 경험을 통해 물리칠 수도 있다. 그리하여 심미적 경험의 과정은, 예술적 형상화 과정처럼, 그 자체로 창조적 자기 치유의 과정이 된다. 그 점에서 해방적이라고 할 수 있다.

이 점에서 보면, 예술의 수용자는 형성자(Gestalter)이고 구성자다. 예술가가 구성하고 형성하는 사람이라면, 이렇게 구성된 작품을 읽는 독자는 구성된 것(구성자)의 구성자이기 때문이다. 비평가는, 그가 작품에 대한 해석을 언어로 표현한다는 점에서, 이 구성자의 구성자 가운데 가장 세련된 독자가 될 것이다. 심미적 경험의 자기 변형 속에서 우리는 어리석음의 전시장, 항구적인 가면무도회를 잠시 벗어날 수도 있다.

5 성격은 나아질 수 있는가?

> 각각의 사람이 선을 원하는 것은 무엇보다 그 자신에게 좋기 때문이다.
>
> ── 아리스토텔레스, 『니코마코스 윤리학』, 8권 7장

앞에서 우리는 고야의 『변덕』 판화 연작들, 그 가운데 특히 「이성의 잠이 괴물을 낳는다」를 포함하는 서너 작품에 주제화된 것이 모순에 찬 근대 인간의 모습들이었음을 살펴보았다. 여기에서 화가가 성찰한 내용은 단순히 이성주의적 이성이 아니라는 것, 그것은 차라리 이성의 병폐와 불합리를 직시하는 이성이었고, 따라서 이 이성은 환

상을 배제하는 것이 아니라 포함하였다는 것, 이 환상적 이성 속에서 삶의 불합리는 표현을 통해 제어될 수 있도록 객관화된다는 것, 그리고 여기에는, 호프만이 설득력 있게 해석한 대로, '계몽의 변증법'에 대한 근대적 인식이 들어 있음을 알아보았다. 여기에 덧붙여, 필자는 이해 불가능한 대상을 표현 속에서 이해 가능한 대상으로 변형시키는 형상화 과정은 예술가의 표현 과정이면서, 이 작품을 바라보는 독자/수용자의 자기 변형 과정임을 말하였다.

여기에서 핵심은 '자기 변형'의 과정이다. 이 변형은 우리가 현실에서 감당할 수 없는 것들을 감당할 수 있는 것으로 바꾸는 데 있다. 이것은 예술가에게 창작으로 나타나지만, 수용자에게는 심미적 경험에서 일어난다. 그리하여 수용자의 변모는 심성의 변모이고, 심성의 변모는 감각과 사유의 변화를 포함한다. 행동의 변화는 그다음에 찾아들 것이다. 이 행동의 변화 가능성을 우리는 성격의 문제에서 살펴보고자 한다. 왜 성격인가?

한 사람의 변화가 감각과 사유를 포함하는 심성의 변화에서 온다면, 이 심성을 떠받치는 인격적 기질적 틀은 무엇일까? 그것은 혹시 '성격'이라고 말할 수 없을까? 사실 고대의 플라톤과 아리스토텔레스에서부터 시작하여 근대의 마키아벨리나 스피노자를 지나 현대의 니체에 이르기까지 '덕(virtue)'의 문제는 곧 '성격(character)'의 문제였기 때문이다. 덕이란 선과 악을 구분하여 바르게 행동하는 능력이었다면, 이 능력은 곧 바른 '습관(ethos)'에서 나오는 것이고, 이 습관은 다름 아닌 바른 '인성/인격/성격'의 문제였다. 바로 이 성격에 주목한 사람이 곧 실러(F. Schiller)였다. 실러는 『인간의 심미적 교육론』(1795)을 통해 근대 미학의 틀을 세웠다고 흔히 평가되지만, 그가 예술의 잠재력에 눈을 돌린 것은 프랑스 혁명이 처음의 좋은 취지와는 다르게 폭력 정치로 변질된 데 따른 크나큰 실망 때문이었다. 그는 혁명이 낳은 폭력의 엄청난 결과 앞에 환멸하면서, 인간 사회의 참된 변혁은 정치제도적 변화가 아니라 '성격의 개선(Verbesserung der Charakter)'에 있다고 보았고, 예술이 바로 이런 성격의 자발적 개선에 기여할 것이라고 믿었다. 어쩌면 윤리학의 핵심은 '성격의 진전'에 있지 않는가라고 생각할 때가 많다. 이 문제를 우리는 아리스토텔레스의 윤리학에 기대어 좀 더 생각해 볼 수 있다.

아리스토텔레스의 『니코마코스 윤리학』과 『에우데모스 윤리학』에는 물론 여러 주제들이 담겨 있다. 선의 의미라든가 중용/균형의 의미, 덕과 정의의 문제, 선과 정의를 추구하는 정치학의 역할을 다룰수도 있고, 좀 더 구체적으로는 지적 덕과 성격적 덕의 관계나, '실천적 지혜(phronesis)'와 행복의 의미, 나아가 영혼의 위대함에서의 선의 역할 등을 다룰 수도 있다. 어떤 주제를 어떤 관점에서 다루건, 『니코마코스 윤리학』은 정치학이나 윤리학, 사회철학이나 정치철학에서 엄밀하게 논의되어야 한다.

그러나 아리스토텔레스 윤리학의 핵심이 반드시 이런 틀 안에서만 포착될 수 있는 것은 아니다. 선한 삶에 대한 그의 생각은 이 같은 개념적 접근이나 주제적 파악의 차원을 벗어나 개별 언어의 생생한 표현 속에 이미 중요한 행동적 원리를 담고 있다고 여겨지기 때문이다. 사실 '실천적 지혜'로 불리는 프로네시스(phronesis)는, 보편적인 것을 다루는 학문적 인식(epistēmē)과는 달리, 개별적이고 개인적인

고야, 나 그리고 아리스토텔레스

것을 다룬다.[13] 그러니까 윤리학에서 핵심은 '내가 어떻게 나의 몸으로 행동하느냐'에 있는 것이다.[14] 단계적으로 접근해 보자.

1 성격 개선의 문제

아리스토텔레스 윤리학에서 내게 더 흥미로운 것은 여러 개념적 정의나 논증 작업보다 이런저런 문장들, 이를테면 "우리의 영혼에도 이성에 거스르고 반대하는, 이성 이외의 무엇이 있다는 것을 가정하지 않으면 안 된다."라거나 "……비이성적인 열정도 이성 못지않게 인간적이고, 따라서 분노나 욕구에서 오는 행동들은 인간의 행위다."라는 문장들이다. 혹은 "덕의 실행은, 그것이 목적에 도달한 경우를 제외하고는, 그 모든 것에서 즐거운 것은 아니다."(p. 21, 1102b, 21~23; p. 41. 1111b, 1~3; 1117b, 14~16)와 같은 문장도 그렇다. 왜냐하면 그것은 이성 이외의 비이성적 존재를 직시하고(첫째 경우), '분노'나 '욕구' 같은 비이성적인 요소의 인간적 성격을 인정하며(둘째 경우), 덕을 실천하는 일이 언제나 유쾌할 수 없는 현실을 간과하지 않기 때문이다(셋째 경우).

사실 대조와 연습　이처럼 아리스토텔레스는 현실적이었다. 그는 선이 중요하다고 여기면서도 그 필요성만 역설한 것이 아니라 그 실천의 버거움을 토로했고, 이성의 중요성을 말하면서도 이성 너머의 비이성적 요소를 간과하지 않았다. 그러면서도 그는 여전히 '사실'과 '생활'을 철학적 삶의 기준으로 삼는다. "그러므로 우리는 우리가 이미 말한 것을 살펴보아야 하고, 그래서 삶의 사실을 검토하는 데로 나가야 한다. 그래서 그것이 사실과 잘 맞으면 받아들여야 하고, 상충된

다면 한낱 이론에 불과하다고 여겨야 한다."(p. 198, 1179a, 20~23)

그러므로 아리스토텔레스 윤리학에서 핵심은 현실/사실과의 대조이고, 이 대조를 통한 검토 속에서 원칙이 받아들여질 것인지 아닌지 결정된다. 사실과 어울리지 않는 것은 모두 공허한 것으로, 그래서 '이론'으로 버려지는 것이다. 이것은 선을 위한 연습이고, 이 연습을 통해 '좋은 습관'을 만드는 일이다. "논지(argument)와 가르침도 …… 모든 사람에게 강력하지 않으며, 배우는 자의 영혼이 먼저 고귀한 기쁨과 고귀한 증오에 대한 습관의 수단을 연마하지 않으면 안 된다."(p. 199, 1179b, 23~26) "자신의 이성을 연습하고 가꾸는 사람은 정신의 최고 상태에 있으며, 신에게 가장 사랑받는 사람인 것으로 보인다."(p. 198, 1179a, 23~24) 이렇게 사실 대조를 통한 연습 속에서 우리는 신적인 것으로 나아간다고 그는 생각했다. 선은 신적 차원과 연결되는 행동인 것이다.

'선'의 평범성　그리하여 아리스토텔레스 윤리학의 핵심에는 '연습하고(exer-cise)' '연마하는(cultivate)' 일이 있다. 마음을 부단히 갈고닦는 것은, 농부가 밭을 경작하듯이, 좋은 성격을 갖는 지름길이다. 이것의 끝은, 앞서 보았듯이, 최고의 정신 상태로서의 신적 차원에 닿아 있다. 그런데 이 고귀하고도 신적인 차원은, 이는 또 하나 흥미로운 점인데, 멀리 있는 것이 아니다. 그것은 가까이 있다. 그는 이렇게 쓴다.

그러나 인간이기 때문에, 사람은 외적 호조건을 갖고 싶어 한다. 하지만 사람이 행복해지려면 많은 물건이나 대단한 것이 필요하다고 생각해선 안 된다. …… 자족과 행동은 과도함을 포함하지 않고, 그래서 우리는 땅과 바다를 지배하지 않고도 고귀한 행동을 할 수 있다. 심지어 이점이 넘치지 않아도 사람은 덕 있게 행동할 수 있다. 이것은 아주 명백하다. 아무런 권세 없는 사람도 전제 군주 못지않게, 아니 심지어 더 가치 있는 행동을 하는 것으로 여겨진다. …… 덕에 일치하여 행동하는 사람의 삶은 행복할 것이다. …… 그래서 아낙사고라스(Anaxagoras)는 행복한 사람이란 부자도 아니고 전제 군주도 아니라고 여겼던 것 같다. 그는 이렇게 말했기 때문이다. 행복한 사람은 대부분의 사람들에게 이상하게 여겨진다고 해도 놀라지 않을 것이라고. 왜냐하면 외적인 것으로 다른 사람을 판단하고, 외적인 것이 그들이 지각하는 모든 것이기 때문이다.(p. 197f, 1178b, 33; 1179a, 1~17, 강조는 인용자)

아리스토텔레스는 덕을 실천하려면 외적 조건이 필요하고, 그것은 '우리가 인간이기 때문'이라고 적는다. 이 외적 조건의 예로 그는 건강이나 음식을 든다. 하지만 이 조건은 지나치지 않는 한, 즉 '적절한(moderate)' 상태라면, 덕의 실천에 충분하다. 그래서 적는다. "아무런 권세 없는 사람도 전제 군주 못지않게, 아니 심지어 더 가치 있는 행동을 하는 것으로 여겨진다." "우리는 땅과 바다를 지배하지 않고도 고귀한 행동을 할 수 있다." 바로 이런 이유로 행복한 사람은 외적 조건만 보고 판단하는 대부분의 사람에게는 '이상한' 사람으로 여겨질 수도 있다.

아리스토텔레스 윤리학은 앞서 언급했던 실러처럼 미학적 입장을 전면에 내세우진 않지만, 칼로카가티아(kalokagathia)의 이념에서 보듯이, 그 핵심에서는 "성격의 고귀함과 선함(nobility and goodness of character)"을 강조한다.(1124a, 4) 칼로카가티아라는 말은 '칼론(kalon, 미)'과 '아가톤(agathon, 선)'으로 이루어져 있다. 그런데 '칼로스(kalos)'는, 더 정확하게는, 미학적 아름다움뿐 아니라 도덕적 아름다움을 뜻한다. 도덕적 아름다움은 고귀함이자 고매함이고, 따라서 성격적 고귀함에 속한다. 그러니까 아리스토텔레스에게 아름다움이란 성격의 고귀한 아름다움이고, 성격의 아름다움은 마음과 영혼의 아름다움에서 나온다. 선한 행동은 고귀한 마음과 영혼의 소산인 것이다.

이 고귀한 마음과 영혼을 갖는 것이 물론 간단할 수 없다. 또 손쉽지도 않다. 마사 누스바움(M. Nussbaum)의 책 가운데는 『선의 취약성(The Fragility of Goodness)』(2001)이 있지만, 선은 물론 부서지기 쉬운 것이다. 선의 실천은 혹독하리만치 어렵다. 그러나 다른 한편으로, 아리스토텔레스가 보여 주듯이, 그것이 반드시 일상 속에서 전혀 실행할 수 없는 것도 아니다. 한나 아렌트의 『예루살렘의 아이히만』에는 '악의 평범성'이란 개념이 나오지만, 아리스토텔레스의 윤리학을 보면, 전혀 반대로, 오히려 선은 지극히 일상적이고 평범하게도 실행될 수 있는 것이라는 생각이 든다. 그러면서 선은 지극히 실행하기 어렵고 동시에 부서지기 쉬운 것이기도 하다.

아리스토텔레스가 행복을 삶의 최고 목표로 보았다면, 이 행복은 선으로부터 나오고, 이 선은 지적 정신적 덕보다는 '성격적 덕(êthikê)'의 실천에 있다고 보았다. 또 성격적 덕은 우연이나 선천적으로 주어지기보다는 주체가 평생 동안 계속 연습해야 하는 것이며,

이 지속적 연마 가운데 성격적 덕은 '습관(ethos)'이 되고 이 습관이 결국 '윤리(ethics)'가 된다고 보았다. 그렇다면 그의 윤리학에는 선을 통한 드높은 삶에 닿으려는 어떤 고귀한 지향이 있고, 이렇게 닿은 삶은 아름다운 것이라는 생각이 분명 자리한다. 그런 점에서 예술을 통해 '성격의 개선'을 염원한 실러는 아리스토텔레스 윤리학을 미학적 바탕 위에서 재구성한 근대적 사례라고 말할 수 있다.

2 선의 실천

9개 행동 규칙　그렇다면 선을 실천할 수 있는 구체적 행동 원칙에는 어떤 것이 있을까? 이 원칙은, 나의 판단으로는, 『니코마코스 윤리학』 가운데 4권 3장 「명예(honour/pride)」과 5장 「온화(good temper) 그리고 7장 「진실성(truthfulness)」에 거의 모두 들어 있지 않나 여겨진다. 그것은 오늘의 관점에서 읽어도 흥미로운 데가 많아 보인다. 그런 흥미로운 문장 중에서 9개를 간략하게 적어 보면, 아래와 같다.

(1) 행운이 있다고 너무 기뻐하지 않고, 불운이 있다고 지나치게 괴로워하지 않는다.

"긍지 있는 사람은 명예에 관심을 둔다. 그는 부나 권력이나 행운이나 악운이나 그 무엇이 덮쳐 온다고 해도 적절하게 대응한다. 그래서 그는 행운에 지나치게 기뻐하지도 않고, 불운에 지나치게 고통스러워하지도 않는다."(p. 69, 1124a, 13~17)

(2) 바라지 않고 기꺼이 돕는다.

"아무것도 혹은 거의 바라지 않고 기꺼이 도움을 주는 것은 긍지 있는 사람의 표시다."(p. 70, 1124b, 18~19) 하지만 이것은 실행하기 어려운 일이다. 단지 이 문장을 우리는 대가에 대한 기대 없이, 눈먼 상태로 선은 실행되어야 한다, 쯤으로 이해하면 어떨까? 선은 무상적 실천이기 때문이다.

(3) '대단한 일' 앞에서 대개 굼뜨고 느리다.

"대단한 명예나 큰일이 걸려 있는 것을 제외하고는 느리고 머뭇거린다."(p. 70, 1124b, 23~24) 긍지 있는 사람에게는 흔히 통용되는 '대단한 일'과, 자기가 소중하게 여기는 일은 구분될 것이다. 어찌 모든 일에 굼뜨고 느린 것을 미덕으로 칭찬할 수 있겠는가? 하지만 사람들이 '대단하다'고 말하는 일이 정말 대단하게 뜻있는 것인지는 스스로 물어볼 수 있어야 한다.

(4) 쉽게 감탄하지 않는다.

"……알랑거리는 모든 사람은 노예적이고, 자존심이 없는 사람은 아첨꾼이다. 그는 경탄하지 않으며, 그 어떤 일도 그에게는 대단하지 않다. 그는 언짢은 일을 기억하지도 않는다."(p. 70, 1125a, 1~4) 그는 자존심을 가지고 살지만, 너그럽다. 이런 사람이 마음에 담아 두는 일은 선택적일 것이다.

(5) 좋은 말은 남발하지 않으며, 적에 대해서도 나쁜 말은 안 한다.

"그는 자신이 칭찬받는 데 신경 쓰지 않고, 남들이 욕먹는 데도 관여하지 않는다. …… 그는 악을 말하지 않으며, 자기 적에 대해서도 그렇다."(p. 71, 1125a, 6~8) 이 문구 역시 흥미롭다. 그 의미를 다시 확대시켜, 다음과 같이 적을 수도 있을 것이다. 자신의 영리함을 자랑하지 않듯이, 남의 잘못을 기뻐하지 않는다. 적에 대해 나쁜 말을 하

고야, 나 그리고 아리스토텔레스

지 않듯이, 친구에 대해서도 듣기 좋은 말만 하진 않는다.

(6) 쉽게 슬퍼하거나 청하지 않는다.

"필연적이거나 사소한 일에 대해 그는 슬퍼하거나 부탁하지 않는다."(p. 71, 1125a, 8~10) 그러니까 그는 감정의 과잉을 삼가고 여러 점에서 인내하려 한다.

(7) 걸음걸이가 느리고, 목소리가 차분하며, 말에 고저가 없다.

"더 나아가, 긍지 있는 사람에게는 느린 발걸음과 깊은 목소리 그리고 고른 말투가 적절한 것으로 여겨진다. 웬만한 일은 심각하게 여기지 않는 사람은 서두르지 않으며, 어떤 것도 대단하게 여기지 않는 사람은 흥분하는 법이 없기 때문이다. 이에 반해 날카로운 음성과 빠른 걸음걸이는 서두름과 흥분의 결과다."(p. 71, 1125a, 13~17) 서두름은 서투름의 증거일 것이다.

(8) '적당하게' 화낸다.

"잘못된 일에 대해 화내는 사람은, 그것도 바른 것보다 더 많이 그리고 오래 화내는 사람은, 그래서 복수하거나 벌줄 때까지 분노를 진정시키지 못하는 사람은 '나쁜 성격'의 사람이라고 불린다."(p. 74, 1126a, 26~29)

"당연히 화내어야 할 일에 대해, 그리고 화내어야 할 사람에 대해, 나아가 반드시 화내어야 할 때, 또 적당한 시간 동안 화내는 사람은 칭찬받는다. …… 온화한 사람은 쉽게 마음이 흔들리지 않으며, 감정에 좌우되지도 않는다. 단지 이성이 명하는 방식으로, 그런 일에 적당한 시간 동안만 화낸다."(p. 73, 1125b, 32~34)

아리스토텔레스는 화내는 일이 나쁘다거나, 화를 내선 안 된다고 적지 않는다. 대신 그는 '분노의 중용'을 말한다. '적당한 분노'란 시기와 장소를 가려서, 또 적절한 정도로 화내는 것을 뜻한다. 그렇다는 것은 큰소리치거나 화풀이하거나 성급하지 않다는 뜻이다. 이런 생각은 몽테뉴에게서도 비친다.

(9) 진실도 '작게' 말한다.

"진실한 사람은 진실을 말할 때도 작게 말한다.(understate) 이것이 좀 더 나은 모습이기 때문이다. 과장된 말투는 지루한 까닭이다."(p. 76. 1127b, 7~8) 이는 말이나 행동에서 자기가 한 것만 보이며, 그 이상은 내세우지 않는다는 뜻일 터이다. 그만큼 솔직해서 과장을 삼간다는 의미다. 솔직함, 허풍 치지 않음은 그 자체로 겸손의 실천이다.

위의 아홉 군데에서 문장을 발췌한 것은 물론 자의적인 선택이다. 그리고 이 발췌는, 각 대목을 원래의 맥락에서 뽑아내어 다시 한 문장으로 축약한 까닭에, 단편적이다. 그래서 이것이 아리스토텔레스 윤리학의 전모라고는 말할 수는 없다. 하지만 이 문장들 속에 선을 위한 구체적 행동 원칙이 웬만큼 들어 있지 않나 나는 생각한다.

성격의 진전

> 그의 논지는 논지 자체가 훌륭해서가 아니라, 그가 가진 성격의 훌륭함 때문에 믿을 만했다.
>
> — 아리스토텔레스, 『니코마코스 윤리학』, 10권 2장

그러므로 우리는 이렇게 말할 수 있다.

선한 사람이란 자부심을 가지고 사는 사람이다. 자부심을 가지고 사는 사람은 세평(世評)에 휘둘리거나 세간사(世間事)에 함몰되지 않

는다. 그에게는 자부하는 바가 있기 때문이다. 그가 양심과 자존심에 따라 움직인다면, 이 행위는 그 스스로 존경하고 추구하는 고귀한 가치에 말미암는다. 고귀한 가치를 추구하는 마음은 아름답다. 추구되는 높은 가치도 고귀하지만, 이런 높은 가치를 추구하는 마음은 더 고귀하다. 아름다운 마음은 곧 아름다운 성품을 이룬다. 이 아름답고 고귀한 성품 때문에 그는 넓고 큰 영혼을 가질 수 있다. 넓고 큰 영혼을 잊지 않는 한, 넓고 큰 마음과 정신을 향해 부단히 연마하는 한, 그의 성격은 '전진한다'고 우리는 말할 수 있을 것이다.

나의 걸음걸이는 조용한가? 내 목소리와 말투는 들떠 있지 않은가? 진실하기는 어렵지만, 진실하다고 해도 우리는 이 진실을, 아리스토텔레스가 권한 것처럼, '작게' 말할 수 있는가? 우리가 행한 진실이 마치 없는 것처럼, 그래서 아무것도 아닌 것처럼, 행할 수 있는가? 아니 우리의 진실은 숨기고, 내 자신의 허위의식은 고백할 수 있는가? 자신의 진실을 자랑하는 데서는 소극적이면서 그 실천에서는 적극적일 수 있는가? 나는 혹시 진리를 과장하고 있지는 않은가? 이 물음에서 '올바르게 행동하고 있다'고 대답할 수 있다면, 우리의 성격은 '진전하고 있다'고 말할 수 있을 것이다. 그래서 우리 성격이 좀 더 선해지고, 우리 영혼이 좀 더 넓고 깊어져 간다고 말해도 좋을 것이다. 이런 식으로 우리는 조금씩, 아주 조금씩 윤리적으로 변모해 갈 수 있을지도 모른다.

넓고 큰 정신　위에서 인용한 행동 원칙에 대한 9개 사항은 『니코마코스 윤리학』의 4권 3장 「긍지」와 5장 「온화」 그리고 7장 「진실성」에서 나온 것이다. 특히 긍지 혹은 자부심을 다룬 5장은 그 중심이다.

여기에서 기본 논조는 참으로 긍지 있는 사람은 부나 권력이 아니라 '명예(honour)'에 관심을 두며, 그 때문에 통념이나 세평에 지나치게 휘둘리지 않는다는 것이다. "그는 행운에 지나치게 기뻐하지도 않고, 불운에 너무 괴로워하지도 않는다."(p. 69, 1124a, 15~16) 그에게는, 앞서 언급했듯이, "성격의 고귀함과 선함"이 있기 때문이다.

다시 강조해야 할 사실은 아름다움이란, 아리스토텔레스적 맥락에서 보면, 단순히 외적 아름다움이 아니라는 점이다. 또 지적 아름다움도 아니다. 그것은 무엇보다 성격의 아름다움이고, 성격의 아름다움은 마음과 영혼의 아름다움에서 나온다. 아름다운 영혼이 없다면, 인간은 선하기 어렵다. 선은 자부심에서 온다. 거꾸로 성품이 선하고 마음이 아름다울 때, 사람은 비로소 긍지를 갖는다. 이때 그는 '넓고 큰 정신(megalopsychia)' ─ 위대한 영혼이 된다.(아리스토텔레스 윤리학에서 '긍지(pride)'는 '메갈로프시키아'를 번역한 것이다.)[15] 넓고 큰 정신이란 곧 위대한 영혼을 가진 사람이다. 그러므로 우리는 이렇게 말할 수 있다.

조금이라도 성격의 진전을 이룬다면, 우리가 자신의 행동을 조금씩 개선해 간다면, 우리는 위대한 영혼으로 다가가는 것이다. 넓고 큰 정신 자체일 수는 없지만, 그 정신을 향해 우리는 조금씩 자신의 발걸음을 내딛고 있는 것이다. 그래서 '선하다'고 자부할 수 있다. 그렇다면 '성격은 개선될 수 있는가'라는 물음은 '우리가 넓고 큰 정신으로 나아가는가'라는 물음과 같다.

5 '현대인'으로 산다는 것 — 끝내면서

위에서 나는 고야의 판화집 『변덕』 가운데 판화 10여 점을 감상하면서 나의 느낌을 서술하였고(첫째), 이렇게 서술하는 데 두세 미술사학자의 고야 해석 그리고 아리스토텔레스의 생각을 곁들였다.(둘째) 이제 이것을 오늘의 시대와 여기에서의 삶을 생각하는 데로 이어 보고자 한다.

1 '자기 삶'을 사는 것

이 공책들이 무슨 소용이란 말인가? 종이, 시간, 잉크 낭비 말고 대체 뭐란 말인가? 교과서는 무슨 필요가 있을까? …… 언제 삶이라는 것을 영위할 수 있는가?

— 곤차로프, 『오블로모프』(1859)

우리는 이렇게 물을 수 있다.

성격의 진전을 통해 어디로 나아가는가? 선의 실천 속에서 우리가 하려는 일은 무엇인가? 그것은 다름 아닌 '자기의 삶을 사는' 데 있다. 선의 실천은 다른 누구가 아닌 바로 자기 자신의 충만되고 다채로운 삶을 살아가는 데 있다. 그것이 가장 기쁘고 내실 있는, 그래서 깊은 의미에서 손해 없는 삶이기 때문이다. 아리스토텔레스 역시 선이란 무엇보다 '자기 자신을 위해' 있는 것이라고 쓰지 않았던가?(p. 151, 1159a, 14)

그런데 자기 삶을 사는 일의 소중함은 사실 문학이 보여 주는 변함없는 진실의 하나이기도 하다. 유행에 휘둘리지 않는 것, 세상의 사건들에 대한 부질없는 소식으로 자신을 채우지 말라는 것, 남을 험담하거나 직책을 내세우며 허황된 우월감에 취하는 대신 자기 삶을 제대로 사는 것이야말로 삶을 왜곡하지 않는 길임을 문학은 알려 준다. 그것은 단순 소박한 삶이고, 이런 삶의 진실은 자기의 현재적 삶을 충만하게 사는 데 있다. 자연 사랑은 그런 방식들 가운데 변함없는 즐거움의 원천이다. 이것은 예를 들어 푸시킨의 운문 소설 『예브게니 오네긴』(1830)에서도 확인할 수 있다. 그러니까 이 장면은 아리스토텔레스적 윤리학의 문학적 구현에 대한 한 사례라고 할 수 있을 것이다.

> 그녀는 서두르지도 않고
> 냉담하지도 않고 수다스럽지도 않았다.
> 좌중을 경멸하는 눈빛도,
> 성공을 자랑하는 기색도,
> 거드름 피는 몸짓도,
> 어설픈 기교도 없었다. ……
> 그녀의 모든 것이 조용하고 단순했다.[16]

여기에서 '그녀'는 주인공 오네긴이 사랑한 타티야나다. 그녀가 사는 모습은 선의 실천적 사례라고 할 만해 보인다. 말하거나 행동할 때의 그녀의 태도나 눈빛은 그 자체로 생활 속에 뿌리내린 윤리적 차원을 보여 준다. 타티야나는 "서두르지도 않고/ 냉담하지도 않고 수다스럽지도 않았다./ 좌중을 경멸하는 눈빛도/ 성공을 자랑하는 기색

고야, 나 그리고 아리스토텔레스

도/ 거드름 피는 몸짓도/ 어설픈 기교도 없었다. ……/ 그녀의 모든 것이 조용하고 단순했다." 그녀의 모습은 앞서 언급한 9개의 행동 규칙을 그대로 보여 주는 아주 좋은 사례가 아닌가 여겨진다. 그것은, 아리스토텔레스의 어법으로 말하면, '성격적 덕'이 실현된 예이고 선의 실천 현장이다. 푸시킨이 『예브게니 오네긴』에서 거듭 강조한 것은 '부질없는 환영을 좇지 말고 자기 자신을 사랑하라'는 것이었다. 이것은 곧 아리스토텔레스가 강조한 "자기 자신을 사랑하는 자(a lover of self)"였다.(p. 175, 1169a, 3)

위에서 모토로 인용한 곤차로프의 이른바 '오블로모프주의'의 요지도 세상의 하찮은 일에 정력을 낭비하지 말라는 점에 있었다. 이 하찮은 일이란, 1850년대 러시아 현실의 맥락에서 보면, 관료적 위계질서와 화려한 사교계 그리고 소시민적 속물주의를 지칭하던 것이었다. 이런 외양 속의 내용 없는 삶을 곤차로프는 "허구한 날 반복되는 공허한 카드 섞기"로 비유했다. 그러니까 오블로모프의 나태와 무위는 단순히 아무것도 하지 않는 것이 아니라, 그 자체로 엄청난 사회적 낭비에 대한 회의와 부정이었고, 따라서 불성실이나 무책임이 아니라 '보다 높은 가치에 대한 욕구'가 자리하는 것이었다. 그런데 이와 같은 면모는 고야에게도 없지 않다. 고야는 죽는 날까지 배우는 자, 즉 '학생(學生)'으로 살아갔기 때문이다.

2 "아직도 나는 배운다" —— '학생' 고야

위에서 살펴본 고야의 『변덕』 시리즈는 인간의 어리석음에 대하여, 우리의 편견과 무지와 악덕에 대하여, 무엇보다 나의 편협한 사고

그림 3-27 「아운 아프렌도」(1825~1828)

아운 아프렌도. "여전히 배운다."라는 뜻이다. 82살의 고야는 자신의 탁월성을 내세우지 않는다. 대신 이렇게 말한다. "아운 아프렌도." 그의 이 가르침을 나는 배우려 한다. 아운 아프렌도, 아운 아프렌도. 여전히 배우려는 마음을 나는 배운다.

에 대하여 이런저런 반성을 촉구한다. 고야는 삶의 변덕에 휘둘리는 것이 아니라 이 변덕을 '관찰'했다. 그는 변덕으로 얼룩진 어리석은 인간 현실을 끊임없이 주시했고, 『변덕』의 판화들은 그런 관찰을 형상화한 예술적 산물이었다. 이성은 현실을 주시한 정신의 힘이다. 그리하여 우리는 고야의 판화를 보면서 앞서 말한 아리스토텔레스적 행동 규칙을 다시 떠올릴 수 있다. 그러면서 심미적 경험 후에 우리의 삶에, 또 나의 행동에서 어떤 것이 구체적으로 변했는지 살펴볼 수 있다.

실제로 고야는 죽기 전의 한 스케치에 '아운 아프렌도(Aun Aprendo)'라는 제목을 붙였다. 이 작품은 말년인 1825년에서 죽던

고야, 나 그리고 아리스토텔레스

해인 1828년 사이에 그린 것으로 추정된다. 사실 고야의 마지막 그림들은, 어둡고 황량한 삶의 늘그막 시절을 반영하듯이, 화려한 기운을 줄이면서 단색으로 변해 간다. 「아운 아프렌도」도 그렇다. 이 그림에는 그저 나이 든 한 노인이, 덥수룩한 머리에 덥수룩한 수염을 한 채, 두 지팡이를 짚고 구부정하게 서 있다. 아무런 장식도 없이 흰 종이에 먹으로 쓱쓱 문질러 그린 듯하다. '아운 아프렌도', 그것은 '여전히 배운다'는 뜻이다. 그러니까 고야는 죽는 해까지 '끝없이 배우고자' 애썼던 것이다. 신은 자신이 사랑하고 인정한 자들을 단련시킨다고 세네카는 2000년 전에 적었다. 국가 양곡의 대차 대조표보다 자기 인생의 대차 대조표를 소중히 여겼던 철학자도 그였지 않았던가? 쉼 없는 연마는 신적 차원으로 나아가는 방법인 것이다.

「아운 아프렌도」 판화와 주제적으로 아주 유사한 그림을 나는 이 글을 다 쓴 후인 지난 1월 말에 한 화집에서, 기쁘고도 아주 놀라운 마음으로, 발견하게 되었다. 그것은 먹으로 그린 후 바림한 것인데, 제목은 「너는 많이 알지만, 아직 더 배운다네」(1814~1819)다.[17] 이 그림에는 한 노인이 탁자 옆에 선 채로 책을 읽는 모습이 그려져 있다. 그의 머리카락은 희고 수염도 길게 늘어져 있다. 허름한 검은 저고리에 통 넓은 바지를 입은 그는 머리를 숙여 책을 읽고 있다. 마치 다른 세계에서 온 듯, 시대의 시간을 잊은 듯 그는 골몰해 있다. 그가 든 책의 표지에는 "투토 에 메스티에르(Tuto he mestier)"─"모든 것이 연습이다."라고 적혀 있다. 이것은 고야의 말년을 특징짓던, 그리하여 그의 삶을 이끌던 삶의 모토를 증언하는 것처럼 인상적으로 느껴진다.

그림 3-28 「너는 많이 알지만, 아직 더 배운다네」(1814~1819)
그는 시간을 잊은 채 골몰한다. 삶에 진리가 있다면, 그것은 진리 자체가 아니라 진리 추구의 노력이
다. 삶에 '졸업'은 없기 때문이다. 평생에 걸친 수업만이 진실하다.

　「아운 아프렌도」나 「너는 많이 알지만, 아직 더 배운다네」와 더
불어 내가 가장 좋아하는 고야의 그림은 말년에 그린 「자화상」(1824)
이다. 그것은 갈색 잉크를 펜에 묻혀 그린 소박한 스케치다. 이것은
앞서 언급했던 『변덕』 시리즈의 첫 번째로 나오는 자화상과 똑같은
옆모습이다. 하지만 그가 곁눈질을 하는지, 앞쪽으로 쳐다보는지 분
명치 않다. 어쨌거나 『변덕』의 첫 번째 판화와 다르게 그는 이제 값비
싼 실크 모자에 멋진 외투 차림이 아니라 평범한 옷에 평범한 모자를
쓰고 있다.
　이렇게 말년으로 가면서 고야는 모든 외적인 것, 사회적 영광과

　　　　　　　　　　　　　　　고야, 나 그리고 아리스토텔레스

그림 3-29 「자화상」(1824)
죽기 4년 전의 고야 모습. 자유주의자에 대한 대대적 체포에서 벗어나려고 그는 이해 어느 친구의 집
에서 숨어 지낸다. 그는 이 무렵 보르도에 정착했고, 결국 여기에서 생애를 마감한다. 고야의 옷차림
에는, 「변덕」의 첫 번째 자화상과는 다르게, 아무런 치장도 없다. 수수하기 그지없는 작업복에 작업모
차림이다. 이 자화상을 나는 사랑한다.

장식과 허영의 요소를 다 벗어던진 듯하다. 그러면서 '아직도 배우겠다'고 그는 적었다. 그는 회의 속에서도 표현했고, 환멸 속에서도 희망을 거두지 않았다. 그는 우울 속에서 표현에 의지해 전진하고자 했을까? 59번 판화 「아직도 그들은 가지 않았어!」가 보여 주듯이, 악덕의 벽은 기울고 있고, 악령의 내습은 시간이 가도 잦아들지 않았다. 『변덕』 시리즈의 마지막 판화 「때가 되었다」에서 '때'란 계몽이 이뤄진 밝은 시간이 아니라, 어리석음과 악덕이 지배하는 어두운 시간이다. 그러니 우리는 '처음부터' 시작해야 한다. 처음부터 하나하나씩 사회정치적 제도를 개선하고, 우리 자신의 성격을 '여전히' 조금씩 고쳐 가야 한다.

이러한 배움의 자세는 작품을 만들어 내는 창작자/예술가에게나, 이런 작품을 감상하는 수용자에게도 두루 통용되는, 아니 마땅히 통용되어야 할 선을 위한 행동 원칙일 것이다. 예술 경험도 결국에는 모든 외물적(外物的)인 것의 변덕스런 부침(浮沈)에 휘둘리지 않은 채, 우리 각자가 자신의 삶을 자부심 속에서 사는 데, 그래서 더 크고 더 넓은 마음의 영혼을 가지 데 있을 것이기 때문이다. 좋은 예술은 고귀한 가치를 다시 생각하게 한다.

3 삶의 반성적 구성이야말로 현대적 태도

오늘의 한국 사회가 정치 경제 분야에서의 비약적 발전에도 여전히 크고 작은 전근대적 관습 아래 움직이고 있다면, 우리의 공동체를 제도적으로 합리화하고 의식적으로 명징하게 하는 것은 현 단계에서 너무도 중요한 일이 아닐 수 없다. 그것은, 지금까지의 논의와 관련하여 말하면, 진리에 대한 자신의 관계를 성찰하는 것이고, 이 성찰은 자기가 말하고 행동하고 사고하는 법을 돌아보면서 자기 삶을 적극적으로 구성하는 데 있다. 아리스토텔레스 역시 "우리가 바라는 것은 용감이 무엇인지 아는 게 아니라 실제로 용감해지는 것이고, 정의가 무엇인지 아는 것이 아니라 스스로 정의롭게 되는 것"이라고 쓰지 않았던가?[18] 삶의 적극적 구성이란 반성적 성찰적 자기 변형에서 온다. 이렇게 자기 삶을 적극적으로 구성하는 일 자체가 자유의 실천이다.

여기에서 핵심은 예술에 대한 심미적 경험 속에서 상기하는 '좋고 선한' 모습이 곧 '진실한' 길일 수 있다는 것, 그래서 진리란 지금 여기 생활과 따로 존재하는 것이 아니라 이 생활 속에서 '좋은 아름다움'을 추구하는 가운데 자리한다는 사실이다. 그리하여 칼로카가티아의 길은 진실의 길이 된다. 그것은, 푸코와 관련하여 언급했듯이, '근대적 태도'이기도 하다. 근대적 태도는 오늘의 의미에서 보면 '현대적 태도'다. 그리하여 좋고 선한 진실의 길을 가는 것은 현대적 인간이 현대 사회에서 선택할 수 있는 윤리적 태도다. 우리는 예술 속에서 진선의 세계로 나아갈 수 있다.

이 대목에서 우리는 마침내 '심미적 진실'을 말할 수 있을 것이고, 말해도 좋을 것이다. 아리스토텔레스에게 행복의 기술이 정치학에 있었다면, 나에게 행복의 기술은 예술에 있다. 나는 그렇게 생각한다. 우리는 심미적 경험 속에서 좋고 아름다운 길을 모색할 수 있고, 이 좋고 아름다운 길이 곧 진실한 길이라면, 진선미의 길은 현대를 살아가는 우리에게 현대적인 길이다. 그러므로 근대적 삶이란 건전한 상식 속에서 살아가는 시민적인 삶이 될 것이다. 바른 선미의 길은 곧 현대적 시민의 길이고, 제대로 된 모더니스트(modernist)의 길이다.

4 심미적 진실의 길

고야는, 작품에서 의도했건 의도하지 않았건, 어떤 초월적 세계로의 도피를 통해서가 아니라, 또 신적 구원의 확실성을 믿음으로써가 아니라, 오직 동시대의 현실 속에서 이 현실의 수없는 악덕에 포박된 인간을 묘사함으로써 더 나은 삶의 가능성을 탐색했다. 예술은 그렇게 시도한 진리 추구의 한 방식이었다. 이런 진리 추구는 그에게 어떤 정치적 입장이나 파당성을 통해서가 아니라, 다름 아닌 표현을 통해 이뤄진다. 그는 십자가 대신 펜과 조각칼을 든 것이다.

고야는 환상 속에서 이성을 견지함으로써 표현의 길을 걷는다. 그는 아무런 외적 도움 없이, 초월적 힘이나 신적 계시에 의지하지 않은 채, 삶의 악귀에 형태를 부여함으로써 이 유령 같은 현실을 넘어설 계기를 얻는다. 따라서 예술적 형상화란 자기 치유의 방식이기도 했다. 그는 견딜 수 없는 현실의 도깨비를 형상으로 객관화함으로써 이 도깨비를 내쫓는다. 이렇게 내쫓음으로서 그는 자신만의 양식을 만들어 갈 수 있었다. 이 양식 안으로 지금껏 배제되어 온 수많은 요소들이 포용된다. 익명의 다수자는, 말하자면 가난한 사람과 정신병자들, 창녀와 뚜쟁이와 강도와 시골 처녀 같은 이름 없는 다수의 고통사는 그에 이르러 전례 없던 정당성의 자리를 부여받는다. 그 당시까지 기독교적으로만 수용되던 인간의 고통사는 이런 식으로 상당 부분 세속적으로 예술사 안에서 포용되는 것이다.

그러므로 예술의 진실은 다른 그 어떤 활동에서의 그것보다 다

고야, 나 그리고 아리스토텔레스

넓고 깊은 진실이다. 고야가 한 판화의 제목으로도 썼듯이, 예술은 '보편적 언어'이기 때문이다. 그것은 '좀 더 높은 수준의 보편성'에 가깝다. 왜냐하면 예술 안에서 탐구되는 인간은 전체로서의 인간 존재이기 때문이다. 예술에 묘사되는 현실이란 '전체로서의 현실들'이기 때문이다. 이 지칠 줄 모르는 탐구 속에서도 그는 죽는 날까지 '여전히 나는 배운다'고 적었다. 이 자발적 자기 변형 속에서 그는 자유를 느낀다. 그러니 예술은 자유를 실천하는 자기 변형적 체험의 마당이다. 예술의 길이 자유의 길이라면, 이 자유는 자기 변형의 부단한 시도에 있다.

인간의 현실은 유령 같은 희가극의 무대다. 그것은 변덕과 무지와 편견이 지치지 않고 상연되는 악덕의 불가항력적 마당이다. 이 악덕은 근본적으로 철폐되기 어려울 것이다. 예술을 통한 진실의 길은, 필자가 희망한 것과는 달리, 그리 순탄하진 않을 것이다. 그것은 지금까지 보여 주었듯이, 현실과 직접 대면하기보다는 현실을 그린 작품에 대한 경험에서 나왔고, 사회나 정치를 다루는 것이 아니라 예술 속에서 사회정치적 조건을 성찰하는 것이기에, 에둘러 가는 길임에 틀림없다. 그래서 예술의 방법은 현실에 직접적으로 대응하지 못한다. 문학과 예술에서 '암시'와 '비유'가 자주 쓰이는 까닭도 그 때문일 것이다.

하지만 현실의 변혁을 모색하는 그 밖의 더 나은 인간적인 방식이 있을 것인가? 마치 고야처럼, 우리 역시 고야의 작품을 보고 생각하는 우리의 몸이 가진 감각과 사고 속에서 부단히 자기 쇄신을 꾀할 수 있다. 단순히 도덕률을 설파하거나 교리 문답서를 암송함으로써가 아니라, 심미적 경험의 새로움으로부터 나는 내 삶의 형태를 끊임없이 변형시킬 수도 있다.

의미는 행동 속에서 입증된다. 진리는 가르쳐야 할 것이 아니라 성품과 눈빛과 태도와 생활 속에서 드러난다. 삶을 실제로 삶답게 사는 것, 인형으로서의 삶이 아니라 인간으로서의 삶을 사는 것, 그런 삶을 스스로 만드는 것이 '현대인'의 과제다. 삶의 관념이 아니라 삶 자체를 살기 위해서는 자신의 삶을 스스로 구성해야 하고, 스스로 결정하고 그렇게 결정한 바에 대해 책임져야 한다. 그것은 자율성을 연습하는 일이고, 자기 기율의 인간이 되는 것이다. 그것이 자유의 실천이다. 아니다. 그것은 더 근본적으로 사랑의 실천이다. 자기 삶을 구성하는 것은 자유의 실천이자 더하게는 사랑의 실행이다. 잊지 못하는 것, 잊지 못해 쓰는 것은 사랑의 궤적이라고 나는 앞에서 썼지만, 그런 의미에서 고야에 대한 이 글도 그러할 것이지만, 자기 삶을 만드는 것은 가장 깊은 의미에서의 사랑의 실천이다. 인형으로서의 삶이 아니라 인간으로서의 삶을 자기 책임 아래 즐거이 구성하는 것, 이 사랑의 실천 방식을 예술의 경험은 알려 준다. 그것이 심미적 진실이다.

우리는 사람의 수만큼이나 많은 악덕의 수에 대항하여, 또 인류의 역사만큼이나 기나긴 어리석음의 역사에 거슬러 우리의 덕성을 키워 갈 수 있는가? 이를 위해 자기 성격의 어떤 부분을 조금씩 고쳐갈 수 있는가? 마치 고야처럼 무지와 편견의 본질을 꿰뚫어 보면서, 그 악덕의 가면을 벗겨 내고 현실의 허깨비를 쫓아내면서도 여전히 배움을 갈구하며 계속 나아갈 수 있는가? 바로 이 물음 앞에서 우리는, 맨 처음처럼, 다시 출발점에 서 있다.

고야, 나 그리고 아리스토텔레스

민주주의의
도덕적 기초에 관하여

정치와 도덕

최장집

고려대학교 명예교수

1 민주주의를 위한 도덕적 기초 — 문제의 제기

1 도덕적 기초는 왜 필요한가?

민주주의는 제도적 실천이기는 하지만, 도덕적 기초가 필요하다는 것이 이 글의 주제이다. 하나의 정치 체제로서 민주주의는 제도로서의 기본 요건들, 예컨대 평등한 투표권을 갖는 성인 남녀의 주기적인 비밀 보통 선거, 정당 간 경쟁, 자율적 결사체의 인정, 행정부의 책임(성) 등을 포함하는 절차적 최소 요건들을 갖춘다면 이를 민주주의라고 말할 수 있다. 그러나 민주주의는 하나의 체제로서 인간의 평등한 인권 사상과 자유에 대한 권리, 그로부터 도출되는 정치적 (참여의) 평등, 인민 주권을 통해 인민 스스로의 통치 체제를 구현할 수 있는 이상을 갖도록 하는 가치의 체계라고 말할 수 있다. 민주주의는 현실에서 실천하는 제도임과 동시에 규범이자 가치라고 하는 점에 대해서는, 특히 민주주의 이론을 체계화한 미국의 정치학자 로버트 달이 만년에 강조했던 점이기도 하다.[1] 민주주의는 제도적 실천이라는 측면에서만 보면 매우 단순한 듯 보이지만, 그 가치와 결합하면서 무척이나 복합적이고 포착하기 어려운 정치 체제가 또한 민주주의이기도 하다. 하나의 정치 체제, 통치 형태로서의 민주주의가 고대 아

민주주의의 도덕적 기초에 관하여

테네 민주주의로부터 시작되었다고는 하나, 민주주의는 어떤 하나의 단일한 정치 체제의 산물이 아니라(비록 그 명칭이 고대 민주주의인 democracy와 같기 때문에 많은 오해의 원천이 되고 있지만) 고대 그리스 민주주의, 고대 로마 공화주의, 중세 정치 공동체, 계몽사상과 자유주의, 사민주의, 사회주의, 자본주의 등 여러 정치 체제, 경제 체제의 제도, 이념, 규범 들과 장기간에 걸쳐 결합하면서 형성된 복합적인 통치 형태이자, 가치의 체계이기도 하다.

오늘날 민주주의는 세계 다수 국가에서 그 실현되는 형태가 다양하다 하더라도 세계에서 거의 유일하게 정당성을 가지며, 안정적인 정부 형태를 갖는 정치 체제이다. 즉 오늘날 민주주의는 하나의 정치 체제로서 경쟁 상대를 갖지 않는 지배적인 정부 형태이다. 어느 면에서는 바로 그 점 때문에 민주주의는 다른 체제에 비해 더 큰 위험과 딜레마들을 직면하게 된다. 민주주의가 이른바 "동네에서 유일한 게임"이 된 상태에서 굳이 위험을 무릅쓰고 뭔가 잘해 보려고 애쓸 필요가 있겠는가. 민주주의에 선행했던 정치 체제는 여러 형태가 있었고, 한국도 그러했지만 특히 군부 권위주의 또는 관료 권위주의 체제가 많았다. 이들 권위주의 체제는 국제적으로나 또 한 사회 내부로부터나 민주주의라는 강력한 이념과 가치, 그것을 지지하는 반체제 사회 세력에 의해 지지되었던 강력한 경쟁 체제를 가졌고, 급기야 이들 도전 세력에 의해 붕괴되었고, 민주주의로 전환되었다. 그러나 민주주의는 한 사회에 정착됨과 아울러 내생적, 외생적 딜레마에 봉착하게 된다.[2] 오늘날 현대의 대의제 민주주의는, 선출된 대표로 하여금 시민들이 어떻게 그들의 권력과 권위의 행사에 대해 책임을 지울 수 있느냐 하는 대표-책임의 연계를 작동시키는 데 그 본질이 있다고 할 때, 어떻게 선출된 공직자에 대해 지속적이고 효과적으로 책임을 부과할 수 있느냐 하는 문제를 대면한다. 행정 관료 기구가 점점 자율성을 가지면서 스스로의 제도적 이익을 추구할 때, 선출되지 않은 공직자들을 어떻게 민주적으로 통제할 것인가의 문제 또한 중요하다.

그러나 그 가운데 가장 중요한 것은, 민주주의 정치와 국가 기구가 자본주의 생산 체제와 시장 질서를 어떻게 관리하고 운영할 수 있을 것인가 또는 다른 말로 표현하면 민주주의의 가치와 자본주의 질서가 어떻게 양립할 수 있는가 하는 문제라 할 수 있다. 그것은 민주주의와 자본주의 간의 상응성 내지는 긴장, 양자 간의 다이내믹한 관계로부터 발생하는 문제들과 관련된다. 이러한 환경하에서 민주주의의 정치가 경제 문제를 다루는 데 있어 보여 주는 한계이며, 그것이 가져오는 사회 경제적 결과이다. 물론 이러한 현상은 한국만의 문제는 아니다. 민주주의의 비판자들은 민주주의가 민주적 가치에 부응하여 경제 정책이 창출하는 사회적 결과를 개선하기 위해 시장과 경제를 제도화하고 운영하는 것이 아니라, 단순히 시장 주권에 봉사하는 기능으로 그 본질이 전도됐다고 말한다. 비판자들은 시장 주권이 민주주의를 보완하는 것이 아니라, 민주주의를 압도하면서 끌고 나가는 대안적 힘으로 자리 잡았다고 비판한다.[3] 그러나 민주주의가 신자유주의로 통칭되는 경제 체제를 다루는 능력이나 한계가 어떠하든, 그리고 그것이 만들어 내는 사회 경제적 현실이 어떠하든 오늘날 세계에서 민주주의는 다른 어떤 경쟁 체제에 의해 체제가 위협되거나, 강력한 개혁의 압력에 노출되지 않는, 대내외적으로 압도적인 정

민주주의의 도덕적 기초에 관하여

당성을 갖는 유일한 정치 체제이다. 과거 권위주의하에서처럼 그 체제가 만들어 낸 소외 집단들에 의한 반란이나 폭동, 체제 전복 행위나 혁명이 허용되지 않고, 가능하지도 않다. 그러므로 현대의 민주주의는 그 체제가 부여하는 제도적 실천과 그에 부응하는 도덕적 힘들을 결합하는 것을 통하여 스스로 경신하고, 보통 사람들의 삶의 내용을 개선해 나가려고 끊임없이 노력하지 않는 한, 체제 내부로부터 타락하기 쉬운 체제이기도 한 것이다. 이 점에서 민주주의를 위한 도덕적 가치나 규범은 절대적으로 필요한 것으로 생각된다.

2 평등의 가치와 오늘의 한국 정치

오늘의 한국 사회에서 우리가 경험하고 있는 사회 경제적 현실, 즉 궁핍의 지속과 빈부 격차의 증대, 사회적 상향 이동 기회의 폐색화, 그리고 사회 해체의 심화와 같은 문제들은 자본주의 시장 경제가 만들어 낸 문제들이기도 하지만, 동시에 정치적인 문제이기도 하다. 세계가 높이 평가하는 한국 경제의 눈부신 성장 지표들과, 노동 억압과 끔찍한 사회 해체의 수많은 사례들은 극단적으로 대비되는 명암으로 나타난다. 오늘날 한편으로 한국 경제는 한국민들의 자긍심을 충족시키기에 충분할 정도로 세계 최상위의 경제 선진국의 반열에 진입하는 눈부신 성장을 이루었다. 그러나 다른 한편으로는 OECD 국가 가운데서도 가장 높은 자살률, 그 가운데서도 충격적으로 높은 비율의 노인 자살, 친족 살인, 가족 집단 자살, 또한 높은 이혼율, 가정 파괴, 범죄율의 증가, 극단적인 노동 쟁의, 정규직 비정규직 노동 시장 이원화, 경제 활동 인구의 10퍼센트를 훨씬 상회하는 경제적 시민권이 박탈된 신용 불량자 등은 한국 사회의 양극화와 해체가 얼마나 깊숙이 진행됐는가를 보여 준다. 한국 사회는 그 둘 가운데 어느 하나가 아니라, 이 극명한 대조에 의해 특징지어질 수 있다. 우리의 도덕적 양심을 부끄럽게 하는 정치적 사회적 문제가 아닐 수 없다. 그리고 한국 사회가 드러내는 이 양극적 현실은, 한국 민주주의의 크든 작든 하나의 실패로 이해될 수 있다. 이러한 이유 때문에 필자는 평등의 가치를 어떻게 안아야 하는가 하는 문제야말로 한국 민주주의의 최대 과제라고 생각한다. 이러한 질문과 함께 한국 사회를 볼 때 이 문제에 대해 거의 무방비 상태라는 느낌이 크다.

오늘날 한국 정치가 보수와 진보로 나뉘어져 경쟁하고 갈등하고 있다는 것은 두루 아는 사실이다. 사회도 그러하고, 이데올로기도 그러하다. 최근 한 텔레비전 뉴스는 지난해 경제 성장률이 일인당 2만 6000달러라고 보도했다. 그걸 들으면서 느껴지는 것은 어떤 자랑스러움이나 자긍심보다 무엇을 위한 성장인가 하는 의문과 함께 그 성장으로부터의 더 큰 소외감이다. 지난날 권위주의적 산업화 시기 이래 오랫동안 한국민들은 성장률이라는 숫자에 의한 통치 기술에 익숙해진 바 있다. 그러나 이제 그러한 통치 방식이 효력을 다했음은 새삼 말할 것도 없다. 또 그렇게 되지 않으면 안 된다. 그동안 한국의 보수는 한국 사회가 끌어낼 수 있는 모든 사회 경제적 자원들을 성장 지상주의의 가치를 실현하는 데 쏟아부어 왔다. 그러는 동안 필연적으로 증폭될 수밖에 없는 사회 경제적 불평등과 그로부터 파생되는 사회 여러 영역, 여러 수준에서의 불평등과 사회 해체의 결과들에 대해 그 해결은 그만두고라도, 그것을 개선하려는 관심이나 진지한 노력을 발견하기 어려웠다. 그러나 문제는 한국의 보수에게만 있는 것도 아니다. 진보는 진보로서의 그들이 지향하는 가치가 무엇이고, 이상이 무엇인가에 대해 보여 준 것이 별로 없다. 보통의 시민들은 그들이 어떤 신념의 윤리를 가졌는지, 그러므로 그들이 왜 정치를 하는지, 그들로부터 이렇다 할 진실성이나 긴장감, 그리고 어떠한 이론적, 이념적, 도덕적 심각성이나 고민을 발견하기 어렵다. 단지 그렇게 하는 것이 자신들에게 이익이기 때문에 권력을 향해 나아가고 투쟁하는 것처럼 보인다. 오늘의 한국 사회는, 현재 우리가 하고 있는 정치적 실천의 결과가 가져온 사회 경제적 위기와 윤리적, 도덕적 위기에 처해 있다는 느낌을 떨쳐 버릴 수 없다. 이러한 환경하에서 평등의 가치는 오늘날 한국 사회에 우선적으로 필요한 도덕적 가치라고 생각한다.

3 '아르키메데스적 균형점'을 위하여

고대 시라쿠사의 수학자, 물리학자인 아르키메데스는 "엄청 긴 지렛대를 찾아서 그 지렛대를 놓을 한 점을 발견한다면, 나는 세계를 움직일 수 있다."라고 말했던 것으로 전해진다. 20세기를 대표하는 철학자이자 도덕철학자의 한 사람으로 평가되는 존 롤스는 『정의론』에서 자신의 이론이 사회의 기본 구조를 구성하는 원리로서 '아르키메데스적 균형점'이라고 할 만한 독트린을 발견할 수 있는가 하고 스스로 질문한다.[4] 여기에서는 필자가 이 균형점이 실제로 실현됐다고 믿는 역사적인 모델 사례 하나에 대해 언급하기로 한다. 그것은 민주주의가 역사상 최초로 등장했던 시기 고대 그리스 아테네 민주주의의 솔론의 개혁을 말한다. 솔론을 역사적 모델 사례로서 제시하는 것은, 필자가 한국 사회에서 평등의 가치를 민주주의를 위한 도덕적 기초로 설정했다는 점과 아울러, 이 문제에 대한 해답으로 롤스의 정의론을 제시하려는 것과 직접적으로 연관된다. 그렇다면 왜 롤스인가 하는 질문에 대해 답할 수 있어야 한다. 그러나 그 질문 자체가 다른 논문의 주제가 될 수 있는 큰 문제이기 때문에, 여기에서는 솔론을 말함으로써 그 질문에 대답코자 한다. 왜냐하면 롤스의 이론이 철학적, 도덕철학적 방법으로 그 균형점에 가장 가까이 다가가는 독트린을 발견했다고 필자는 믿기 때문이다.[5] 우리는 아리스토텔레스의『아테네 헌법』과 플루타르크의『영웅전』을 통해 솔론에 관한 이야기를 들을 수 있다.[6] 먼저 솔론의 개혁은 기존의 정치 체제를 안정화하려는 정치 행위였을 뿐만 아니라, 농민들을 경제적 착취에 의한 궁핍함에서 해방하고자 했던 윤리적 동기를 가졌다는 점이다. 즉 정치와 윤리가 분리되지 않고 밀접하게 결합되어 있었던 하나의 전형을 볼 수 있다. 기원전 590년대 아테네 집정관 솔론은 빚을 갚지 못한 아테네 외곽 지역인 아티카의 농민의 부채를 일괄적으로 탕감하는 '농민 부채 탕감법(그리스어로 seisachtheia)'을 만들어 이들을 농업 노예적 지위로부터 벗어나 자유민이 되게 하는 일대 개혁을 단행했다. 이들 자유민이 다수 시민이 됨으로써 민주주의의 주체로서 나타날 수 있게 되었다. 이 개혁법이 아니었더라면 기존의 지주 귀족들에 의한 아테네 귀족정은 민주주의로의 이행은 그만두고라도 농민들의 반란으로 인하여 커다란 위기에 처했을 것이다. 동시에 그는 400인 위원회를 창설하여 시민들이 직접 행정에 참여할 수 있도록 제도 개혁을 단행했다. 그런데 솔론의 개혁은 소농들의 요구에 따라 지주들의 이익을

민주주의의 도덕적 기초에 관하여

일방적으로 침해하는, 토지 소유에 대한 전면적인 재분배 개혁과 같은 혁명적인 것은 아니었다. 한편으로는 지주들의 기득 이익에 커다란 손실을 불러왔고, 다른 한편으로는 빈농들의 요구를 완전히 충족시키지 못함으로써, 갈등하는 세력 모두를 불만족스럽게 했다. 그럼에도 불구하고 그들의 양보를 통해 지주와 빈농이 타협할 수 있는 균형점을 만들어 낸 것이다. 개혁이 불러온 갈등의 와중에서 솔론은 개혁자가 직접 개혁을 집행하는 것을 피하고 다른 사람으로 하여금 집행토록 하기 위해 10년 동안이나 스스로 망명의 길을 택했다. 그것은 개혁 과정에서 발생한 갈등을 줄이기 위해 개혁자가 그의 개혁의 동기와 실천 과정에서의 '불편부당(impartiality)'을 보여 주려고 했던 행위이기도 했다. 뒷날 애덤 스미스의 '불편부당한 관찰자', 존 롤스의 '공정성'은 그들의 도덕철학 이론을 구성하는 데 중심 개념으로 사용되었다.

아리스토텔레스의 정치학 이론에서 솔론의 개혁 사례는 이상 사회를 완벽하게 이성적으로 설계하고자 했던 플라톤과는 달리, 그의 『정치학』의 핵심적 관심사였던 "현실에서 실현 가능한 최선의 정부"가 무엇인가를 발견하는 데에 경험적인 모델이라고 생각할 수 있을 것 같다. 아리스토텔레스가 통치자의 수를 기준으로 분류한 여섯 개의 정치 체제 유형 가운데 과두정과 민주정은, 귀족정과 폴리테이아(politeia/영어로 polity)라고 말하는 잘 질서 잡힌 헌법적 체제의 타락한 형태로 최악의 정부 형태이다. 여기에서 중요한 것은, 그가 최선의 정부 형태를 이론화하는 데 사용한 관점이, 형태는 통치자의 수에 따른 분류이지만, 내용적으로는 계급 지배를 관철하려는 체제를 극복코자 했다는 것이다. 민주정은 다수의 지배, 과두정은 소수의 지배라고 정의한 그가 이들 정부를 함께 최악의 정부라고 말했던 이유는, 언제나 다수 는 빈자이고 소수는 부자이기 때문에, 민주주의는 다수 통치자가 자 신들만의 계급 이익을 관철하려는 다수의 전제정이고, 과두정은 소 수 부자들의 계급 지배를 관철코자 하는 소수의 전제정이기 때문이 다. 이 두 정치 체제는 공히 공익을 추구하고 관철할 수 없는 근본적 인 결함을 갖는 체제이다. 이 점에서 그는 이 두 계급 이익을 아우를 수 있는 중산층이 중심이고, 중산층(여기에서 중산층은 현대의 중산층처 럼 다수라고 생각한다면 잘못이다.)의 실천적 이성/지혜(prudence)가 중 심적 역할을 갖는 하나의 혼합적 지배 형태를 이론화하고자 했다. 솔 론, 아리스토텔레스로 이어지는 정치의 이상적 형태는 혁명적 방법 으로 계급 지배를 실현하는 것이 아니라, 현실 속에서 실현 가능한 이 상이다. 그러한 이상적 정치는 사회 내의 모든 계급이, 윤리적 동기가 없으면 가능하지 않은 사회를 구성하는 것을 핵심으로 한다. 갈등하 는 두 중심적인 집단들이 극단으로 가지 않고 서로 공존 가능한 분배 의 균형점을 발견하는 것을 통하여 공존하면서 공익을 추구하는 체 제라 할 수 있다.

2 실체적 정의 — 롤스의 '정의론'을 중심으로

1 롤스의 '정의의 이론'
이 글의 주제와 관련하여 우리는 정의의 문제, 즉 도덕적 관점을

민주주의의 도덕적 기초에 관하여

통해 자본주의 생산 체제와 사회 질서를 다른 시각에서 보는 것을 가능케 하는 존 롤스의『정의론』을 살펴보고자 한다. 이 책은 우리가 사고할·수 있는 도덕적이고 규범적인 지평을 비약적으로 확대함으로써 기존의 사회 구조와 사회 경제적 질서를 비판적으로 이해하고, 그에 대한 이성적 대안을 모색하는 데 우리의 상상력을 확대할 수 있는 전환적 계기를 가져왔다고 생각된다. 이 점 때문에『정의론』의 출간 이후에 우리가 자본주의 생산 체제에 기초한 지배적인 윤리의 체계 및 사회 질서를 이해하고 대응하는 방식은 그 이전과 동일한 것일 수 없게 되었다. 많은 논평자들은 그가 20세기를 통틀어 가장 중요한 철학자이자 도덕철학자라는 데 동의한다. 한 논평자는 롤스가 19세기 중후기 존 스튜어트 밀과 헨리 시지윅 이래 최고의 정치철학자라고 말한다. 롤스에 대해 왜 그런 평가가 가능한지에 대해 알기 위해, 그의『정의론』의 중심 내용부터 살펴보는 것이 필요하다.[7]

롤스의 이론 구성에 있어 첫 출발점이며 가장 어려운 것은, 누구나 이성적으로 생각할 때 그것이 일반적, 나아가 보편적이라고 수긍할 수 있는 정의의 원리를 어떻게 도출할 수 있을 것인가 하는 문제이다. 더욱이 누군가 자기 이익에만 기초한 원리를 추구한다고 할 때, 그것은 다른 사람의 이익과 충돌할 수밖에 없으므로 다른 사람에게는 설득력을 갖기 어려울 것이기 때문이다. 따라서 이론 구성에 있어서 이성적 사고의 절차가 절대적으로 중요하다. 롤스의 절차는 이러한 난제를 극복하는 작업으로부터 출발한다. 제일 먼저 롤스는 한 사회의 기본 구조를 위한 정의의 원리를 구성할 수 있도록 어떤 한 사람이 자신과 다른 사람들이 모여 함께 하나의 사회 계약이라 할 수 있는 최초의 합의를 이끌어 낼 수 있는 어떤 상황을 상상하도록 유도한다. 그 사람은 일단 자유롭고 합리적인 사람으로서 그 사람 자신의 이익을 증진하는 데 관심을 갖는 사람이라고 상정한다. 여기에서 그 사람이 다른 사람과 최초의 "원초적 입지(original position)"에 있어 평등하다는 점을 수용하는 것이 가장 중요한 출발점이다. 원초적 입지라는 조건하에서 그들은 앞으로 그들이 만들 사회에 대한 구성 원리를 선택하려 한다. 자신의 안을 만든다든가, 상대를 설득할 수 있는 어떤 아이디어를 제시한다든가 하면서 사회 구성의 원칙을 만들 때, 협의에 참여하는 사람들 각기는 모두 동일한 권리를 갖는다고 롤스는 상정한다. 이러한 사고의 이성적 추론 과정은 앞선 17, 18세기 홉스 · 로크 · 루소 · 칸트로 대표되는 자연권 사상에 기초한 계약 이론의 구성 과정에서 볼 수 있는 '사고의 실험'과 사실상 같은 방식이라 할 수 있다.

이 원초적 입지는 앞서 홉스나 로크가 그랬던 것처럼 원시적인 문화나 실제 역사적인 조건 같은 것이 아니라 어떤 가상적 상황을 상정하는 것이다. 여기에서는 그들이 만들고자 하는 새로운 사회에서 자신의 지위에 대해 알지 못한다고 상정한다. 말하자면 그 사회에서 그가 어떤 편익적 혜택을 갖게 될지 아니면 그 반대가 될지, 부자가 될지 가난한 사람이 될지, 강자가 될지 약자가 될지, 머리가 좋을지 나쁠지 등 말하자면 그의 계급적 · 사회적 신분, 자연적 자산과 능력, 지능, 신체적 힘 등에 대해 알지 못하는 가운데서 정의의 규칙들을 선택하는 상황을 말한다. 나아가 협의의 당사자들은 선에 대한 관념, 또는 각기의 특별한 심리적 경향성을 알지 못한다고 상정한다. 롤스는 이런 상황을 "무지의 베일"이라는 말로 특징짓는다. "무지의 베일"로 가려진 "원초적 입지"라는 가상적 상황에 대한 아이디어는 그의 이론 구성 과정에서 가장 창의적인 것이기도 하지만, 또 수많은 논쟁을 불러왔던 것이기도 하다. 어쨌든 정의의 원리를 협의하고 협약에 이르기 위해서는 이렇듯 가상적이기는 하지만 평등하지 않고서는 공정한 정의의 원칙을 이끌어 내기란 어려울 것이기 때문이다. 이를 출발점으로 해서 협의의 당사자들은 사회 계약을 통해 사회를 제도화할 근본적인 규칙을 만들고, 그것을 헌법에 담을 수 있다고 가정한다. 사람들은 각자가 처할 수 있는 불확실성 때문에 그 사람이 사회에서 능력 부족이나 열악한 사회적 조건에 놓였을 경우 너무 가혹하게 취급되지 않도록 확실히 해 두기를 원할 것이다. 그러한 상황이 만들어지기를 원하는 것은 한 사람의 당대에만이 아니라, 가족의 다른 성원이나 자식 세대, 손주 세대에게 필요한 것이기도 하다.

이러한 절대적 원칙을 가능케 하는 절차가 만들어진 다음, 이어서 해야 할 것은 두 개의 원칙으로 구성된 이른바 정의의 일반 원칙을 만드는 일이다.[8] 롤스는 "원초적 입지"에서 만들어진 "정의의 두 원칙"을 다음과 같이 제시한다. 첫 번째 원칙은 각자는 모든 사람들이 향유하는 자유의 유사한 체제와 상응하여 평등한 기본적 자유가 실현되는 광범한 전체 체제에 대해 평등한 권리를 갖는다는 것이다. 우리가 민주주의라고 말하는 정치 체제에서 시민으로서 정치 권리의 완전한 평등, 즉 시민의 근본적인 권리를 보장하는 것이다. 이 원칙의 핵심은 "자유의 우선권"이다. 두 번째 원칙은 사회 경제적 불평등이 재구성되는 원리로서 효율성과 복지에 우선하는 "정의의 우선권"이다. 이 두 번째 원칙에서 불평등의 재구성에는 두 조건이 따른다. 첫째로 불평등의 재구성은 모든 사람에게 편익이 돌아갈 수 있는 것으로 이성적으로 기대돼야 하고, 둘째로 불평등의 재구성은 지위와 직위에 있어 모든 사람들에게 개방적인 것이 돼야 한다. 이 두 번째 원칙인 정의의 우선권은 두 가지 의미를 갖는다고 할 수 있다. 첫째, 전체적으로 두 번째 원칙은 '효율성의 원리'에 우선하고, 사회에서의 편익의 총합을 최대화하는 아이디어를 말한다. 둘째, 두 번째 원칙 안에서 기회 균등의 원칙이 최저의 편익을 갖는 사람에게 최대의 혜택을 부여하는 원칙(보통 '차등의 원칙(difference principle)'이라고 말하는)에 대해 우선권을 갖는다.

이렇듯 두 원칙으로 구현되는 정의의 일반적인 개념은 우선권 규칙에 의해 규율되는데 그것은 다음 문장으로 표현될 수 있다.

"모든 사회적으로 기초적인 선 ── 자유와 기회, 소득과 부, 자기 존경의 기초들 ── 의 모든 것 또는 어떤 것에 대한 하나의 불평등한 분배는 최저의 열악한 지위에 있는 사람들에게 편익이 분배되지 않는 한 평등하게 배분되는 것이어야 한다."⁹

정의의 두 원칙의 내용이 매우 복잡하기 때문에, 이를 다시 다른 말로 설명하는 것이 이해에 도움이 될 것 같다. 다른 말로 표현하면, 첫 번째 원칙은 시민들 사이에서 정치적 평등과 이 정치적 평등을 보장하는 데 필요한 모든 제도들을 요구한다. 그런데 두 번째 원칙은 일정한 불평등을 허용한다. 그럼에도 불구하고 "부와 소득, 권위의 위계적 분배는 평등한 시민권의 자유와 기회의 평등에 부응하지 않으면 안 된다." 첫 번째 원칙이 말하는 바와 같이, 모든 사람들에게 평등한 권리가 부여돼야 한다는 자유주의적 원칙에도 불구하고 두 번째 원칙은 민주주의 국가에서 시행되고 있는 지배적인 정책들을 훨씬 넘어간다. 왜냐하면 사회 경제적 불평등은 두 조건을 제외하고는 허용될 수 없기 때문이다. 즉 불평등은 사회의 모든 사람들의 편익에 부합해야 하고, 모든 사람은 불평등한 보상과 결부된 지위를 추구할 평등한 기회를 가져야 하기 때문이다. 그러므로 두 번째 원칙이 현실화되는 상황에서는 부와 소득에 있어서의 불평등은 재산 소유권의 결과 또는 능력, 재능, 일에 있어서의 직위나 지위 차이 때문에 정당화될 수 없다. 소득과 부는, 불평등이 아마도 모든 사람의 소득을 확대하도록 인센티브와 산출을 증진하는 것을 통해 모든 사람을 더 잘 살게 한다는 것을 보여 주지 않는 한, 시민들 사이에서 평등하게 분배되지 않으면 안 된다. 마르크스주의자들은 롤스를 자본주의적 불평등의 옹호자로 해석한다. 자유주의적 도덕철학자로서 롤스의 목적이 자본주의적 생산 체제를 혁명적으로 변화시키는 데 있는 것이 아님은 말할 것도 없다. 그렇다 하더라도 고도의 평등주의적 정의의 이론을 미국 사회의 현실에 적용한다면, 신자유주의적 경제 운영 원리에 입각한 기존의 정부 정책은 광범한 변화를 요구받을 것이고, 이를 통해 기존의 경제 체제와 시장 질서에 심대한 변화를 가져올 것이다.[10]

2 '정의론'의 도덕철학적 의미

필자는 두 가지 점에서 롤스의 정의론이 도덕철학에 있어 전환적 변화를 가져왔다고 생각한다. 그리고 바로 이 점들은 왜 롤스인가 하는 질문에 필자가 제시할 수 있는 대답을 뒷받침하는 논거라고 할 수

있다. 첫째는 공리주의에 대한 대안적 이론을 제시했다는 것이다. 그
것은 도덕적 사유에서 '결과주의(consequentialist)'적인 사유 형태를
말한다. 행복, 이익, 즐거움, 만족, 효용 등을 기준으로 하여, 즉 무엇
이 좋은 것 또는 바람직한 것인지를 기준으로 행위의 결과를 평가하
는 것이다. 이런 기준을 사용하는 도덕적 사유 형태를 보통 공리주의
라고 부르는데, 현대 경제학은 이러한 공리주의적 사유를 중심으로
한 대표적인 학문 영역이다. 공공 정책에 대한 판단은 대부분 이러한
공리주의적 고려에 기초하고 있다. 사회를 구성하는 사람들이나 집
단들에 대해 편익과 비용을 측정하고, 전체 총합에 있어 최대의 편익
을 실현하는 정책이 무엇인지를 판단코자 하는 것이 생각의 초점이
다. 『정의론』에서 롤스는 명백하게 이러한 공리주의적 관점을 거부한
다. 롤스 자신의 말을 따르면 "정의는 어떤 사람에게 있어 자유의 상
실이 다른 사람에 의해 공유된 보다 큰 선(good)에 의해 정당한 것으
로 수용될 수 있다는 것을 부정하는 것이다."[11] 이런 논리가 가능하려
면, 정의의 어떤 원칙에 대해서는 절대적 우선순위를 부여해야 한다.
롤스 자신은 자신의 이론에 대해 '의무론적(deontological)' 도덕론이
라고 스스로 말하고 있지만, 다른 논평자들은 '절대주의'라고 부르기
도 한다. 그의 정의론은 분명 칸트에 의해 가장 강력하게 이론화된 바
있는 의무론적 도덕론을 닮은 것이라 할 수 있다.[12]

둘째는 사회 구조와 자본주의적 생산 체제에 관해 로크에 대한
대안적 비전을 제시하고 있다는 점이다. 롤스의 정의론과 공리주의
가 어떤 차이가 있는가에 대해서는 많은 논의가 있지만, 로크와 롤스
의 차이를 보여 주는 연구는 희소하다. 필자는 두 철학자의 근본적인

민주주의의 도덕적 기초에 관하여

차이에 대해 예일 대학의 정치철학자 스티븐 스미스의 논의만큼 효과적이고도 강력하게 보여 주는 것은 보지 못했다. 따라서 여기에서는 스미스의 설명을 따라가면서 살펴보고자 한다.[13] 로크와 롤스 두 철학자는 공통적으로 정의론을 제시하고, 자유와 평등에 대한 자유주의적 원칙/원리에 입각해서 자신의 논지를 정당화한다. 두 사람은 공통적으로 정부의 목적이 정의의 조건을 보장하는 데 있다고 생각하고, 또 정의는 피치자의 계몽된 동의로부터 도출된다고 믿는다. 그러나 두 철학자는 정의의 조건을 확립하는 데 있어 필요한 권리의 원천에 대해, 따라서 정부의 역할에 대해 근본적으로 입장이 상이하다.

로크의 이론에서 권리는 그의 소유의 이론으로부터 도출된다. 이 관점에 의하면 모든 사람은 자신만의 소유권을 갖는데, 바꾸어 말하면 자기 자신이 아닌 어떤 사람도 자기 자신과 자신의 신체에 대해 권리를 주장할 수 없다. 자기 자신을 소유한다는 소유권을 기초로 하여 자연권, 정의, 제한 정부와 같은 이론이 구축된다. 한 개인은 스스로만이 자신을 만드는 데 책임이 있다는 점 때문에 도덕적 인격이라고 말할 수 있는 자기 정체성을 갖는다. 한 개인은 문자 그대로 그 개인 자신의 산물인 것이다. 요컨대 로크의 교리에 따르면 세계는 개인 스스로가 만든 것이고, 그 개인 자신의 자유 행위의 산물이라는 것이다. 그 자신의 육체노동, 손의 작업은 적절하게 그 자신의 것이다. 이 자아야말로 권리의 특징적인 원천이다. 정부의 과업은 넓은 의미에서 우리의 재산권, 즉 우리에게 속한 모든 것을 보장하려는 데 있는 것이다. 우리는 권리의 원천에 대한 이론에서 로크와 롤스를 대비할 수 있다. 롤스는 정의의 개념에 대해 말하면서 "차등의 원칙"을 그 중심 요소로 포함시킨다. 그의 이론의 핵심은 재능, 능력, 가족 배경, 사회적 위계 구조에서의 지위 등을 포함하는 우리의 자연적 능력이란 도덕적 관점에서 볼 때 완벽하게 자의적인 것이라는 점을 주장하는 것이다. 그러한 자연적 재능이란 확실한 의미에서 개인 자신의 것도 아니고, 개인에게 속하는 것도 아니고, 개인 각자가 그러한 혜택을 꼭 받아야 할 이유도 없는 자의적인 유전적 추첨 내지 복권의 결과물일 뿐이라는 것이다. 이런 논리가 성립한다면, 그로 인해 발생하는 어떤 이익이나 불이익, 장점이나 약점이 부여하는 혜택 또는 손해가 특정인의 전유물로 소유돼야 할 아무런 필연성이나 근거가 존재하지 않는다. 인간의 개인적 운명을 결정짓는 데 있어 마키아벨리가 말하는 포르투나(fortuna, 행운, 운명, 환경 등)와 같은 어떤 것이다. 다시 말하면 재능, 능력, 역량 등 지금 어떤 사람이 소유하고 그로부터 혜택을 받는 것은 필연적인 것이 아니라, 그는 단순히 그 혜택의 우연적인 수혜자일 뿐인 것이다.

여기에서 두 철학자의 차이가 확연히 드러난다. 로크의 정의론은 자주 기회의 평등이라는 말을 뜻하기도 하는 실력주의/능력주의(meritocracy)를 지지한다고 할 수 있다. 그러나 롤스에 있어서는 어떤 개인이 부여받는 재능은 처음부터 특정인 자신의 것이 아니다. 꼭 그 사람에게 소속돼야 할 이유가 없는 행운의 결과일 뿐이다. 그러므로 특정인에게 부여된 능력은 전체 사회가 공유하는 공공의/집단적 소유의 부분인 것이다. 즉 "차등의 원칙"은 공공의 자산으로서 자연적 재능의 분배를 고려하고, 그 결과가 어떻게 나타나든 이러한 분배의 일정 부분을 소유하는 것을 가능케 하는 하나의 협약을 표상하

민주주의의 도덕적 기초에 관하여

는 개념이다. 요컨대 마치 로크의 자기 소유권 이론이 그의 사적 재산권과 제한 정부의 개념을 정당화하듯이, 롤스의 이러한 공공 자산의 이론은 배분적 정의와 복지 국가의 이론을 만들어 낼 수 있는 근거를 제공하는 것이다. 롤스의 관점을 따르면 정의는 사회적 재구성에 의해 가능해지는 것인데, 바꾸어 말하면 그의 표현대로 "최소의 편익을 가진 사람(least advantaged)", 유전적 추첨에 있어 최악인 사람을 위해 사회 구조를 재구성할 것을 요구한다. 롤스의 관점에서는 한 사회가 정당하다, 정의롭다 하고 말할 수 있으려면, 그 사회가 사회적 불평등을 치유할 수 있는 일에 매진해야 하고, 최악으로 열악한 위치에 있는 사람들에게 혜택을 줄 수 있는 일에 봉사할 때만이 그러하다. 이 경우 공공의 자산을 재배분한다는 생각은, 개개인의 노동의 과실이 애당초 진정으로 개개인의 것들이 아니었기 때문에 개인의 신성함을 침해하는 것이 아니다. 로크의 자기 소유 이론이 자아를 위해 도덕적 정당성을 제시하는 것과는 달리, 롤스의 차등의 원칙은 우리가 우리 자신에게만 속해 있는 것이 결코 아니며 개개인은 언제나 공공 자산을 사회 전체의 편익을 위해 재배분할 수 있는 우리라는 사회적 집합의 부분임을 주장하고 있다고 할 수 있다.

로크와 롤스는 자유주의 국가에 대한 과격하게 다른 두 개의 비전을 제시한다. 하나는 넓은 의미에서 '불개입주의적/제한 없는 (libertarian)' 자유주의이며, 다른 하나는 넓은 의미에서 '평등주의적 (egalitarian)' 자유주의로, 하나는 자유를 강조하고, 다른 하나는 평등을 강조하는 비전이다. 로크의 자기 소유 이론은 각 개인과 개인의 재산에 있어 '소극적 자유'라고 말해지는바, 자연권을 보호하는 소극적 관점에서 정치 공동체를 고려한다고 할 때, 롤스의 공공 자산 이론은 공익을 위해 개인 노력의 산물을 재분배함에 있어 정치 공동체가 적극적인 역할을 수행할 것을 요구한다는 의미에서 '적극적 자유'를 구현한다고 볼 수 있고, 그러한 적극적 자유의 관점에서 공동체를 바라본다. 두 철학자의 이론은 법의 개념, 헌법적 정부의 성격에 있어서도 완전히 상이하다. 로크에게 법은 갈등을 평결하는 데 필요한 공지된 규칙이다. 반면 롤스에게는 희소 자원을 배분하는 데 있어 '공정성'에 대한 고려이다. 롤스에게 있어 법은 단순히 절차가 아니라, 실체적 산출이 어떠해야 하는가를 규정하는 역할에 일차적으로 복무한다. 롤스의 정의론은 역사적 관점에서 문제를 넓혀 볼 때에도 그 의미가 크다. 이른바 '하츠 테제'로 알려진 루이스 하츠 같은 미국의 사학자는, 한 국가로서 미국을 로크 철학의 기초에서 건설된 것으로 이해하면서 이 전통이 급진적으로 근대성이 실현되었던 세계에서 미국을 예외적으로 만들었던 로크적 유산을 남긴 것으로 본다. 그 해석을 따르면, 유럽이 19~20세기를 통하여 극단적인 이데올로기적 양극화와 갈등을 경험할 때, 로크적 이념은 이질성으로 인하여 적어도 미국에서는 그러한 유럽적 근대화가 발생하지 않도록 방패막이 역할을 했다는 것이다. 그러나 강고하게 자기 이익을 추구하고 안락한 자기 보존의 욕구에 기초한 미연방 공화국은 오늘날 선진 자본주의 국가 가운데서도 가공할 만한 빈부 격차와 불평등 구조를 창출하면서 그 체제 내에서 불만족을 누적해 왔다. 그러한 체제가 인간 정신의 가장 깊은 여망을 충족시킬 수 있을까? 롤스의 정의론에 입각한 도덕론은 이러한 미국 사회에 대한 대안적 도덕적 비전을 제시하고 있다고 할

민주주의의 도덕적 기초에 관하여

수 있다.

'만약 롤스의 정의론에 입각한 도덕적 비전을 현실 정치에 위치시킨다면 무엇일까?'라는 의문은 당연히 제기될 수 있다. 필자는 최근 영국의 정치경제학자 콜린 크라우치가 말하는 "자유주의의 최고 형태로서 사회 민주주의"가 그에 대한 해답이라고 믿는다. 사민주의는 자본주의와 시장을 사용하는 자본주의 생산 체제를 운영하는 제도와 방식에 대한 하나의 접근을 의미한다.[14] 이미 롤스도 자신의 정의론을 구성하고 이를 현실화하는 데 있어 "정치적 자유주의"를 제시한 바 있지만, 그의 이론은 어디까지나 자유주의의 철학적, 정치적 틀을 통하여 자본주의 생산 체제가 창출하는 불평등의 구조를 개혁하고 복지를 실현코자 한 것이다. 그의 이론이 현실로 나타난다면 그것은 크라우치가 말하는, 유럽에서 현실적으로 실현된 바 있고 현재 실천되고 있는 사회 민주주의와 동일하거나 그와 유사한 어떤 사회 경제적 체제일 것으로 믿어진다. 규제, 조세, 공적 서비스의 제공, 상대적으로 약한 권력의 사회적 약자들을 위한 이익 대표, 노조를 통한 피용자들의 강력한 대표 체제와 같은 정치적, 경제적 수단들은 자본주의 시장 자체가 성취할 수 있는 것보다 넓은 다양성을 갖는 인간 목적에 기여할 수 있을 것이다. 이런 의미에서 사민주의는 시장 경제를 대체하는 것이 아니라, 신자유주의의 협애한 독트린이 과격하게 진행되는 동안 망가지거나 약화된 시장 경제의 장점, 또는 시장에 내장된 내부로부터의 어떤 장점들을 강화하는 방법을 통해 구현될 수 있을 것이다. 유럽 사민주의의 성취 경험이 말해 주듯이 사민주의가 최고로 발현되었을 때 정치적, 경제적 다원주의가 활력 있게 작동했고, 또 사회 통합과 포섭은 그 어느 때보다도 확장된 것이었다. 그러한 상황은 국가 통제와 같은 방식을 통한 것이 아니라, 본질적으로 자유주의의 성취라고 할 수 있을 것이다. 역사적 경험을 통해 볼 때에도, 사민주의가 사회주의와 민주주의가 결합하는 것을 통해 성공한 사례는 없다. 그러므로 사민주의는 사회주의의 발전적 형태라기보다는 롤스가 보여 주듯이 자유주의와 민주주의가 결합하면서 이상적으로 발전된 형태라고 말할 수 있다. 이 점에서 우리에게 롤스의 정의론은, 자유주의와 민주주의가 잘 결합하여 '아르키메데스적 균형점'을 이룰 수 있다는 이론적 가능성을 보여 주는 것이다. 만약 그러하다면 사회 민주주의의 미래에 대한 비전은 그렇게 어두운 것만은 아니다.

3 롤스에 대한 비판과 반비판

롤스의 『정의론』이 출간된 이래 윤리학, 철학, 정치학, 경제학, 법학 등 분야에서 이론 구성과 관련된 거의 모든 중요 문제에 대해 엄청난 비판과 논평이 쏟아졌다. 수많은 비판들 가운데 가장 격렬한 것은 기존의 자본주의 질서에 대한 더 많은 개혁을 지향하는 정치적 현실주의로부터 왔다. 아마 그 대표적인 비판은 케임브리지 대학의 정치철학자 레이먼드 기어스에 의한 것이 아닌가 한다.[15] 그의 비판에 의하면, 비현실적으로 이상화된 환경을 상정하고, 원초적 지위, 무지의 베일과 같은 추상적인 말을 통해 협의 당사자들이 구성코자 하는 사회에 대해 또 참여자들 각자에 대해 어떠한 정보도 갖지 않은 상태에서, 사회를 혁신적으로 재구성하기 위한 협약을 시도한다는 것 자체가 설득력을 갖지 못한다. 협약을 위한 토론의 참여자들은 마치 플

민주주의의 도덕적 기초에 관하여

라톤의 행정가들처럼 전체 사회를 마음대로 구성, 재구성하는 것이 가능하다고 상상하면서 어떻게 하는 것이 최선인지를 결정해야 한다고 생각하는 것이나 다를 바 없다고 기어스는 비판한다. 본래부터 철학자들은 이론의 순수함, 자율성, 추상성 등을 강조하는 편견을 가져왔는데, 롤스의 이론이 바로 그런 것으로 이런 추상적 유형의 이론이 우리가 살고 있는 세계를 이해하는 데 얼마나 기여하는지에 대해 의문이라고 말한다. 그리고 "차등의 원칙"은 최저 편익의 지위에 있는 사람들의 생활 조건을 향상시키려 한다고 하지만, 이 원칙으로 실제로 존재하는 불평등을 어디까지 허용하고 또 하지 않을지 판단하는 것은 지난하다는 것이다. 또한 이 원칙을 수용하는 것이 롤스가 기대하는 것보다 기존의 불평등에 대해 더 큰 양보를 허용할지 그러지 않을지에 대해 판단하기도 어렵다고 말한다. 또한 차등의 원칙을 말하는 기본 아이디어가 빈자의 절대적 생활 조건을 향상하는 것을 통해 큰 불평등을 정당화하려는 데 있는 것인지 불분명한데, 그렇다면 그것은 도덕적으로도 매우 혐오스럽다고 주장한다. 정치철학은 순전히 이론적 구성이 아니라 정치의 세계에 개입하려는 시도여야 하지만, 롤스의 이론은 진정으로 추상적이고 형식적인 이론이라는 것이다. 따라서 이 이론이 넓은 독자층을 형성하고 그들에게 영향을 미치게 될 때 그 이론에 깊숙이 내장된 (자본주의에 대응하는 보수적인 철학으로서) 자유주의 철학의 한계라는 사고의 구조적 특징이 갑자기 굉장한 정치적 충격 효과를 가질 수 있다고 우려한다. 요컨대 현실에서 괴리된 은밀하게 보수적인 하나의 추상적인 철학 이론인 '정의론'은 비판자가 '철학적 윤리'라고 말하는 바의 윤리학으로 정치를 대체하는 부정적 효과를 가져왔다고 비판하고 있는 것이다. 그리하여 이 비판자는 롤스에 대해 그는 가장 주의 깊은 탐구의 대상이 돼야 할 현대의 중요한 도덕 이론가이자 정치 이론가가 아니라고 최종적으로 결론짓는다.

필자의 관점에서 볼 때 기어스의 비판이 롤스의 이론 구성 방식과 논지가 안고 있는 매우 애매하고 추상적인 약점들을 날카롭게 지적하고 비판한 점에 대해 수긍할 수 있는 면은 적지 않지만, 전체 비판과 방향에는 동의하기 어렵다. 특히 세 가지 점에서 그러하다.

첫째, 정치에 있어 윤리학, 도덕철학의 역할이다. 무엇보다 윤리학의 중심 과제는 선이 무엇인가를 정의하고, 옳고 그른 것을 판단하고, 이성적 사고와 행위에 있어 무엇이 덕인가를 정의하는 역할을 하는 것이다. 또한 그것을 통해 무엇을 해야 하는가를 질문하고 그에 대한 해답을 추구하는 양심과 가치 판단에 정연함을 부여하는 이론적 역할을 한다. 그러나 가치 판단과 그에 따른 행위자의 선택 사이에는 다양한 가치, 다양한 선택들이 제시되고, 행위자가 이러한 대안들 사이에서 선택할 수 있기 때문에 도덕적 판단과 양심이 개인 행위에 미치는 영향은 다층적이고 분산적이고, 구체적일 수 없다는 문제점을 안는다. 어떤 아이디어들이 헌법과 같은 정치 제도를 만드는 요인이 됐다고는 하지만, 그러한 제도는 여러 사람들이 참여한 심의 행위의 결과이기 때문에 여러 아이디어들이 구현된 것이라고 할 수 있다. 어쨌든 제도는 아이디어의 결과물이다. 그러나 헤겔이 그렇게 말하고 있음에도 불구하고 역사가 어떤 단일한 아이디어에 의해 추동됐다고 말하기에는 아이디어들은 매우 혼합된 것이고, 혼동스러운 것이 사실이다. 요컨대 중요한 역사적 전환점을 만든 역사적 주역들의 행위가 이미 만들어져 있고, 논리적으로 질서 정연한 이론적 구조를 갖는 아이디어를 따른 청사진을 적용한 결과라고 생각하는 것은 극히 위험한 역사 이해의 방식이다.[16] 그러므로 칸트 같은 철학자도 실천 영역에서가 아니라 단지 "마음의 혁명"을 가져왔다고 말할 수 있을지 모른다.[17] 현대의 대표적인 도덕철학자의 한 사람인 버나드 윌리엄스가 어디에선가 말했듯이 도덕철학의 역사에 있어 중요한 철학자는 극히 소수에 불과하다. 이 말은 철학 이론과 정치적 행위 사이의 직접적인 연계를 발견한다는 것이 극히 어렵다는 것을 의미한다고 할 수 있다. 필자의 생각으로는 앞 장에서도 언급했지만, 롤스는 현존하는 자본주의 질서를 유지하고 운영하는 두 철학적 헤게모니, 즉 로크의 재산권에 대한 사적 소유의 이론과 업적주의, 그리고 현대 경제학의 이론적, 도덕적 기초라 할 공리주의에 대한 대안적 도덕철학을 이론화했다는 점에서 그의 철학은 전환적 의미를 가지며, 그 점 때문에 존 스튜어트 밀 이래 가장 중요한 도덕철학자라고 평가하는 것이 가능하다.

둘째, 이론에 있어 가치와 이상의 역할이다. 롤스의 철학은 어떠한 현실적 제약으로부터도 벗어나 현실 이해와 경험으로부터 괴리돼 있고, 학문적인 기술적 언어와 방법론을 사용한 고도로 추상적인 이론이며, 그러므로 지적으로 고도로 훈련된 엘리트들이나 접근할 수 있는 철학을 위한 철학 전문가들의 언어로 쓰여 있어, 현실 개입적인 진정한 철학 본연의 역할을 할 수 없다고 기어스는 비판한다. 이 비판의 가장 잘못된 점은 도덕철학이 경험 과학이고, 그렇게 되어야 하는 듯이 말하는 것이다. 근대에 들어와 마음의 혁명이라고 말할 만한 도덕철학은 극소수의 철학자, 이론가들에 의해 개척되고 탐구되었다. 그로티우스·홉스·로크로 이어지는 자연법 이론과 계약 사상, 칸트의 인간 내면에 내재된 도덕적 명령을 따르는 의무와 개인의 도덕적 자율성을 상정하는 도덕철학은 모두 한두 사람의 철학자들에 의해 이론화되었다. 당연히 그들의 언어는 대중들이 접근할 수 있는 것이 아니다. 그러나 이들 극소수의 개척적인 철학자들의 이론은 여러 다른 철학자들에 의해 더 연구되고 확산되고, 그에 힘입어 대중적으로 해석되고 이해되면서 넓은 지적, 정치적 운동의 철학적 기초를 마련하게 된 것이다. 찰스 테일러의 표현을 빌린다면 그러한 전환적 이론들은 "사회적 상상(social imaginaries)"을 창출하고 확장하는 데 원천이 되는 것이다. 사회적 상상은 "보통 사람들이 현실에 개입하지 않으면서, 지적 이론 체계보다 사회적 현실/실재에 대해 견지할지도 모르는 더 넓고 깊은 어떤 것을 의미"한다.[18] 롤스의 정의의 이론은 기술적인 언어와 방법론, 이론을 통해 만들어진 개인의 지적 작업의 산물이지만, 그것이 널리 수용되는 데 문제 될 것은 없다. 중요한 것은, 총량적 성장에 입각한 성장주의, 개인적 소유에 대한 절대적 권리, 업적주의와 같은 현대 자본주의를 움직이는 중심 원리와 사회의 제도화의 원리에 대해 롤스는 분배의 정의에 입각한 정의론을 통해 대안적 가치의 체계를 제시함으로써 이를 토대로 현실적으로 실현 가능한 가치와 이상을 상상할 수 있도록 하는 데 기여했다는 점이다.

셋째, 롤스의 정의론은 '아르키메데스적 균형점'을 철학적으로 제시하는 대표적인 이론이다. 그의 정의론은 평등주의적 분배의 가치를 제시함으로써 사적 소유를 인정하는 자본주의 체제와 시장 질서가 유지되는 가운데 사회를 구성하는 그룹들 사이에서 분배의 균형이 가능할 수 있는 이론적 공간을 발견한다. 그러나 그가 제시하는 평등주의적 가치는 사회주의적 가치와 접맥되는 경계에 다가갈 정도로 자유주의적 자본주의의 사적 소유의 원리를 한정하는 내용을 담는다. 그리고 이러한 사회 구성의 원리를 만드는 협약에 도달하는 방법은 자유주의적 민주주의의 틀 안에서 이루어진다. 롤스의 정의론은 여러 수준에서 균형점을 시현한다. 분배 위계 구조에서 상위 그룹과 하위 그룹 사이에, 기존의 사적 소유와 시장 질서에 기초한 경제 체제가 허용할 수 있는 것과 민주주의적 합의의 한계 사이에 존재하는 균형점을 드러내 보이는 것이다.

3 민주주의의 이상으로서 절차적 가치와 규범

지난 1980년대 한국에서 민주화 운동 시 젊은 세대들이 성취하고자 했던 민주주의가 오늘날 현실에서 실천되고 있는 실제의 민주주의와 같은 것이었다고 한다면 그들이 과연 그렇게 열정적으로 민주화를 위한 투쟁에 뛰어들었을까? 그러지 않았을 것 같다. 그들은 나름대로 이해했던 민주주의의 이상, 가치를 추구하는 대의를 위해 투쟁의 대열에 참여했을 것이다. 여기에서는 민주주의를 과도하게 이상주의적으로 상상하는 것이 실제 민주주의 발전에 악영향을 미칠 수 있다는 문제에 대해서는 논하지 말자. 그것은 다른 맥락, 수준에서의 문제이기 때문이다. 민주주의를 복잡하게 만드는 것, 그럼으로써 그 이해를 복합적이고 어렵게 만드는 것은 민주주의가 이상과 실제 둘 다를 포괄하는 정치 체제라는 것이다. 민주주의의 가장 핵심적인 가치는 무엇인가? 말할 것도 없이 그것은 정치적 평등이다. 이러한 정치적 평등을 향한 열정과 추동력이 없었더라면 민주주의가 여기까지 오지 않았을 것임에 분명하다. 역사상 최초로 시민에게 정치적 평등이 부여되었던 (물론 현재와 같이 한 사회 내에서 보편적인 시민권을 갖는 시민이 아니라, 소수에 한정된 특권이기는 했지만) 고대 그리스 민주주의를 생각해 볼 수 있다. 당시 민주주의를 살았던 고대 그리스의 대표적인 두 철학자 플라톤과 아리스토텔레스는 시민적 평등을 체계적으로 강조하고 또 실현했던 민주주의의 정치적 평등의 원리를 인간이 지닌 진정한 질적 내용의 힘과 권위를 부정하는 것으로 이해했다. 민주주의는 인간의 진정한 탁월함을 부정하는 부정직하고 모순적인 것이거나, 또는 인간성을 박탈하고 부정하기 때문에 재난적 결과를 가져올 것이라고 봤다. 특히 플라톤은 민주주의의 정치 과정이 노예, 여성 등을 포함하여 아무한테나 자유를 확대하기 때문에 내재적으로 타락할 수밖에 없는 체제이고, 민주주의로 혜택을 보는 집단을 위해서도 내재적으로 파괴적인 것이라고 이해했다. 고대 그리스에서 대표적인 철학자들이 민주주의에 대해 가졌던 이러한 부정적 이해 방식을 생각한다면, 지난 2000여 년 동안 현대 민주주의에 이르기까지 보편적인 시민권과 정치적 평등이 도덕적으로 정치적으로 일반적으로 수용되는 것을 통해 얼마나 진화했나 하는가를 알 수 있다.

현대의 대표적인 민주주의 이론가라는 데 이견을 갖기 어려운 로

민주주의의 도덕적 기초에 관하여

버트 달은 『민주주의』에서 이상적 민주주의와 실제의 민주주의를 구분한다. 그는 '왜 민주주의를 해야 하는가?', '국가를 통치함에 있어 왜 민주주의를 지지해야 하는가?', '국가를 통치하는 데 있어 비민주주의가 민주주의보다 더 좋을 수 있는가?'라는 질문을 던지면서 이상적 민주주의에 대해 말한다. 달은 민주주의를 지지하지 않으면 안되고, 민주주의를 실현하지 않으면 도덕적 정당성, 가치를 갖지 못하기 때문이라고 대답한다. 왜냐하면 민주주의는 다른 체제가 하지 못하는 다음의 바람직한 결과를 가져오기 때문이다. 즉 전제정을 피하고, 인간에게 본질적인 권리와 일반적인 자유를 실현하고, 자기 자신의 결정과 도덕적 자율성, 인간 발전을 가능케 하고, 본질적인 인간의 이익을 보장하고, 정치적 평등을 구현한다. 나아가 현대의 민주주의는 평화를 추구하고, 번영을 가져온다는 것이다.[19] 그렇다면 왜 정치적 평등인가? 그것은 인간에 내재된 인간성의 질적 요소이기 때문이다.[20] 그렇다면 평등은 자명한 것인가? 홉스 · 로크 · 루소로 대표되는 자연권 사상을 통해 인간은 천부 인권과 불가 양도의 평등한 자연권을 갖기 때문에, 인간은 자유를 향유할 평등한 권리를 가지며, 인간 외부의 신이나 어떤 다른 권위의 비호 없이도 스스로 이성적 사고를 할 수 있고 또 도덕적으로 자율적인 존재라는 사상의 혁명적 변화를 경험했다. 로크, 루소의 텍스트들의 내용은 미국 독립 선언, 프랑스 인권 선언과 같은 역사적인 문건을 통해 대중화되었다. 미국 독립 선언은 "모든 인간은 평등하게 태어났고 생명, 자유, 행복의 추구와 같은 불가 양도의 권리는 창조주에 의해 인간에게 부여되었다."라고 선언한다. 그러나 인간의 평등이란 자명한 것과는 거리가 멀다. 민주주의라고 말할 때 우리는 곧 정치적 평등, 인민 주권, 그에 기초한 "인민 스스로의 통치(self-rule)"를 상상한다. 그러나 실제의 민주주의는 이상적인 민주주의를 실천하기 위한 일련의 제도적 장치를 갖지 않고서는 불가능한 것인데, 그렇기 때문에 실제의 민주주의는 이러한 제도적 장치를 가지고 이상적 민주주의를 현실에서 실천하는 것을 말하는 것이다.

다시 달로 돌아가 본다면, 대규모 민주주의는 고대 그리스에서의 직접 민주주의와는 달리 대의제 민주주의를 의미하는 것이고, 민주주의 이론에서 보통 '절차적 최소 요건'이라고 말하는 몇 가지 기본적인 제도적 장치를 필요로 한다. 공직자의 선출, 자유롭고 공정하고 잦은 선거, 표현의 자유, 대안적인 정보원(情報源), 결사의 자유와 자율성, 포섭적(inclusive) 시민권(한 사회의 모든 국민 개개인이 성, 인종, 종교, 언어, 지역, 이데올로기, 계급 등의 이유로 인하여 시민권을 획득하는 것으로부터 배제되지 않는 것)이 그 핵심적인 제도적 요건들이다.[21] 대부분의 정치학자들은 이 절차적 요건들을 우리가 한 정치 체제를 민주주의라고 말할 수 있는 요건이라고 생각한다. 만약 이 요건들이 제대로 보장되고 실천되지 않는다면 민주주의는 심각한 결함을 갖거나, 나아가 사람들은 그 체제를 더 이상 민주주의라고 인정하지 않게 될 것이다. 민주주의이기 때문에 그러한 요건들이 당연히 실천되고 있다고 생각할지 모르지만, 그것은 당연한 것과는 거리가 멀다. 공직자는 기본적으로 선출되는 것이 민주주의이지만, 실제로 선출되지 않은 공직자의 권력과 결정은 일반 시민들의 생활과 삶의 조건에 직접적인 영향을 행사한다. 이들에게 어떻게 책임을 물어 민주적 통제

민주주의의 도덕적 기초에 관하여

하에 둘 수 있느냐 하는 것은 민주주의의 핵심적인 문제이다. 선거가 공정하게 시행되는 것이야말로 민주주의의 기본이지만, 우리 사회에서도 지난 대선에서의 국정원 선거 개입에서 보듯 이러한 공정성이 훼손되면서 큰 논란이 있었다. 시민은 대안적인 정보원을 가져야 한다고 하지만, 만약 주요 언론 매체가 어떤 정치권력에 의해 억압되거나, 어떤 경제적 또는 사회적 권력에 의해 독점되고 좌지우지되고, 정보가 일방적으로 제공된다면, 보통 사람들이 문제를 이성적이고 객관적으로 보고 판단할 수 있는 신빙성 있는 정보원을 갖지 못할 것이다. 따라서 우리는 민주주의의 절차적 요건들 각기의 이상적 기준에서 현실적으로 실천되는 정도를 가늠하는 저울을 생각할 수 있고, 그것을 통해 우리는 민주주의의 정도를 평가할 수 있는 것이다. 즉 이상적 기준에서는 민주주의냐 아니냐 하는 구분이 의미 있을지 모르지만, 실제로는 얼마나 민주주의냐 하는 질문이 더 타당할 것이다. 여기에서 우리의 주제와 관련하여 중요한 것은, 민주주의의 절차적 기준들이 이상적으로 인식돼 수용된다는 것은, 그러한 기준들이 단순히 민주주의에 부합하는 정치적 기능을 가지고 그것을 실천하는 절차나 규칙이 아니라, 그 원리를 준수하는 것이 정의로우냐 아니냐, 옳으냐 그르냐를 판단하는 도덕적 규범과 가치로 인식되고, 사람들의 이성적 판단과 정치 행위의 중요한 동인이 된다는 것이다.

각개의 민주주의 국가들은 나라마다 이러한 절차적 기준에서 강점과 약점을 가질 것이다. 미국과 한국을 비교한다면, 미국은 예컨대 결사의 자유에서 강점을 갖는 반면 포섭적 시민권에서 약점을 가지고, 한국은 그 반대일 것이다. 흑인을 시민권으로부터 배제한 것은 미국의 독립 선언, 헌법 어디에서도 찾아볼 수 없다. 미국 국가 건설의 지도자들은 암묵적인 합의를 통해 노예제를 유지했고, 그 문제는 급기야 노예제를 둘러싼 남북 전쟁으로 분출되면서 나라가 쪼개질 뻔한 위기를 맞기도 했다. 1863년 링컨 대통령에 의해 노예 해방이 이루어지고 이후 헌법 개정으로 노예제가 폐지되었지만, 미국 남부 흑인들이 투표권을 획득한 것은 그로부터 꼭 100년 후 1964년 인권 법안이 통과된 이후였다. 헌법이 명시하지 않고 있는 가운데, '짐 크로법'과 최고법원 판결들이 남부에서 흑인들의 투표권 행사를 막았기 때문이다. 따라서 미국 사회가 온전한 민주주의 국가가 됐다고 말할 수 있는 것은 겨우 1960년대에 이르러서였다고 해도 과언이 아니다. 오늘날 흑인 대통령의 출현은 간단히 말해 이러한 제도 개혁의 직접적인 산물이다. 포섭적 시민권이라는 요건이 민주주의를 위해 얼마나 중요한가 하는 것은 미국 사례를 통해 분명히 볼 수 있다.

그렇다면 한국 민주주의를 제약하는 제일 중요한 조건은 무엇인가? 필자의 관점에서는 사회 경제적 약자들을 위한 결사의 자유가 크게 제약되고 있다는 점이다. OECD 국가들 가운데서 최저 수준을 기록하고 있는 한국의 10퍼센트 미만으로 떨어진 노조 조직률은 이러한 현상을 집약하는 지표로서 이해될 수 있다. 이 문제와 관련하여 최근 정치적, 사회적 이슈로 제기되고 있는 사건을 볼 수 있다. 그것은 금년 초 수서-대전 간 KTX 노선 민영화 문제이다. 한국 사회에서 정부 정책에 의해 발생하는 거의 대부분의 갈등의 패턴 또한 이와 유사하다. 한편에는 새로운 정책을 추진하려는 정부가 있고, 다른 한편에는 이 정책 변화로 나타날 특수 이익을 대표하는 자율적 결사체로

민주주의의 도덕적 기초에 관하여

서 노조 또는 이익 집단이 있다. 이 양자 간의 힘의 관계가 완전히 일방적으로 비대칭적이기 때문에 정부 정책에 반대하는 결사체들과 이해 당사자들은, 그들 외부에 존재하는 시민운동 단체들의 지원을 불러들이면서 그 정책에 대응하는 양상을 띤다. 이렇게 제기되는 크고 작은 사안들을 둘러싼 정치적 결과는 자율적 결사체가 제도화되었을 때와 그렇지 않을 때, 커다란 차이를 갖는다. 만약 어떤 특정의 기능적 범주에서만이 아니라, 사회에서 발생하는 모든 특수 이익들이 조직된다고 할 때, 정부와 이해 당사자들 간의 갈등은 그 정책 범주 안에서 타협을 통해 일정하게 합의에 도달할 수 있고, 정책 결정에 이를 수 있을 것이다. 즉 갈등은 특정한 정책 범주의 범위 안에서 국지화되고 제도화될 수 있는 것이다. 그러나 특수 이익들의 조직이 허용되지 않거나 또 특정의 기능적 범주에서는 조직되고 다른 범주에서는 조직되는 것이 억압되거나 허용되지 않는다고 할 때, 갈등은 제도화될 수 없다. 이러한 환경하에서 갈등이 전사회적으로 분출하고 확산되는 것은 당연하다. 그러한 환경에서 사회의 모든 부분 이익들로부터 발생하는 이익 갈등은 모두 정치의 중대 이슈로 해석되면서 갈등이 전사회적으로 확산되기 때문이다. 정부와 이해 당사자들 간 공방전은 요란하지만, 이 정책 과정에는 합리적 이성적 심의(deliberation), 대안을 통한 정책 조정과 합의가 부재하기 때문에 사회를 뒤흔드는 분쟁 없이 정책이 결정되기 어렵다. 그리고 이러한 과정이 동반하는 현상은 권력에 대한 저항이 불러오는 극한적 투쟁, 정치의 이데올로기화와 갈등의 전국화, 갈등과 불신이 전사회적으로 확산되고 편재하게 되는 것이다. 물론 우리는 조직화되는 것이 가져오는 폐해, 즉 자신들의 특수 이익만을 추구하는 부정적 현상에 대해 고려할 수 있다. 그러나 그것은 특수 이익들이 조직화되지 않았을 때의 비용보다 적다고 생각한다.[22]

한국 사회에서 특수 이익과 부분 이익을 대표하는 자율적 결사체, 이익 집단은 정당성을 갖지 못한다. 그것은 다만 국가에 의해 대표되는 일반 이익, 국가 이익 또는 다수의 이익에 반하여 '집단 이기주의'를 대표하는 임의 단체일 뿐이다. 그러므로 그들은 정책 결정 과정에서 협의나 설득의 대상일 수도 없다. 그들은 다만 결정된 정책을 수행하지 않으면 안 되는 정책 집행의 대상 집단일 뿐이다. 루소는 『사회 계약론』에서 민주적 공동체를 표현하는 핵심 개념으로 "일반 의지(volonté générale)"라는 말을 제시한다. 이 말은 두 요소로 구성되는데, 하나는 사회를 구성하는 각 개인, 사회 집단의 특수 이익/의사를 단순히 합친 것이 아니라, 그것을 초월하는 공동체 전체의 이익/의사를 뜻하는 것이다. 다른 하나는 일반 의지가 특수 이익들을 배제하거나 소외시키는 것이 아니라 그것들이 조화되고 동시에 실현될 수 있다는 것이다. 루소는 사회 전체의 부분 이익들을 총량적으로 합친 것을 "전체 이익/의사(volonté de tous)"라고 부르면서 두 말을 구분한다. 일반 의지는 유교에서나 우리말에서 대의(大義)라는 말에 가까울 것 같다. 한국 사회에서 특수 이익들은 이러한 전체 이익의 총량을 구성하는 부분 이익에 불과할 것이다. 정책은 사회 경제적 강자에게 언제나 유리하고 큰 편익을, 약자에게는 언제나 최소의 편익을 배분하는 특징으로 나타나게 된다. 만약 정치 경쟁과 정책 결정 과정에서 특수/부분 이익들이 정당성을 갖지 못하고 억압되는 구조이고,

민주주의의 도덕적 기초에 관하여

따라서 허약하게 조직될 수밖에 없다고 할 때, 이런 상황에서 모두 전체 이익을 대표하는 것으로 자임하는 상황이 나타나게 되는 것은 당연하다. 모든 공적 결정은 다수결에 의해 이루어지고, 그것은 모두 국민 투표제적 방식(plebiscitarian)으로 나타나게 될 것이다. 이런 방식으로 정부와 대통령이 선출되고, 이들이 국가 이익이 무엇인가를 정의하고 이를 대표한다. 이것은 동시에 거대 자본과 사회 최상층의 이익들이 결합하는 구조이기도 하다.

이런 상황에서 특수 이익들이 정부 정책에 대해 저항하는 항의 집단으로 나타나게 되는 것은 당연하다. 모든 특수 이익들이 정치와 정책 결정의 플레이어가 되는 것이 아니라, 결정된 정책이 각자의 이익에 대해 영향을 미칠 때마다 개별적으로 그에 항의하는 역할을 하게 되기 때문이다. 시차적으로 표출되는 그들의 이익 대표 행위는 언제나 산발적이고 소수일 수밖에 없다. 따라서 공익을 저해하는 것이 될 수밖에 없다. 모든 권력과 결정권은 권력의 최정점으로 상향 이동하고, 대통령이 강력한 국가 기구를 관장하고 있지만, 그렇기 때문에 갈등은 전사회적으로 팽만하게 되는, 두 개의 극단적으로 상이한 상황이 공존하는 환경이 형성되는 것이다. 이것은 국가가 결정권을 독점하는 동안, 시민 사회가 존재하지 않거나 허약한 구조가 만들어 내는 특징적 현상이다. 시민 사회에서 사회적 약자나 소외 계층이 민주주의의 제도가 허용하는 자율적 결사체를 통해 그들의 이익과 열정, 가치와 의사를 대표하고 조직할 수 있는 기회와 능력을 갖지 못할 때, 그들은 자신들의 권익을 보호하고 실현할 어떠한 정치적 수단도 갖기 어렵다. 그들이 취할 수 있는 행위는 항의, 집회, 시위, 운동 등과 같은 제도 밖에서의 집단행동일 것이다. 국가 권력이 중앙 집중화되고 시민 사회 발전이 금압된 상황이 어떻게 혁명적인 전제 국가와 만나게 되는가 하는 것은 프랑스 혁명 시기 1791년 국민 의회에서 제정된 중요한 입법의 하나인 르 샤플리에 법(Loi le Chapelier)의 사례를 통해 볼 수 있다. 그것은 노동자들과 사용자들이 그들의 이익을 보호하기 위해 결사체를 조직하는 것, 즉 특수 이익을 대표하는 이익 결사체를 조직하는 것을 제도적으로 금지하고자 한 것이다. 그러나 그 법의 결과가 일반 이익의 실현에 기여했던 것은 물론 아니다.

달이 민주주의의 제도들을 기준으로 민주주의의 이상과 실제를 구분한 것은, 민주주의의 절차적 규칙들이 어떻게 실질적, 실체적 결과를 가져오는가 하는 문제와 관련하여 큰 함의를 갖는다. 이는 한국 사회에서 형식적, 절차적 또는 정치적 민주주의와 실질적, 실체적, 또는 사회 경제적 민주주의라는 말을 구분해서 사용하는 것과 관련되기도 한다. 한국 사회가 경제 발전으로 풍요로워지는 동안, 사회적 계층화, 양극화, 빈부 격차의 심화와 같은 부정적 현상들이 증폭되면서 사회적 약자들의 삶의 조건이 개선되지 못했다고 할 때, 그것은 실질적 민주주의가 시행되지 않은 결과는 아니다. 정치 영역 자체에서 민주주의를 효과적으로 만들지 못한 결과인 것이다. 사람들은 자주 절차적 민주주의가 이미 실현된 듯 말하면서 뭔가 실질적 민주주의가 안 되어서 문제라고 생각하는 경우가 많다. 그러나 실제로는 민주주의의 절차적, 제도적 요건들이 좀 더 이상적 기준으로 가까이 갈 때 민주주의의 제도적 효과는 사회 경제적 영역에서 실질적인 것으로 나타나게 될 것이다. 그러므로 문제는 절차적 민주주의에서 실질적 민주주의로 나아가는 것이 아니라, 현실적으로 존재하는 실제의 민주주의에서 이상적 민주주의로 나아가는 것이라고 할 수 있다. 이 글의 주제와 관련하여 민주주의의 제도적 요건들에 대한 이상을 말하는 것이 중요한 까닭은, 그 이상적 기준이 도덕적 기능, 도덕적 가치를 갖기 때문이다. 달이 민주주의의 이상과 실제를 구분한 것은 서술적, 분석적 작업을 위해 필요한 것이기보다, 민주주의의 가치에 도덕적 가치를 결부시키는 것이기에 중요하다. 그러므로 이 가치를 구현하는 민주주의의 이상적인 규범으로서 규칙들은 현실 민주주의가 그에 부응하지 못하고, 이상과 현실의 괴리가 커지는 만큼 정당하지 못한 것, 정의롭지 못한 것으로 인식될 것이다. 그러한 인식과 결부된 도덕적 감성은 그에 공감하는 범위와 정도를 넓히고 강화될 것이다. 그리하여 그러한 도덕적 감성은 정치적 행위를 추동하는 동기 또는 동력으로 작용하게 된다.[23] 그리고 이 도덕적 감성은 다른 외부적 조건들 곧 교육의 정도, 산 경험, 사회 경제적 조건, 도덕적 가치와 감성, 열정을 행위의 동력으로 삼을 수 있는 정치적 능력 등에 의해 표출되거나 억제될 수 있을 것이다. 예컨대 T. H. 마셜은 2차 대전 후 시민권에 대한 유명한 강연에서, 시민권은 18세기 이래 20세기에 이르기까지 시민권에서 정치권/정치 참여의 권리 그리고 사회 경제적 권리로 확대되어 왔다고 말했다.[24] 이는 역사적 사실에 대한 사회학적 발전 단계론이기도 하지만, 그러한 인간 권리의 확대에 당위적, 즉 도덕적 규범으로서의 의미를 부여한 것이라고 할 수 있다. 인간 권리는 처음부터 사회 경제적 권리를 주장하고 실천할 수 있는 것이 아니라, 낮은 수준에서부터 단계적으로 발전하게 된 것이라고 할 수 있겠

214

는데, 도덕적 의식으로서의 규범은 외부적, 환경적 조건에 의해 도덕적 의식이 확대되어 온 것이라고 할 수 있다.

4 정치인의 윤리 — 베버를 중심으로

정치인의 윤리를 말할 때 출발점은, 인간의 정치 행위, 그것이 행해지는 정치 영역은 다른 인간 행위의 영역과 특징적으로 다른 것이고, 따라서 둘은 구분되는 것으로 정치 행위의 좋고 나쁨, 바람직한 것과 그렇지 않은 것을 판단할 수 있는 정치 도덕 내지 정치 행위의 윤리는 다른 일반적인 도덕과는 상이한 것으로 자율적이라는 것이다. 독일이 낳은 대사회학자 막스 베버는 그의 유명한 대중 강연 「소명/직업으로서의 정치」에서 한 사람의 정치인이 갖추어야 할 세 가지 요소로서 열정(Leidenschaft/passion), 책임감(Verantwortungsgefühl/sense of responsibility), 균형적 판단(Augenmaß/judgement)을 제시한다.[25] 열정은 내적 소명 의식을 갖는 정치인이 정치 행위를 하는 데 요구되는 에너지라 할 수 있다. 그러므로 정치인이 열정을 가졌다고 할 때 이는 단순한 정치적 아마추어의 내용 없는 흥분과 구별된다. 동시에 보통의 정치인들이 권력을 추구하거나 가졌을 때 흔히 갖는 허영심과도 거리가 멀다. 베버가 말하는 열정은 기본적으로 강렬한 내적 신념이 탐욕과 욕구를 억제하는 열정에 의해 금욕적 태도를 갖도록 하는 칼뱅주의의 정신에서 도출한 것이다. 그렇지만 그러한 열정은 칼뱅주의를 통하여 특징적으로 표출되었다 하더라도 보편적으로 인간이 가질 수 있는 감정이기도 하다. 칼뱅주의에서의 열정은, 개인적으로나 감정적으로 터져 나오는 종교적 충동과 연결되는 감정이 아니다. 오히려 그것은 엄격한 규율의 교리이고, 복음에 복종하고 신의 명령에 복무하는 것을 가르친다. 이런 맥락에서 열정은 차라리 반감정적 열정, 이성에 의해 규율되는 차가운 열정을 의미한다. 한 사람의 정치인이 정치 행위에 대해 열정을 가진다고 말할 때, 그것은 어떤 정치적 신념이나 목적을 추구하는 데서 끝나는 것이 아니라, 구체적으로 그것을 실천하고 실현하는 행위와 그 결과에 대해서까지 관여하는 정신을 가리킨다.

내면적 신념을 추구하는 것만으로 정치의 영역에서 발생하는 문제들이 해결될 수 있다면, 정치는 곧 윤리학으로 환원될 수 있을 것이다. 그러나 여기에서 베버가 의미하는 것은 단호하다. 정치 영역의 자율성을 발견하는 것이야말로 정치에 대한 가장 본질적인 문제를 이해하는 것이다. 즉 정치는 일반적인 도덕과 다르다는 것이다. 이 점을 이해하지 않는 한 우리는 정치의 본질을 이해하기 어렵다. 왜냐하면 우리가 정치라고 말하는 인간의 인간에 의한 지배, 권력을 본질로 하는 지배 및 통치 행위는 그것 자체의 논리, 방법, 패러독스, 운명을 갖기 때문이다. 베버에게 있어 정치는 권력과 폭력을 본질로 한다. 모든 정치 생활, 정치 행위는 권력으로부터 발생하는 문제와 관련돼 있으며, 권력은 투쟁이고, 그러므로 정치하는 사람들은 권력과 폭력이 소용돌이치는 '악마적인 힘'에 끌려 들어가게 된다. 그렇기 때문에 정치 영역에서는 "윤리의 문제가 도덕적으로 지극히 재난적인" 역할을 할 수도 있다는 점을 생각해야 한다. 이 점에서 베버는 마키아벨리

와 정치에 대한 이해를 공유한다. "(정치 행위와 관련해 볼 때) 선한 것
이 선한 것을 낳고, 악한 것이 악한 것을 낳는다는 것은 사실이 아니
다. 차라리 그 반대인 경우가 더 많다. 이를 인식하지 못하는 자는 실
로 정치적 유아에 불과하다."[26] 이렇듯 선과 악이 전도되는 경우는 인
간의 역사를 통해서, 그리고 일상적인 생활 속에서 오히려 그렇지 않
은 것보다 더 일반적인 현상이다. 다시 말하면, 정치 행위에 있어서는
내적 신념이 아무리 선의로 충만해 있다 하더라도, 그것이 반드시 좋
은 결과를 보장하는 것은 아니다. 정치의 영역에서 신념의 정당함은
그 자체로서 입증될 수 있는 것이 아니라, 현실의 구체적 상황에서 옳
은 것으로 검증되는 경우에만 입증될 수 있다는 말이다. 그렇다면 정
치 영역에서 유효한 정치의 에토스, 정치의 도덕적 성격은 무엇인가?

이러한 질문에 대해 베버는 정치인의 윤리를 '내면적 신념 윤리
(Gesinnungsethik/the ethic of principled conviction)'와 '책임 윤리
(Verantwortungsethik/the ethic of responsibility)'라는 두 측면으로 구
분하는 것으로 대답한다. 신념 또는 목적 윤리는 각 개인이 행위할 때
명시적으로나 암묵적으로 그 행위의 결과를 고려하지 않고, 그가 옳
다고 생각하는 것을 말하고 추구하는 도덕이다. 그렇기 때문에 그것
은 일종의 도덕적 근본주의의 태도를 동반한다. 그러나 이러한 도덕
적 행위는 종교나 도덕의 영역 밖의 현실 세계에 들어서는 순간 예기
치 않은 문제에 이내 봉착할 수밖에 없다. 베버가 당시 격렬하게 비판
했던 절대적 평화주의의 경우가 좋은 사례이다. 그들은 무기를 들거
나 동료 인간을 죽이는 것을 거부한다. 그러나 이를 거부함으로써 전
쟁이 저지될 수 있다고 생각했다면 그것은 순진한 생각이다. 책임의

민주주의의 도덕적 기초에 관하여

도덕성이라는 관점에서 볼 때 평화주의는 무용하고 무책임할 뿐이다. 그것과는 달리 책임 윤리는 레몽 아롱의 표현을 빌려 말한다면 사건의 전체 구조 내지는 맥락에서 행위자가 자신의 결정이 가져올 수 있는 결과를 상상하고, 그가 원래 바라는 목표와 관련해 그것이 어떤 결과를 가져올 수 있을 것인가를 생각하는 판단력 내지 사려 깊음을 뜻한다. 따라서 책임 윤리는 목적과 수단을 어떻게 해석할 것인가에 영향을 미친다. 즉 '무엇을 할 것인가'와 '어떻게 할 것인가'라는 물음은 동일한 문제에 영향을 미치는 동전의 양면과 같은 것이다.

다른 각도에서 말하면, 목표의 설정, 목표의 지고함은 수단의 제약에 의해 조정, 재조정, 재설정되지 않으면 안 될 것이다. 그러므로 한 사람의 정치인이 진정으로 가져야 할 소명 의식은 자신의 신념에 헌신하되, 그것은 책임 윤리, 즉 목적을 실현하는 데 효과를 가질 수 있고, 악이라 하더라도 선을 창출하는 데 활용될 수 있다는 실용적 인식을 통해 타협되고 조화되지 않으면 안 된다. 순수한 도덕주의적 관점에서는 이러한 윤리적 비합리성이 수용되기 어려울 것이다. 그러나 카리스마적 지도자의 자질은 신념과 책임이라는 두 윤리 가운데 어느 하나를 선택적으로 취하는 것이 아니라, 최적의 상태에서 양자의 균형을 발견하는 능력에 있다고 하겠다. 이런 논리가 갖는 정치적, 사회적 함의는 크다. 만약 어떤 한 정치인이 운 좋게 대통령이나 큰 영향력을 가진 정치인이 되어 자신의 신념을 실제로 집행한다고 해 보자. 그 신념이 잘못되었을 경우, 그것이 미칠 결과는 가공스러울 수 있다. 임기를 갖는 데마고그들이 제각기 굉장한 신념을 가지고 사회를 뜯어고치려 한다고 해 보자. 온 사회는 새로운 아이디어들의 거대한 실험장이 될 것임이 뻔하다. 베버의 책임 윤리는 인간의 이성이나 열정이 현실에 의해 구속되고 조정된다는 것, 그러므로 정치가 곧바로 혁명이나 전쟁과 같은 극단적인 상황으로 귀결되지 않는 어떤 메커니즘을 말하는 것이기도 하다. 공동체의 이상을 실현하는 것과 그것을 실현할 수 있는 현실적 수단의 제약 사이에는 하나의 균형, 그러나 언제나 유동적인 균형이 존재한다. 또한 그것은 변화에 대한 개혁적 요구와 현상 유지 사이의 균형을 의미한다. 그리고 여기에서 책임 윤리는 이상을 실현하는 현실적인 방법으로 나타날 수 있는 것이다.

베버가 말하는 정치인이 지닐 것으로 기대되는 두 윤리를 정치적 맥락에 위치시켜 볼 수 있다. 이 정치인이 하나의 정치적, 사회적 집단으로 출현하는 것은 선거를 통해 선출되는 민주주의라는 정치적 환경이다. 그런데 흥미로운 것은 통치 체제로서의 민주주의를 다른 것이 아닌, 즉 법적, 합리적 지배 형태가 아닌 카리스마적 지배 형태로 범주화한 것이다. 민주주의에 대한 이러한 접근은, 권력을 행사하는 정치인-지도자를 중심에 놓고 위로부터 체제의 작동을 이해하는 방식이기 때문에 밑으로부터의 시민 참여와 시민의 자주성이 민주주의를 만들고 운영하는 동력이라고 보는 참여 중심의 민주주의관과는 커다란 차이가 있다. 여기에서는 무엇보다 자신의 대의, 목적 의지, 신념을 내걸고 대중의 지지를 호소하는 정치인-지도자가 되기를 열망하는 사람과 그를 따르고 추종하는 대중들 사이의 지도자-대중 관계가 중심이 된다. 이러한 관점에서 정치인-지도자는 본질적으로 데마고그이다. 무엇보다 먼저 정치인, 지도자가 되기 위해서는 그가 천명하는 대의와 목적, 신념과 이념이 그것의 실현 여부와 관계없

민주주의의 도덕적 기초에 관하여

이 대중으로부터 호응을 이끌어 내는 과업에 집중하지 않으면 안 되기 때문이다. 그러므로 이러한 데마고그가 진정한 지도자, 즉 카리스마적 지도자가 되기 위해서는 그의 목적 의지가 대중의 호응을 끌어낼 뿐 아니라, 그가 천명한 대의를 실현하여 실제로 대중의 삶을 향상시킬 수 있어야 한다. 베버가 말하는 정치인의 신념 윤리와 책임 윤리는, 대의제 민주주의의 제도적 작동 원리의 관점에서 말한다면 대표와 책임(accountability)에 상응한다고 볼 수 있다. 만약 특정 정당, 특정 후보가 선거 경쟁을 통해 정부가 되고, 대통령이 되기 위해 그럴싸한 공약을 내걸고 캠페인을 했다고 할 때, 선거 이후 공약을 파기하거나 공약의 이행에 전념하지 않는다면 그들은 민주주의 체제가 그들에게 요구하는 책임의 의무를 다하지 않는 한낱 데마고그 이상이 아닐 것이다.

'소명으로서의 정치'를 제목으로 한 베버의 뮌헨 대학 강연은 온 사회가 혁명적 열기로 들끓고 있던 시점에서 대학자인 베버가 독일 사회가 직면하고 있는 현안을 화끈하게 풀어 주고, 독일이 나아가야 할 이상적 비전을 들려주기를 바랐던 한 독일 학생 단체의 초청에 의한 것이었다. 강연의 첫마디에서 그는 자신이 강연의 초청 목적에 부응하지 못해 "여러분들을 실망시키게 될 것"이라고 말문을 열었다. 그는 혁명의 열기로 가득 찬 상황에서 어떤 희망찬 이념이나 가치, 이상, 국가가 나아가야 할 방향에 대해 말하지 않았다. 그보다는 현실의 제약을 알고, 현실적 조건을 면밀하게 파악하는 노력과 작업이 무엇보다 중요하다는 것을 강조했다. 그리하여 정치인, 지도자가 처음의 자신의 내면적 신념을 그대로 견지할 수 없을 만큼 난관이 크다 하더라도, 좌절하지 않고 그 신념을 조정, 재조정하면서라도 끝까지 목적을 이루어 내는 견인불발의 노력을 강조했다. 베버는 정치를 "열정과 균형적 판단 둘 다를 가지고 단단한 널빤지를 강하게 그리고 서서히 구멍 뚫는 작업"에 비유했다.[27] 이러한 노력은 신념 윤리와 책임 윤리 둘 다에 의해 뒷받침되어야 하는 것이지만, 특히 '책임 윤리'의 강조에 더 초점을 두는 것이라 할 수 있다. 스티븐 스필버그의 명작 영화「링컨」에 나오는 한 대사를 떠올릴 수 있다. 링컨이 같은 공화당이지만 일거에 전면적 노예 해방을 주창하는 하원 급진 강경파 수장인 새디어스 스티븐스를 향하여 차근차근 장애들을 풀어 나가는 '최소주의적(minimalist)' 현실주의 전략이 왜 중요한가를 설득하면서 건네는 말은 의미 깊다. "나침반은 목적지의 방향을 제시해 주지만, 그 목적지로 가는 데 있는 강, 늪, 계곡 등의 지형에 대해서는 아무것도 말해 주는 것이 없다."라고 링컨은 말한다.[28] 아마 '책임 윤리'는 이 나침반의 방향이 말해 주지 않는, 목표 지점과 병사들 사이에 가로놓인 지형의 세세함을 파악한 연후에 그 장애들을 뚫고 나가는 작업에 비유할 수 있을 것이다.

오늘날 자본주의에 대해 후기 자본주의, 탈산업화 사회, 첨단 기술 정보화 사회 등 여러 말로 표현하지만, 20세기 초 베버 시대에도 이미 자본주의 기업과 국가 기구들은 합리화를 표상하는 관료화, 거대 조직화를 시현하고 있었다. 이런 시대에 카리스마적 정치 지도자는 어떻게 민주주의를 운영하고, 그것을 통해 좋은 정치, 좋은 사회를 만들어 낼 수 있을 것인가 하는 문제를 풀어 나가지 않으면 안 되었다. 지도자는 혼자서 신념 윤리만으로 이 과업을 이루어 낼 수는 없

민주주의의 도덕적 기초에 관하여

다. 그는 정치적 수단으로서 머신(political machine)을 필요로 한다. 이러한 정치적, 사회적 환경은 정치인이 정당과 의회를 필요로 하는 조건이 된다. 로베르트 미헬스의 "과두화의 철칙"이 말하듯이, 정당은 선출된 대표의 과업에 봉사하는 정치 조직이 아니라, 선출되지 않은 전문적 엘리트들에 의해 관장되고 그들 자신의 이익에 일차적으로 봉사하는 조직이 됨으로써 그 목표와 역할에 있어 퇴영적인 전환이 일어났다고 비판되기에 이른 것이다. 그러나 이러한 조직이 안고 있는 비민주적 요소에도 불구하고, 진정한 지도자는 그들의 보다 큰 과업, 즉 국가의 거대 조직을 다루고, 경제와 시장의 주역으로 성장한 대기업을 다루고, 복잡하고 전문성을 요구하는 정책 사안들을 다루기 위해 스스로의 머신을 갖지 않으면 안 된다. 그 핵심적인 조직이 바로 정당이라는 것이다. 그리고 정치인들은, 규율에 의해 훈련되고 창의성을 갖지 못하는 전문가 집단으로서 관료들이 할 수 없는 정치적 과업을 수행하기 위해 의회를 통해 훈련되지 않으면 안 되는 것이다. '책임 윤리'는 이렇듯 "더러운 손"을 특징적 요소로 하는 현실 정치에서 권력을 다루어야 하고, 그것을 수단으로 하여 그들의 목적을 이루어 내지 않으면 안 되는 것이다.[29] 오늘날 한국의 정치인들이 왜 소명감을 가지고 정치에 임해야 하는가 하는 문제는, 정치인들의 두 윤리로서 '신념 윤리'와 '책임 윤리'를 말하는 과정에서 저절로 드러난다고 해도 과언이 아니다. 정치인들의 윤리 의식 없이 한국 정치와 한국 민주주의의 개선을 기대할 수는 없다.

5 시민 사회, 시민성, 시민의 덕

한국 사회에서 어떤 시민 문화, 또는 시민적 덕이 필요한 것인가를 생각하기 위해서는 먼저 한국 시민 사회의 특성부터 짚어 보는 것이 필요할 것 같다. 필자는 한국의 시민 사회는 전면적으로 정치화된 것이 중요한 특징이라고 생각한다. 물론 이 정치화는 강력한 국가에 대응해서 나타난 것으로 그것과 짝지어진 현상이다. 또한 그것은 강력한 권위주의 국가에 대응해서 민주주의를 성취했던 "쟁투적인 시민 사회(contentious civil society)"의 한 유산이라고 할 수 있다.[30] 1990년대 필자를 포함하여 정치학자들은 국가와 시민 사회의 층위 사이에 또 다른 층위를 설정하고, 시민 사회와 구분해서 정치 사회라는 말을 사용했던 적이 있다. 최근년에는 그 말을 사용하지 않지만, 그 말을 다시 끌어 쓴다면 시민 사회는 전면적으로 정치 사회로 전환되었다고 말할 수 있을지 모른다. 이 현상을 긍정적으로만 볼 수 없는 것은, 민주화의 패러독스라고 이해되는 현상이지만, 강력한 국가는 더 강해졌고 또 거대 기업을 포함하는 잘 발달되고 조직화된 사회의 거대 기구들은 위력적으로 성장한 것을 반영하고 있기 때문이다. 그에 비해 자율적 결사체, 정당, 운동은 약화되고 오히려 퇴행적 경로를 밟았다. 그것은 운동이 중심이 됐던 시민 사회의 취약성을 드러내는 것이기도 하다.

대표적인 민주주의 이론가의 한 사람인 필립 슈미터에 의하면, 시민 사회는 다음의 네 가지 요건으로 정의된다.[31] 첫째로 공적 권위, 그리고 가족이나 기업과 같은 사적 생산 단위로부터 독립적인 자율적 조직체가 존재하는 영역, 둘째로 자신들의 이익과 열정을 증진하기 위해 관련된 문제를 논의하고 집단적인 행동을 취하는 것, 셋째로 국가 기구를 대체해서 정치를 지배하거나 사적 생산자를 대체해서 시장 내지 사회를 지배하는 책임을 떠맡지 않는다는 조건, 넷째로 시민적 성격, 즉 사전에 정해진 규칙 내에서 행위하는 데 동의하고, 상호 간 이러한 규칙을 존중하는 것이 그 요건이다. 요약하면 시민 사회는 (공적 권위와 사적 단위에 대한) 이중적 자율성, 집합적 행동, 권력 획득을 꾀하지 않는 성격, 시민성을 핵심 요소로 한다. 이 기준에서 보더라도 한국 시민 사회의 특성이 잘 드러난다. 공적 권위와 시민 사회가 밀접한 관계를 발전시킬 때 시민 사회의 자율성이 약화되는 것은 당연하다. 집합적 행동은 자율적 결사체와 같은 사회의 다원적 이익과 열정이 조직화, 제도화하는 것을 통해 대표되기보다, 운동에 의해 표출되는 특징을 갖는다. 앞에서 말한 시민 사회 됨의 요건들에 비추어 볼 때, 한국 시민 사회와 관련하여 인상적인 것은, 시민 사회가 권력 획득을 추구하는 정치적 행위에 광범하고도 깊숙하게 관여하고 그 중심적인 행위자로서 역할을 한다는 점이다. 이러한 현상과 맞물린 것이기도 하겠지만, 오늘의 한국 사회에서 시민성 내지 시민적 덕성이 시민들 사이에서 널리 내면화되고 행위의 도덕적 규범으로서 수용되고 실천되고 있다고 말하기는 어려울 것이다. 한국의 시민 사회를 생각하는 데 있어 지난 세기 후반 중요한 인류학자이자 철학자인 어니스트 겔너의 『자유의 조건들: 시민 사회와 그 경쟁자들』은 또한 큰 시사점을 준다.[32] 시민 사회가 근대화에 이르는 제도의 핵심이라는 점을 주제로 하는 이 책은, 왜 시민 사회가 민주주의보다 더 중요한가에 대한 이유들을 제시한다. 시민 사회라는 말은 국가보다 훨씬 더 오래된 서구 유럽의 역사적, 문화적, 지적 전통의 산물이고, 민주주의는 이러한 조건과 기반 위에서 발전된 정치 체제라는 것은 두루 아는 사실이다. 적어도 서구 사회에 관한 한 오늘의 민주주의는 이러한 시민 사회의 기초 위에서 제도화된 결과물이다. 그렇다면 그 시민 사회의 내용이 민주주의의 질과 성격에 커다란 유산을 남기고, 지속적인 영향을 미치는 것임은 말할 것도 없다.

필자는 여기에서 세 가지 다른 측면을 통해 시민성 내지 시민의 덕 문제를 보고자 한다. 그 측면들은 다음과 같다. 첫째는 사회적, 문화적 측면에서 거시적이고 구조적인 관점으로 보려는 것이다. 이 접근은 시민 사회에서 시민들이 널리 공유하고 내면화하는 규범, 가치, 신념에 관한 것이고, 또한 그것들은 일반적으로 문화를 구성하는 요소들로 생각되기 때문에 시민 문화에 대해 말하는 것이기도 하다. 둘째는 특정의 정치적 조건 또는 환경하에서 개개 시민들이 지니는 감정/감성의 경향성 내지 특성이 시민적 덕성이라고 말할 수 있는 도덕적 감성과 부합할 수 있는 조건들을 발견코자 하는 미시적이고 심리적인 접근이다. 셋째는 이 글의 중심 주제로 놓았던 배분적 정의에 초점을 둔 정의로운 사회 구조를 발전시키는 데 부응할 수 있는 정치적, 사회적 덕을 발전시키는 것과 연관된 접근이다. 그러나 어떤 측면에서 말하든, 그것은 한국 사회가 필요로 하거나 결여하고 있는 것으로 생각되는 시민성 내지 시민의 덕에 관한 것이다.

첫째, 이 범주에 속하는 대표적인 이론은 몽테스키외와 토크빌에

민주주의의 도덕적 기초에 관하여

서 발견할 수 있을 것이다. 도덕, 풍습, 태도와 같은 여러 말뜻을 포함하는 프랑스어의 mœurs(영어로는 라틴어 그대로 mores라고 번역된다.), 루소가 말하는 시민 종교, 흄과 애덤 스미스 같은 스코틀랜드 계몽철학자들이 말하는 도덕적 감성은, 공통적으로 덕의 윤리(virtue ethic) 문제를 담는다. 이 측면에서 말하는 시민성은 모두 시민 사회의 형성 및 발전과 병행해서 또 그것을 토양으로 해서 발전한 시민적 덕이다. 토크빌은 『미국에서의 민주주의』에서 민주주의는 시민 사회에서의 민주주의 풍습과 태도를 각기의 시민들이 이를 얼마나 내면화하고 실천하는가 하는 문제라고 보았다. 따라서 민주주의는 정치적 제도나 통치 체제가 아니라 사회적 상태라고 이해했다. 민주주의에 있어 그만큼 시민적 문화가 중요하다는 사실을 일깨우는 것이라 하겠는데, 앞에서 한국 시민 사회의 구조적 특성을 언급했을 때 이미 암시한 바 있듯이, 국가 권력이나 정치로부터 자율적인 시민 사회의 기초는 한국 사회에서 극히 취약한 것으로 생각된다. 필자가 다른 기회에 말한 바 있지만, 한국 사회는 자유주의의 기초를 갖지 않는 민주화로 특징지어질 수 있을지 모른다.[33] 그러므로 서구와 비교할 때 자유주의적 시민 사회의 발전이 선행되고 그 기초 위에서 그것의 정치적 제도화로서 민주주의가 발전한 것이 아니라, 먼저 정치적 민주주의가 성취되고 그것의 정치적 경험을 바탕으로 자유주의적 가치를 성찰하게 되는, 서구와는 반대되는 역사적 계기를 발견하게 된다. 다시 말해 한국의 민주화는 자유주의적 기반 없는 민주화, 즉 국가 권력을 견제하고 제한하는 가치와 이념으로서 개인 자유와 권리 사상이 사회에 자리 잡기 이전에 민주화가 성취되었다는 점이다. 그러므로 한국은 민주화에도 불구하고, 국가 권력의 팽창에 대응하는 자유주의와 같은 어떤 견제적 이념을 발전시키지 않았다. 민주주의하에서 민족주의나 국가주의와 같은 집단주의적 이념이나 정서, 가치가 개인 인권이나 자유의 이념을 훨씬 압도하고 있다는 특징을 갖는다. 즉 한국 사회는 자유주의적 전환의 계기를 갖지 않은 민주화로 특징지어질 수 있을 것이다. 그러한 전환의 계기가 민주주의하에서 나타날 수 있을 것인지는 극히 불분명하다. 그러나 이러한 특징은, 강력한 국가와 대면하는 취약한 시민 사회라는 사회적 조건에 의해 뒷받침되면서 한국 민주주의의 도덕적 기반을 취약하게 하는 중요한 요인이라고 할 수 있을 것이다.

둘째, 개개인들의 감성적 특성, 열정이 발동되는 심리적 메커니즘에 대한 예리한 분석은, 김우창 교수의 『정의와 정의의 조건』을 통해 살펴볼 수 있을 것이다.[34] 마음의 철학의 대가인 김우창 교수의 이 짧은 책은 도덕심리학 분야에서의 명저로 평가될 수 있음에 분명하다. 이 책은 민주주의를 움직이는 가장 강력한 동력으로 저자가 정의하고 있는 정의의 문제를 개인의 도덕적 심리 내지 도덕적 감성의 측면에서 다룬 저작이다. 여기에서 그는 우리에게 민주주의와 시민적 덕의 관계를 생각해 볼 수 있는 의미심장한 문제를 던진다. 저자가 정의에 대해 정의의 조건을 대응시키는 것은, 필자가 앞에서 말했던 바의 "쟁투적인 시민 사회"로부터 '전면적으로 정치화된 시민 사회'로 변화한 한국적 조건에서 민주주의와 시민적 덕의 문제를 검토하는 것이라는 의미를 지닌다. 저자의 생각을 따라가면, 민주주의를 추동하는 중심적 열정은 맹자(孟子)의 말로 응축적으로 표현될 수 있는 이(利)

민주주의의 도덕적 기초에 관하여

가 아닌 의(義)를 핵심으로 하는 정의의 가치와 그 실현을 둘러싼 문제로부터 발생한다. 운동이 권위주의적 권력, 부패, 사회 경제적 자원의 독점적 소유 등 말하자면 부정의로 인식되는 힘에 맞서 정의를 추구할 때, 그들이 적대하는 그 힘이 강하다고 인식하는 것만큼 더 강도 높은 열정을 필요로 하게 된다. 그리고 그 과정에서 부정의에 대한 분노, 분개심, 적의, 복수심과 같은 강력하고 격렬한 감정을 불러오게 된다. 그러한 감성 또는 감정은 동시에 현실의 실천적 재구성보다는 이념, 이데올로기 또는 어떤 이론 내지 담론으로 표현되는 관념적 추상화에 천착하는 경향과 결부된다. 요컨대 정의는 중요하고 필요한 것이지만, 정의를 추구하는 열정이 정의의 조건을 고려하는 것을 무시하거나 등한히 한다면, 문제는 더 커지고 사태는 더 악화될 수 있다는 것이다.

정의의 조건이란, 정의를 추구하는 열정으로부터 발생하는 격렬함을 순화하는 것이 본질이다. 정의를 규정하는 데 요구되었던 관념적 추상화는, 그것을 실현하는 데 필요한 일반화와 합리화를 구현하는 법과 제도의 본질적 성격과 잘 조응한다. 여기에 대응하여 이 힘들을 순화하는 다른 방향에서의 노력이 필요하다. 그것은 거시적이고 총체적인 힘에 대응하여 훨씬 더 미시적인 개개인의 개별적이고 실존적인 조건들을 고려하는 데 대한 관심과 노력이다. 그러기 위해서는 개별적인 현실에 더 깊이 천착할 수 있도록 더 사실적이고, 더 구체적이게 돼야 한다. 정의의 일반적 원칙에 의거하여 판단하는 제3의 객관적 관찰자로서 불행에 처한 다른 사람의 문제를 판단하고 다루는 것이 아니라 직접적인 관계 속에서 동정심을 가지고 훨씬 더 개별적으로 문제 해결에 참여할 것이 요구된다. 그리고 무엇보다 자신의 정의감과 신념을 실현하는 것에 대한 자기 절제의 지혜와 온유함의 미덕을 강조하고 있다. 저자의 발상에서 특징적인 것은, 정의를 둘러싼 하나의 현상에서 대립적인 두 요소들을 발견하고 그것들을 대응시키는 방법이다. 거시적인 것과 미시적인 것, 추상적인 것과 구체적이고 사실적인 것, 전체적인 것과 부분적인 것, 일반적인 원칙과 개별적이고 실존적인 산 경험, 법과 제도의 문제와 각 개인들의 개별적 상황 등은 상호 간 대립항들이다. 그러나 저자가 진정으로 말하려는 것은, 서로 다른 요소들을 서로 정태적으로 대응시키는 데 있는 것이 아니다. 그것은 서로가 갖지 못한 것을 상호적인 관계를 통하여 정의라는 하나의 틀 속에서 충족해 나가는 변증법적 또는 대화적(dialogic) 방법인 것이다. 그럴 때 비로소 '정의란 무엇이고, 어떻게 현실에서 구현될 수 있는가?'라는 질문에 대해 정의의 전체 모습이 드러날 수 있는 것이다.

이 글을 통하여 우리는 두 가지 종류의 열정을 알게 된다. 하나는 정치인의 윤리를 다룬 앞 장에서 말했던 칼뱅주의 교리에 기초한 열정이다. 다른 하나는 앞에서 김우창 교수가 말한 열정이다. 그 두 가지 감정은 모두 감정의 격렬함을 그대로 분출하는 열정을 부정한다는 데 공통점이 있다. 뜨거운 열정, 그 격렬한 감정은 오래 지속될 수 없고, 이성과 접맥되기 어려운 인간 행위를 추동하는 데 있어 부정적 동력으로 작용한다. 따라서 칼뱅주의에서의 열정은 격렬함을 그대로 분출하는 것이 아니라, 차갑게 응축돼 장기간 지속성을 가지면서 행위의 동력으로 작용할 수 있도록 통제되는데, 그 과정에서 이성, 실천

민주주의의 도덕적 기초에 관하여

적 지혜와 결합하면서 '차가운 열정(cool passion)'으로 전환된다. 즉 이 "전환(transmutation)"은 뜨거운 열정이 이성으로 무장된 차가운 열정으로 변화되는 것을 말한다.[35] 따라서 열정은 행위의 에너지로서 긍정적 의미를 갖는다. 그에 비해 김우창 교수가 보는 열정은, 다른 종류의 에너지로의 전환을 말하는 것이라기보다는, 그 열정에 대응하는 다른 미덕들을 불러오는 원천으로 사용된다. 분노, 적개심, 복수심을 불러오는 열정을 순치하는 데 사용되는 요소들 곧 경험적 사실의 중시, 개별적, 미시적, 구체적, 심미적, 이성적, 실존적 또는 예절바름의 요소들에 대한 강조는 우리가 시민성이라고 말할 수 있는 시민 개개인의 미덕들을 지칭하는 것이라고 말할 수 있다. 그러할 때 열정 자체는, 칼뱅주의적 열정과는 다르게 이렇다 할 긍정적 에너지로 고려되기는 어려울 것이다.

셋째, 한국 사회가 필요로 하는 시민적 덕, 시민적 문화 일반을 말하기보다, 롤스의 분배의 정의를 정치적, 사회적 중대 이슈로 불러오는 데 조응할 수 있는 정치적, 사회적 규범 내지 도덕적 요소가 어떤 것인가에 초점을 두고 그 문제들을 생각해 보는 것이다.

관용과 다원주의 가장 좋은 삶의 방식에 대해 합리적 콘센서스(consensus)를 모색하기 위해서는 무엇보다 한 사회 안에 먼저 관용이 존재해야 한다. 관용의 이상에 대해 말하는 것은, 어떤 삶의 방식이 최선의 것이냐 하는 주장을 둘러싼 갈등으로 사회가 분열돼 있다는 것을 전제로 한다. 한국 사회를 생각해 보더라도 민족 문제 해결과 경제적 부와 가치의 분배를 둘러싼 문제에 있어 균열과 갈등은 깊고 강하다. 공동의 그리고 공통적인 삶의 이상이 하나의 신념 체계로부터 나오는 것이 아니라는 사실은 자유주의의 중요한 유산이다. 그런데 다원적 삶의 가치가 허용되고 존중되지 않는다는 말은 지배적인 신념을 가진 사회 집단이 지배적이지 않은 신념의 사회 집단들을 억압적으로 통합한다는 것을 뜻한다. 즉 관용이 있기 때문에 삶의 방식에 대해 서로 다른 신념을 갖는 사회 집단들이라 하더라도 한 사회 내에서 함께 공동의 생활 방식을 살아갈 수 있는 것이다. 그러므로 관용은 합리적 콘센서스의 이상이라고 할 수 있다. 이 문제는 자유주의가 왜 16, 17세기 종교 전쟁의 산물인가 하는 점을 말하는 핵심 요소이기도 하다. 그리고 또한 롤스가 사회 구성 원리를 협약을 통해 만들 때 종교 전쟁을 역사적 준거로 삼았던 이유이기도 하다.[36] 종교 전쟁에서든, 롤스의 협약의 이론적 구성에서든 합리적 콘센서스는 어디까지나 '잠정 협정(modus vivendi)'을 하나의 이상으로 한다. 왜냐하면 사회 구성은 언제나 다원주의를 특성으로 하고, 가치나 신념 역시 다원주의를 전제로 하며, 따라서 이 구조를 어떤 형태의 전체주의로 통합하지 않는 한 다원주의적 힘들 사이의 갈등을 완전히 제거할 수 없기 때문이다. 겔너가 그의 시민 사회론에서 강조했던 중요한 문제는, 시민 사회는 "무도덕적 질서(amoral order)"라는 것이다.[37] 그것은 다원적 질서라는 말의 다른 표현이라고 이해할 수 있다. 즉 한 사회가 단일한 이념적 질서나 가치에 의해 지배되지 않는 것이야말로 우리가 시민 사회라고 말할 수 있는 것의 제일의 요건이다. 하나의 시민 사회가 어떤 전일적인 이데올로기에 입각하여 그로부터 도출되는 도덕적 규범이나 가치를 국가 권력에 의해 전사회적으로 부과한다면, 그러한 전제적 시민적 질서는 시민 사회라고 말할 수 없을 것이기

민주주의의 도덕적 기초에 관하여

때문이다. 롤스가 『정의론』에서 말하는 바의, 사회의 기본 구성 원리를 위한 협약을 만드는 것은 정치적 자유주의의 기반을 통해서이다. 이 정치적 자유주의는 바로 선에 대한 관념이 갈등적이지만 이성적으로 수용할 수 있는 범위 내에 있는 것으로, "합리적 범위에서의 다원주의"라는 조건에서 작용하고 효능을 갖는다.[38] 이 정치적 자유주의는 처음 정의론을 이론화했을때 그 기초로서 제시되었던 "포괄적/내포적(comprehensive) 자유주의"와는 다른 것이다. 즉 그것은 특정의 이념적 가치를 통해서가 아니라, 민주주의라는 정치적 방법을 통해서, 그 틀에서 정의의 원리에 대한 콘센서스를 만든다는 뜻이다. 왜냐하면 이 '포괄적인 도덕적 견지'에 입각한 잘 질서 잡힌 사회는 매우 넓고 깊게 어떤 도덕적 코드를 공유하기 때문에 다른 세계관이나 도덕적 가치를 갖는 개인이나 집단들과는 피할 수 없이 갈등 관계에 처하기 때문이다. 특히 포괄적인 도덕적 견지를 기반으로 하는 잘 질서 잡힌 사회는, 사회 경제적 이해 갈등은 어떻게 넘어간다 하더라도 현대 세계에서와 같이 인종, 종교, 문화가 한 사회 내에 공존하는 다인종, 다문화 사회에서는 실효를 가질 수 없다. 이 점에서 정의를 이루는 협약에 있어 '포괄적' 자유주의가 아닌, '정치적' 자유주의의 개념은 극히 중요하다. 왜냐하면 그것은 가치와 사회 구조에 있어 다원주의를 전제로 하기 때문이다. 정의에 이르는 협약의 과정이 포괄적 도덕관에 서 있다고 한다면, 배분적 정의의 관념이 이미 이념적으로 사회를 지배하고 있거나, 그 시민 사회는 다원주의를 허용하지 않고 있음을 말하는 것일 수 있기 때문이다. 배분적 정의의 실현이 위로부터의 권위주의적 정치적 프로젝트나 시민 사회 자체를 도덕적 질서로 만드는 것을 통해서가 아니라, 시민 사회로부터 발원해야 한다면 그 시민 사회는 다원주의적이 되지 않으면 안 된다. 그렇다면 사회적 조건이 다원주의적일 때 그것이 창출하는 이질성에도 불구하고, 정치적 다원주의의 방법으로 어떤 '도덕화된 잠정 협정/일시적 타협(a moralized modus vivendi)'을 성취하는 것이 가능할 수 있다.

타자에 대한 인정과 상호성 평등한 자유의 원리에 기초한 정치 체제 내지 정치 형태는 집합적 결정을 통해 제도적으로 구현된다. 이 제도화는 자유롭고 평등한 합리적 개인으로서 사람들 사이의 상호 인정을 제도적으로 뒷받침하는 것이라고 할 수 있다. 제도가 이를 표현하고 법이 이를 규정하고 있다 하더라도 실제 인간의 행위를 규율하는 도덕적 가치나 규범으로서, 나아가 문화로서 사람들 사이에서 수용되고, 일상생활 속에서 실천되는 것이 중요하다. 롤스가 상호성을 말할 때 자주 상호 편익의 의미로 사용하는 것은 그 때문이다. 그 반대는 서로의 편익을 다른 사람에게 허용하지 않는 것을 뜻한다. 앞 장에서 정의론의 내용을 언급할 때 말한 바이지만, 롤스는 인간의 자연적 재능이 우리가 공유하는 이익으로서 공동의 자산이라고 생각한다. 즉 상호성의 아이디어는 공동의 자산과 결합된다. 또한 상호성의 원리가 있기 때문에 이성적 심의가 가능할 수 있다. 우리는 실생활에서 자신의 사적 이익 때문에 행위하는 것과 다른 사람이 그렇게 행위할 것으로 생각하면서 공정하게 행위하는 것 사이의 차이를 일상적으로 볼 수 있다. 도덕적으로 수용될 수 있는 어떤 결정이 가능할 수 있는 것은 시민들이 자신들의 협애한 사적 이익을 초월해서 그들에게 이성적으로 동의하지 않는 사람들에게도 정당한 것으로 받아들여

민주주의의 도덕적 기초에 관하여

질 수 있도록 문제를 이성적으로 사고하는 능력 내지 역량과 직접적으로 관련된다. 여기에서 문제가 되는 쟁점이 반드시 이상적이어야 할 이유는 없다. 이렇듯 자기 이익과 공익 간의 차이로 사람들 사이의 판단의 동기가 다르다 하더라도 합리적 합의에 도달할 수 있는 것은, 상호성의 원리에 의한 것으로서, 이는 이성적 심의의 도덕적 토대라고 할 수 있다.[39]

법의 지배　법은 여러 사회적 규범 가운데 국가 권력에 의해 개인, 집단 들의 행위를 강제할 수 있는 규범이다. 독일의 계몽 군주 시기 '법치 국가(Rechtsstaat)'는 그 대표적인 사례이지만, 민주주의와 법의 지배가 반드시 일치하는 것은 아니다. 그러나 좋은 민주주의는 마땅히 법의 지배와 병행하지 않으면 안 된다. 한국 사회에서 법은 법 적용, 판결의 편향성, 법 시행/집행의 편향성에 의해 제약되고 왜곡된다. 따라서 법 앞의 평등이라는 법의 대원칙은 크든 작든 일정하게 제약된다. 이러한 상황은 실질적, 실체적 정의가 무엇이고, 어떠한가를 말하기 이전에 법의 절차적 정의가 심각하게 훼손돼 있다는 것을 말한다. 비민주주의 국가에서의 법 지배가 더 좋으냐, 민주주의 국가에서의 법 지배의 결핍 내지 부족이 더 좋으냐 하는 문제가 제기될 수 있다. 법 지배의 문제는 국가 권력 내지 정치 체제의 성격과 관련되기도 하지만, 시민 사회의 자율성과 시민적 법 문화와 깊은 연관성이 있다. 시민 사회가 허약하고 시민적 덕이 부족하거나 약할 때 배분적 정의를 실현할 합의에 이르는 것도 어렵지만, 어쩌다 정치적 노력을 통해 가능했다 하더라도 법 지배가 구현되지 못한다면, 그것이 실제로 실행되거나 지속되기는 어려울 것이다. 자유주의적 민주주의에 있어 법의 본질은 자유 시민들 간의 협약이다. 그리고 법의 제일의 원리는 '법은 준수되지 않으면 안 된다'는 것이다. 현존하는 한국의 헌법은 서구의 자유주의적 민주주의의 규범들, 곧 인간의 자유와 평등의 기본 인권, 정치적 평등과 정치 참여의 권리를 포함하는 조항들을 담고 있다. 그러나 그것이 법 앞의 평등의 원리에 의해 제대로 지켜지고 있다고 말할 수는 없다. 그러므로 배분적 정의와 같은 실체적 정의의 구현을 위해 협약을 제도화한다고 할 때, 이를 실행할 전 단계 또는 기초로서 법의 지배라는 절차적 정의를 확립하는 것은 그 어느 것보다 가장 필요한 조건이다.

시민적 예의　인간관계에서의 예의, 언어의 점잖음과 부드러움은 원초적 감정을 제어하고, 이성적 공론장의 형성을 가능케 하는 핵심적인 의사소통적 윤리라고 할 수 있다. 그것은 인간의 품위를 유지하게 하고, 사회적 갈등을 완화하고 타협에 이를 수 있는 문화적, 도덕적 규범이나 태도의 핵심 요소이다. 우리말은 폭력적, 공격적 언어에 의해 심각하게 오염되었다. 우리가 공론장의 황폐화, 정치인의 권위 상실에 대해 비판적으로 말하게 되는 것은, 그 내용을 말하기 이전에 언표화되는 언어의 공격성과 폭력성의 문제이기도 하다. 이미 18, 19세기 유럽의 계몽철학자들을 비롯하여 여러 철학자와 이론가는 시민들의 예절 바름, 언어와 태도의 세련됨을 시민 사회의 본질적 요소라고 생각했다. 그것은 부르주아 시민 사회의 미덕에만 한정되는 것이 아니라, 문명화된 모든 인간 사회에 보편적으로 적용될 수 있는 시민적 덕이라고 할 수 있다.

6 맺는 말

이 글의 주제는 민주주의를 뒷받침하고, 그 작동이 더 좋은 결과를 만들어 낼 수 있는 도덕적 기초를 생각해 보는 것이다. 그러나 필자는 이 도덕적 기초를 하나의 일관되고 통일적인 주제를 통해 정리하려고 시도하지는 않았다. 이 글은 소주제들을 담는 네 개의 장으로 구성되어 있는데, 이 주제들이 어느 정도 서로 연관성을 갖는다 하더라도 성격과 수준이 각각 다른 도덕적 문제를 중심으로 한 것이었다. 따라서 이 글의 내용이 하나의 주제로 완전히 통합되지는 않지만, 역시 가장 중심적인 주제는 롤스의 '정의론'을 중심으로 한 배분적 정의이다. 그것은 한국 민주주의가 지향할 수 있는, 적어도 이 시점에서 필자가 생각할 수 있는 최우선의 도덕적 가치로서의 실체적 정의를 말하는 것이다. 필자가 롤스를 중심 주제로 삼게 된 것은, 먼저 텍스트를 꼼꼼히 읽고 그 결론에 동의한 뒤, 한국 사회를 하나의 사례로 생각했기 때문이 아니다. 그 역으로 한국 사회가 직면하고 있는, 필자가 나름대로 생각하고 있는 사회 경제적 문제를 풀지 않으면 안 된다는 생각에 먼저 사로잡힌 뒤, 그 이론적 뒷받침을 발견하려 했던 것이 롤스의 중요성을 깨닫게 한 계기였다. 한 논평자는 롤스에 대해 "(그는) 심오하게 틀렸지만, 거의 완벽하게 현실 정합적이다. 그는 사회주의 이론들이 불가능한 것과 마찬가지로 하나의 비판적인 도덕철학 없이는 바람직하지도 않다는 사실에 대해 진정으로 우리를 눈뜨게 했다."라고 논평했다.[40] 이 글은 이런 문제들에 대한 하나의 스케치이다.

롤스의 '정의론'은 필자에게 있어 하나의 미완결의 이론으로 이해된다. 무엇보다 논의의 대상이 될 수 있는 것은, 도덕철학으로서의 정의론과 민주주의 정치와의 관계에 관한 것이다. 사회 구성의 기본 원리로서 정의의 협약이 만들어졌다고 할 때, 이러한 조건에서 정치는 끝나는 것인지, 또는 정치의 역할은 무엇인지에 대한 의문은 여전히 남는다. 만약 정치가 인간과 역사의 본질적 성격으로부터 발생하고 지속하는 것이라고 한다면, 윤리학이 정치를 대체할 수는 없다. 그렇다면 정의의 협약이 기여할 수 있는 것은, 정의에 대한 도덕적 콘센서스가 정치의 파라미터를 형성할 수 있다는 것이다. 예컨대 제2차 세계 대전 이후 독일을 필두로 한 서유럽과 북유럽 나라에서 구현된 바 있는 복지 국가의 협약에 대해 생각할 수 있다. 이 파라미터 안에서 정당들은 경쟁할 수 있을 것이다. 그리고 이 글이 남겨 놓은 또 다른 문제는 도덕과 윤리가 민주주의하에서 정치를 개선하는 데 얼마나 기여할 수 있는가 하는 것이다. 기여할 수 있다면, 시민적 덕과 문화를 함양하는 것은 어떻게 가능한가 하는 문제이다.

공적 영역에서 거짓말은 추방될 수 있는가

공공 공간의 행동 윤리

이승환

고려대학교 철학과 교수

1 왜 문화의 '안'이 중요한가?

'문화의 안과 밖'에서 '밖'이란 인간의 사고와 의식이 외화되어 가시적으로 드러난 것을 말한다. 법률과 제도, 건축과 예술, 축제와 공연 등이 여기에 속한다. 이렇게 가시적으로 드러난 문화의 외피는 우리의 '안' 즉 사고와 의식이 밖으로 표현된 것이다. '오늘의 시대에 대한 문화적 성찰'이라는 기획을 통하여, 우리 시대의 문화적 위기를 '안'으로부터 점검하게 된 것은 다행스러운 일이 아닐 수 없다. 발전과 성장의 화려한 외피에 가려 있던 비가시적인 부분에 대한 섬세한 성찰은 우리 사회와 문화의 수준을 한 단계 성숙하게 하는 계기가 될 것이다. 특히 민주주의의 형식적 정착에도 불구하고 민주적인 '마음의 습속(habit of heart)'이 싹트지 못하고 있는 현금의 시점에서, '공공 공간에서의 행동 윤리'에 대한 진지한 성찰은 더 나은 미래로의 도약을 위한 발판이 되리라 믿는다.

2 공공 공간에서 행동 윤리의 기본 전제

필자에게 부여된 '공공 공간에서의 행동 윤리'라는 논제는 광범위하고도 다양한 세부 주제들을 포괄한다. 예를 들어 지역주의, 연고주의, 정실주의 등으로 인한 불공정하고도 편파적인 관행들, 이념 근본주의와 종교 근본주의로 인한 이분법적 편 가르기와 불관용, 성과지상주의와 물질적 가치의 절대화로 인한 도구적 인간관, 권위주의적 잔재의 미청산과 토론 문화의 부재로 인한 독선과 불통 등이 그것이다. 이러한 문제들을 극복하기 위해 그간 학자와 지성인은 지속적으로 고민을 하며 해법을 제시해 왔다. 공정과 정의, 배려와 관용, 그리고 대화와 소통에 대한 요구 등이 그것이다. 만약 우리의 사고와 행위가 공정하고 정의로우며 배려와 관용이 넘쳐 나고 서로 간에 대화와 소통이 잘 이루어지고 있다면, 이러한 단어들은 우리 시대의 화두로 등장하지도 않았을 것이다. 이러한 단어들이 시대적 요구로 '존재'한다는 것은 곧 이러한 단어들이 지시하는 상태가 우리 사회에 '부재'함을 뜻한다.

이로 본다면 '공공 공간에서의 행동 윤리'라는 논제에 대한 정답은 이미 다 나와 있다고 해도 과언이 아닐 것이다. 공정, 정의, 배려, 관용 등의 항목은 이 시대 우리 사회가 절실하게 필요로 하는 윤리적 원칙이자 덕목이다. 오늘 필자는 이러한 덕목들에 대해 새삼스럽게 원론적인 설명을 늘어놓고자 하지 않는다. 대신 이러한 덕목들을 가능케 하는, 그리고 이러한 덕목들의 근저에 깔려 있는 기본 전제로서 '참말 하기'가 얼마나 소중한지에 대해 말하고자 한다. '참말' 대신 '거짓말'이 횡행하는 사회에서는 대화와 소통이 이루어질 수 없으며, 대화와 소통이 단절된 사회에서는 무엇이 공정하고 정의로운지에 대한 토론과 합의가 불가능하고, 이러한 상태에서는 배려와 관용을 논하는 일 자체가 무망(無望)하기 때문이다.

3 거짓말과 신뢰의 위기

누구나 살다 보면 어쩔 수 없이 거짓말을 해야 하는 상황이 없을 수는 없겠지만, 우리 사회에는 너무도 많은 거짓말이 넘쳐 난다. 사인들의 관계에서 행해지는 거짓말은 소수 관련 당사자 간의 불화로 끝나 버릴 수 있다지만, 공적 영역에서 공인에 의해 행해지는 거짓말은 사회적 신뢰를 무너뜨림으로써 엄청난 기회비용의 손실을 초래하기도 한다. 근 10여 년간의 언론 보도에서 이전과 달리 특이하게 관찰되는 사항은 '거짓말'을 표제어로 하는 기사가 폭발적으로 증가하고 있다는 점이다. '거짓말'이라는 표제어를 단 기사 중 대표적인 것 몇 개만 소개하면 아래와 같다.(특정 정당이나 정치인을 폄훼하려는 의도는 없으며, 불필요한 논란을 피하기 위해 개인의 이름은 ○○○로, 그리고 이니셜은 ○○로 표시했다.)

「국정원, '거짓 해명' 연발…'국가조작원' 실토한 꼴」(《한겨레》, 2014년 3월 9일)

「철도 노조 "○○○ 부총리, 민영화 정당화 위해 거짓말"」(TV조선, 2013년 12월 25일)

「감사원, "○○ 정부 대운하 포기는 거짓말"」(《세계일보》, 2013년 7월 10일)

공적 영역에서 거짓말은 추방될 수 있는가

「"거짓말로 바벨탑을 쌓아도…"국감 말·말·말」(《광주타임즈》, 2013년 11월 3일)

「원전 부품 국산화도 '거짓말'」(MBC, 2013년 8월 6일)

「"내곡동 사저, 청와대 브리핑도 거짓말"」(《미디어오늘》, 2012년 6월 21일)

「"정부, 쇠고기 수입 국민에게 거짓말"」(MBN, 2012년 4월 27일)

「'거짓말로 드러난' 민간인 불법 사찰 청와대 해명」(《매일노동뉴스》, 2012년 4월 5일)

「나로호 거짓말과 천안함 거짓말」(《미디어오늘》, 2010년 6월 12일)

「계속되는 대통령 ○○○의 거짓말 퍼레이드」(《신문고뉴스》, 2009년 12월 6일)

「세종시보다 ○○○ 대통령의 거짓말이 더 문제다」(《오마이뉴스》, 2009년 9월 14일)

'거짓말'을 표제어로 단 기사 제목은 그래도 약과다. '거짓말'이라는 표현만으로는 지속적으로 되풀이되는 거짓말의 실태를 다 보여 주기 어려워서인지, 최근에는 '또 거짓말'이라는 표제어를 단 기사 제목이 늘고 있다. '또 거짓말'이라는 표제어를 단 기사 중 대표적인 것 몇 개만 소개하면 다음과 같다.

「○○○ 대통령 또 거짓말, 왜 이러시나」(《오마이뉴스》, 2014년 2월 19일)

「개인 정보 유출, 정부 또 거짓말 ○○○ 부총리」(《플러스코리아》,

2014년 1월 25일)

「대화록 수사 검찰, 또 거짓말」(《한국일보》, 2013년 11월 20일)

「"건보료 안 올린다며"…정부, 또 거짓말 논란」(MBN, 2013년 10월 25일)

「○○○ 국사편찬위원장, 또 거짓말 들통」(《뷰스앤뉴스》, 2013년 10월 30일)

「○○ 대원군 또 거짓말」(《뉴시스》, 2013년 10월 31일)

「국정원, 거짓말 또 거짓말」(《새한일보》, 2013년 9월 3일)

「'4대강 대운하 무관' ○○ 거짓말 또 들통」(《매일일보》, 2013년 7월 30일)

「"○○○, 반값 등록금 또 거짓말"」(《이데일리》, 2012년 11월 28일)

「"靑 또 거짓말, 2619건 모두 ○○ 정권 사찰"」(《뷰스앤뉴스》, 2012년 3월 31일)

「"정부 거짓말 또 거짓말…한국 민주주의 벼랑 끝"」(《경향신문》, 2010년 3월 21일)

「"거짓말 대통령이 '약속 지키는 정부'라고 또 거짓말"」(《오마이뉴스》, 2009년 12월 8일)

이러한 기사에서 '거짓말'의 주인공으로 지목되는 대상은 주로 청와대, 정부, 검찰, 국정원 등 국가의 중추 기관과 이러한 기관을 대표하는 공직자들이다. 국가 기관과 공직자들에 의해 반복적으로 유포되는 거짓말은 공적 제도에 대한 시민들의 불신을 심화하고 공동체를 건강하게 유지하는 데 필요한 사회적 자본을 아래로부터 붕괴

공적 영역에서 거짓말은 추방될 수 있는가

시킨다. 『사기(史記)』 「주본기(周本紀)」는 공인에 의해 반복적으로 자행되는 거짓말이 공적 신뢰의 위기를 초래하고, 신뢰의 위기는 곧 공동체의 붕괴로 이어진다는 역사적 교훈을 담고 있다.

주(周)의 유왕(幽王)은 주색에 빠져 간언을 멀리하고 정사를 돌보지 않았다. 제후 포향(褒珦)은 간언을 올렸다가 왕의 노여움을 사서 투옥되고 말았다. 포향의 아들 포홍덕(褒弘德)은 부친을 구하기 위해 포사(褒姒)라는 미녀를 구하여 왕에게 바쳤다. 유왕은 포사의 아름다운 자태에 빠져 왕후와 태자를 폐한 후, 포사를 새 왕후로 삼고 그녀가 낳은 아들을 태자로 세웠다. 그러나 아름답기 그지없는 포사는 웃는 법이 없었다. 유왕은 포사의 환심을 사기 위해 별짓을 다하다가 그래도 포사가 웃지 않자 영을 내렸다. "궁의 안과 밖을 불문하고 왕후를 웃게 하는 자에게는 천금을 내리리라." 그러자 대신 괵석보(虢石父)가 제안을 했다. "옛날 서쪽의 만족(蠻族)이 강성하여 서울을 자주 침범하였는데, 그들의 습격을 방지하기 위하여 수십 개의 봉화대를 설치하여 두었습니다. 근래에는 천하가 평안하여 그것을 사용한 적이 없습니다. 폐하께서 왕후와 함께 여산(驪山)으로 올라가서 봉화를 올리게 한다면 주변 제후국에서 지원군이 구름처럼 몰려올 것입니다. 그들이 다급하게 달려왔다가 헛걸음질하는 모습을 보면 왕후께서 반드시 재미있어 하실 것입니다."

유왕은 포사를 데리고 여산으로 가서 봉화를 올리게 했다. 주변 제후들은 왕실이 오랑캐에게 침략당한 것으로 여기고 왕을 구하기 위해 군대를 동원하여 급히 달려왔다. 그러나 봉화가 거짓이었음을 알고서는 허탈해하며 발걸음을 돌렸다. 포사는 그 광경을 보고 까르

르 웃었다. 그녀가 웃는 모습을 보고 왕은 기분이 흡족해서 괵석보에게 천금을 내렸다. 포사의 웃음에 매료된 유왕은 그녀가 웃는 모습을 다시 보기 위해 또 봉화를 올리게 했다.

한편, 폐위된 왕후의 친정아버지 신후(申侯)는 서쪽의 견융(犬戎) 족과 연합해 유왕을 치고자 하였다. 견융의 군대가 급습하자 수비대는 즉시 봉화를 올렸다. 산꼭대기마다 설치된 봉화대를 타고 위급함을 알리는 연기가 사방으로 퍼졌다. 그러나 지원군을 급파한 제후는 아무도 없었다. '또 거짓말'이라고 여긴 것이다. 결국 유왕은 견융족에 잡혀 생을 마감하고, 포사는 견융족 추장의 노리개가 되었다. 이로써 서주(西周)는 망하고 말았다.(B.C. 771)

4   거짓말과 후안무치

'또 거짓말'이라는 제목의 언론 기사가 늘고 있는 데서 알 수 있듯이, 우리 사회에는 너무도 많은 거짓말이 넘쳐 나고 있다. 거리낌 없이 거짓말을 되풀이하면서도 아무런 부끄러움을 느끼지 못하는 공인들의 모습은 이를 바라보는 국민들을 허탈하게 한다. 어떤 정치인은 공약을 지킬 수 없는 사정에 대해 국민에게 진솔하게 설명하고 이해를 구하는 대신 "표 얻으려고 장난 좀 쳐서 재미를 보았다."라고 희롱조로 말한다. 다른 어떤 정치인은 "국민이 속아서 표를 찍은 것이다. 우선 당선되고 보아야 하는데…… 정치인에게 공약을 지키라고 하는 것 자체가 불가능한 일"이라고 속내를 털어놓기도 한다. 애당초

　　　　　　　　　공적 영역에서 거짓말은 추방될 수 있는가

지킬 수도 없는 약속, 지키려는 의지조차 없는 거짓 약속을 남발하고 서는 이를 국민의 무지나 순진함 탓으로 돌려 버리는 후안무치에는 그저 말문이 막힐 따름이다.

거짓말은 정치인이나 공직자의 경우로만 한정되지 않는다. 재계, 학계, 종교계, 언론계에도 거짓말은 만연해 있다. 탈세와 배임 혐의로 감옥에 갔다가 특사로 풀려난 한 대기업의 총수가 기자들에게 "제발 국민들이 정직해지면 좋겠다."라고 엉뚱한 훈계를 늘어놓는가 하면, 영혼의 안내자라고 추앙받는 한 대형 교회의 목사는 거액의 탈세 혐의로 법정에 서기도 했다. 공직자 후보로 지명된 학자와 교수는 인사 청문회에서 표절 시비로 낙마하기 일쑤고, 왜곡 보도와 편파 보도를 일삼아서 불매 운동의 대상이 된 일간지도 있다. 더욱 큰일이라고 생각되는 것은 대형 사건이 벌어질 때마다 어김없이 터져 나오는 '특별 검사제'에 대한 요구다. 사법정의의 보루인 검찰에 대한 신뢰가 땅에 떨어졌음을 의미한다.(주나라의 안위를 걱정하는 사람들도 '봉화'라는 제도는 도대체 믿을 만한 것이 못되므로, '특별 봉화제'를 실시해야 한다고 주장했을지도 모를 일이다.)

여러 해 전 미국에서는 해군 역사상 최초로 수병에서 참모 총장까지 오른 입지전적 인물이 권총으로 자살을 하여 세간의 관심을 불러일으킨 적이 있다. 그는 받지도 않은 훈장 두 개를 자신이 받은 다른 훈장들과 함께 패용하고 다녔다. 《뉴스위크》 기자가 이를 취재하려 하자, 그는 기자를 만나기 직전 권총으로 자신의 가슴을 쏘았다. 그래도 그는 부끄러움을 아는 사람이었다. 우리 사회에 부끄러움을 아는 사람은 몇이나 될까? 공직자로 재직 중 또는 퇴임 후, 부패 혐의로 검찰청에 불려 나오는 사람들은 한결같이 당당하게 웃으면서 이렇게 말한다. "다 사실대로 밝혀지리라 믿습니다." 자신의 부패 혐의가 사실로 밝혀질 것을 믿는다는 것인지, 아니면 자신의 혐의가 무죄로 밝혀질 것을 믿는다는 것인지 도대체 속내를 알 수 없다. 전형적인 후안무치의 화법이다.

5 두 가지 부끄러움

후안무치(厚顔無恥)란 낯가죽이 두껍고 뻔뻔하여 부끄러움을 모른다는 뜻이다. 치(恥)라는 글자는 귀 이(耳)와 마음 심(心)으로 이루어진 회의자(會意字)이다. 자신의 허물을 지적하는 소리를 듣고 귓불이 붉어진다는 의미를 담고 있다. 부끄러움이라는 감정은 인지적, 심리적, 생리적 세 측면에서 살펴볼 수 있다. 자기의 잘못에 대한 자각과 반성(인지적 차원), 이로부터 파생되는 불편한 느낌(심리적 차원), 그리고 이에 수반하여 드러나는 얼굴의 홍조와 귓불의 화끈거림(생리적 측면)이 그것이다.

부끄러움은 '자기 평가적 감정'이다. 부끄러움이라는 감정은 평가의 기준에 따라 두 가지로 분류될 수 있다. 하나는 자신의 행위가 자기 내면에 설정해 놓은 가치 기준과 위배될 때 느끼는 '자괴성 부끄러움'이고, 다른 하나는 자신의 행위가 공동체가 설정해 놓은 가치 기준과 위배될 때 느끼는 '창피성 부끄러움'이다.[1]

공적 영역에서 거짓말은 추방될 수 있는가

6 긍정적인 의미에서 '부끄러움이 없는 상태'

그렇다면 부끄러움이 없는 상태란 어떤 심리 상태를 말하는 것일까? 부끄러움이 없는 상태는 긍정적, 부정적 두 차원으로 나누어 고찰해 볼 수 있다. 먼저 긍정적인 차원에서 '부끄러움이 없는 상태'는 다음 두 경우가 있다.

(1) 자신의 행위가 자기 내면에 설정해 놓은 가치 기준과 일치하는 경우

(2) 자신의 행위가 공동체가 설정해 놓은 가치 기준과 일치하는 경우

맹자는 군자의 삼락(三樂) 중 하나로 부끄러움이 없는 상태를 들었다. 그가 말하는 부끄러움이 없는 상태는 두 종류이다. 하나는 위로 하늘을 우러러 아무런 부끄러움이 없는 상태(仰不愧於天)이고, 다른 하나는 아래로 굽혀서 다른 사람들에게 아무런 부끄러움이 없는 상태(俯不怍於人)이다.[2] '하늘'은 양심을 뜻한다. 하늘을 우러러 아무런 부끄러움이 없다는 말은 곧 자기의 양심에 비추어 하등의 '자괴성 부끄러움이 없음(無愧)'을 말한다. 윤동주의 "하늘을 우러러 한 점의 부끄러움도 없기를" 바라는 마음도 바로 이 상태일 것이다. '다른 사람'이란 공동체를 말한다. 아래로 굽혀서 다른 사람들에게 아무런 부끄러움이 없다는 말은 공직자로서 자기의 행실이 공동체가 설정해 놓은 가치 기준에 비추어 아무런 '창피성 부끄러움이 없음(無怍)'을 뜻한다.

7 부정적인 의미에서 '부끄러움이 없는 상태'

그렇다면 부정적인 의미에서 부끄러움이 없는 상태, 즉 무치(無恥)란 어떤 심리 상태일까? 무치하다고 말해지는 사람의 심리 상태는 다음 두 경우로 나누어 고찰해 볼 수 있을 것이다.

1 자기상(自己像)과 관련된 가치 기준이 내면에 설정되어 있지 않은 경우

자기상이란 "나는 이러이러한 사람이 되겠다."라는 인격의 청사진을 말한다. 예를 들어 "나는 신의 있는 사람이 되겠다."라는 가치 기준이 내면에 확고하게 설정되어 있는 사람의 경우, 거짓말을 하면 곧 '거짓말했음'에 대한 자각과 반성이 일어나고(인지적 차원), 불편한 느낌이 생겨나며(심리적 차원), 얼굴과 귓불이 화끈거리게 된다.(생리적 차원) 하지만 이러한 가치 기준이 전혀 설정되어 있지 않은 사람은 거짓말을 해도 아무런 자각이나 반성이 일어나지 않으며 불편한 느낌도 없을뿐더러 얼굴이나 귓불이 화끈거리지도 않는다. 잘못을 반성할 수 있는 자기 평가의 기준이 아예 결여되어 있기 때문이다.

하지만 아무리 후안무치한 사람이라도, 인생을 살면서 궁극적으로 추구하려는 목표와 지향이 없을 수는 없는 일이다. 비록 "신의 있는 사람이 되겠다."와 같은 인격적 가치는 아니더라도 다른 종류의 가치, 예를 들어 "어떤 일이 있어도 꼭 부자가 되고 말겠다." 또는 "무슨 수를 써서라도 꼭 출세하고 말겠다."와 같은 물질적 가치 기준이 강하게 설정되어 있는 사람도 적지 않을 것이다.

공적 영역에서 거짓말은 추방될 수 있는가

정직이나 신의와 같은 인격적 가치 기준은 결여된 반면 치부나 출세와 같은 물질적 가치 기준만이 유일하게 삶의 목표로 설정되어 있는 경우, 이런 사람에게서 거짓말의 결과로 '자괴성 부끄러움'을 기대하기란 불가능한 일이다. 이런 심성의 소유자가 혹시라도 '자괴성 부끄러움'을 느끼게 되는 경우란, 목표로 했던 만큼 부를 축적하지 못했거나 목표로 했던 만큼 출세하지 못했을 때일 것이다.

인격적 가치 대신 물질적 가치만을 삶의 목표로 설정하고 있는 사람은 수단과 방법을 가리지 않고 목표로 하는 결과를 이루려고 한다. 거짓말, 꼼수, 사기, 기만, 권모술수를 써서라도 기어코 부와 권력을 이루려고 하는 사람이 이에 속한다. 칸트는 "결과는 수단을 정당화할 수 없다."라고 말한다. 아무리 결과가 좋아도 수단이 나쁘다면 도덕적으로 정당화될 수 없다는 뜻이다. 유권자와의 '공적인 약속'을 그저 득표를 위한 '수단'쯤으로만 여기는 정치인은 분명 반(反)칸트적, 비(非)도덕적이다. 그에게 최종적으로 중요한 것은 오직 권력의 획득일 뿐, 일단 권력을 획득하고 난 뒤에 공약은 한낱 "표 얻으려고 장난 좀 쳐 본 것" 또는 "무지한 국민들이 속아 넘어간 것"에 불과하다. 이상의 분석에 의하면, 후안무치하다고 지목되는 사람의 한 부류는 '인격적 자기상과 관련된 가치 기준이 내면에 설정되어 있지 않은 사람'을 가리킨다.

2 공동체가 설정해 놓은 가치 기준이 입력되지 않은 경우

인격적 자기상이 설정되어 있지 않은 사람도 부끄러움을 느낄 수 없지만, 공동체가 요구하고 기대하는 가치 기준이 입력되어 있지 않은 사람도 부끄러움을 느끼기 어렵다. 공동체는 자체의 안정과 번영을 위해 모종의 규칙을 제정하여 구성원들에게 준수하기를 요구한다. 예를 들어 성실과 신의의 원칙, 공정한 게임의 규칙, 타인의 인격과 권리에 대한 존중 등이 그것이다.

아무리 도적들의 집단이라 해도 훔친 물건의 공정한 분배를 위해서는 모종의 규칙을 두기 마련이다. 규칙이 준수되지 않는다면 그 집단은 곧 와해의 위기를 맞게 된다. 공동체가 요구하는 가치 기준이 입력되어 있지 않은 사람에게 공동체의 규칙은 나의 이익을 가로막는 '거추장스럽고 불필요한 규제'에 불과하다. 더 많은 이익과 출세가 보장되기만 한다면 이런 규칙들은 잠시 접어 두는 편이 낫다. 성실과 신의 대신 꼼수와 거짓말, 공정한 게임의 규칙 대신 편의주의와 한탕주의, 타인의 인격에 대한 존중 대신 다른 사람을 도구로 이용하다가 쓸모없어지면 폐기 처분해 버리는 것이야말로 진정으로 나의 이익을 보장해 주는 '멋진 규칙'이다. 공동체의 규칙이란 한가하고 비현실적인 도덕주의자들이나 지키는 것이다. 남들이 나를 신의 없는 사람이라고 비난해도, 남들이 나를 거짓말쟁이라고 욕해도 얼굴 붉힐 필요는 없다. 결국 많이 가지는 자가 최종 승자이고, 세월이 흐르면 사람들의 비난은 잊힐 것이기 때문이다.

이처럼 공동체가 설정해 놓은 가치 기준이 내면에 입력되어 있지 않은 사람의 경우, '창피성 부끄러움'을 느끼기란 원천적으로 불가능한 일이다. 이런 사람은 자기 이익의 획득과 관련된 지능 지수는 높을지 몰라도, 자신의 행위가 얼마나 도덕적으로 비난받을 만한지에 대한 인지 능력은 결여되어 있다. "낯가죽이 두껍다."라는 은유적 표현

공적 영역에서 거짓말은 추방될 수 있는가

은 사실 엄밀하게 말하면 '도덕적 인지 능력의 결함'을 뜻하는 것이다. 도덕적 인지 능력이 넓은 의미에서 인간이 가진 인지 능력의 한 부분이라면, 후안무치한 사람은 인지 능력에 심각한 결함이 있는 인간이라고 할 수 있다.

이처럼 공동체가 규정해 놓은 게임의 규칙을 무시한 채 자기의 이익에만 초점을 맞추어 그때그때 언행을 바꾸는 사람을 '무원칙적 실리주의자' 또는 '무도덕적 현실주의자'라고 부른다. 어느 시대, 어떤 사회를 막론하고 이런 유형의 사람은 항시 있어 왔다. 문제의 심각성은 이런 부류의 사람이 소수가 아닌 다수가 되어 가고, 공동체의 안위에 결정적인 영향력을 미칠 수 있는 공인으로 등극한다는 데에 있다.

8 지도자는 거짓말을 해도 된다?

우리 시대에는 마키아벨리를 멘토로 삼으려는 사람이 무척 많은 것 같다. 마키아벨리가 이상으로 여기는 군주는 일종의 '무도덕적 현실주의자'이다. 그는 기독교 전통에서 군주의 덕성으로 전해져 온 신의·관대·자비 대신 '신중함(prudence)'이야말로 군주가 갖추어야 할 가장 중요한 덕목으로 간주했다. 신중함이란 행위의 '수단'에 관한 윤리적 숙고가 아니라 '결과'를 예측하고 계산할 수 있는 도구적 합리성이다. 군주는 신의 대신 위약(違約)과 배신, 관대 대신 인색, 자비 대신 가혹이 더 나은 '결과'를 보장한다고 판단될 때는 기꺼이 신의·관대·자비를 버리고 배신·인색·가혹의 편에 설 수 있어야 한다고 그는 말한다. 마키아벨리즘이 기만, 음모, 권모술수로 대변되는 '악덕의 처세술'을 의미하게 된 것은 바로 이 때문이다.

하지만 마키아벨리의 의도를 지나치게 확대 해석해서는 안 될 것이다. 그가 『군주론』에서 말하는 '군주'란 개인 또는 당파적인 권력욕을 위해 거짓말과 속임수를 남발하는 파렴치한이라기보다, 국가의 일반 이익을 실현해야 할 주체로 상정된 책임 정치의 집행자이다. 그가 이 글을 쓸 당시 이탈리아는 여러 개의 작은 나라로 분열되어 스페인, 프랑스, 터키 등 강국에 둘러싸여 있는 상황이었다. 분열된 나라를 통합하여 강력한 통일 국가를 세우기 위해서는 영명한 군주가 필요했고, 『군주론』은 이러한 임무를 이루어 낼 군주의 자질을 논한 책이다.

그는 군주가 '필요하다면' 개인적 차원의 미덕은 접어 두어야 한다고 보았다. 군주가 사적 차원에서 시행하는 미덕이 때로는 공동체의 일반 이익에 치명적인 결과를 초래할 수도 있기 때문이다. 예를 들어 로마의 장군 스키피오는 지나치게 관대하고 자비로워서 그의 군대는 스페인 원정 때 반란을 일으킬 정도로 군기가 문란했다. 이와 대조적으로 카르타고의 한니발은 지나치게 가혹했지만 그의 엄격한 통솔 방식은 잡다한 인종으로 구성된 군대에 군기를 불어넣어 항상 전투에서 전력을 극대화할 수 있었다는 것이다. 마키아벨리는 로마사의 교훈에서 볼 수 있듯이 군주에 의해 '잘못 실행된 선'이 공동체의 일반 이익에 치명적인 손해를 입힐 수 있으며, '잘 실행된 악'이 결과적으로 공동체의 이익을 증진시킬 수도 있다고 본 것이다.

신중함의 덕목은 수단의 선악보다는 결과의 성공과 실패를 저울

공적 영역에서 거짓말은 추방될 수 있는가

질하는 능력이다. 이 점에서 본다면 마키아벨리의 입장은 "아무리 결과가 좋아도 수단이 나쁘면 도덕적으로 정당화될 수 없다."라고 여기는 칸트의 의무론적 윤리와는 양립할 수 없는 것으로 보인다. 하지만 '필요하다면'[3]이라는 단서에서 알 수 있듯이 마키아벨리가 시종일관 군주에게 악덕을 권고한 것은 아니다. 그는 『군주론』에서 "신중한 사람이라면 자신의 권력 기반을 파괴할 만한 악덕으로 악명을 떨치는 것을 피하고, 또 정치적으로 위험을 초래하지 않는 악덕들도 가급적 피하도록 노력해야 할 것이다."[4]라고 적고 있다. 이러한 언급으로 볼 때, 그 역시 너무 빈번하게 자행되는 악덕은 신뢰의 위기를 초래하고, 결국은 군주의 권력 기반마저 무너뜨리게 될 것으로 여긴 것이다. 그는 『리비우스 논고』에서 "일반적인 일에서는 어떤 경우라도 간계(奸計)를 써서 상대를 속이는 일은 피해야 한다."[5]라고 말하기도 한다. 그가 기만술이나 간계로 일관하지는 않았음을 보여 주는 대목이다.

그간 마키아벨리는 수많은 독자들로부터 사악한 기만술로만 읽혀져 왔지만 이는 너무 편협한 독해 방식이다. 비록 정상인의 도덕감(道德感)으로는 선뜻 받아들이기 어려운 측면이 있기는 하지만, 근대 정치사상의 비조로서 마키아벨리에게 얻을 수 있는 긍정적인 시사점이 있다면 "공동체의 지도자는 '결과'를 담보할 수 있는 책임 윤리의 소유자여야 한다."라는 점이다. 개인적 차원의 도덕이나 신념에 매달려 공동체 전체의 안위를 망가뜨리는 불행한 결과를 초래해서는 안 된다는 것이다.

'공인의 거짓말'이라는 주제와 관련하여 우리가 마키아벨리에게 묻고 싶은 질문은 "좋은 결과를 위해서라면 지도자는 언제나 거짓말을 해도 되는가?"하는 문제이다. 마키아벨리는 '언제나' 대신 '필요하다면'이라고 말하며 악덕 시행의 경우를 제한하고 있다.

> 자비롭고 신의가 있고 인간적이고 정직하고 경건한(종교적인) 것처럼 보이는 것이 좋고, 또한 실제로 그런 것이 좋다. 그러나 달리 행동하는 것이 필요하다면, 당신은 정반대로 행동할 태세가 되어 있어야 하며 그렇게 행동할 수 있어야 한다.[6]

위 글에서 볼 수 있듯이, 마키아벨리는 자비·신의·정직 등의 덕목을 일단 긍정하고서 논의를 시작한다. 군주에게 이러한 덕목들이 갖추어져 있다면 좋은 일이기는 하지만, '필요하다면' 다르게 행동할 수 있어야 한다는 것이다. 흔히 독자들이 오해하는 것처럼 자비·신의·정직 등의 가치를 근본적으로 부정하는 '사악한 기만술'의 입장은 아님을 알 수 있다. 그의 언급에서 문제가 되는 것은 '필요한 경우'라는 단서 조항이다. 과연 그가 말하는 '필요한 경우'란 어떤 경우일까? 마키아벨리를 그가 처했던 시대적 상황 속에서 동정적으로 이해한다면, '필요하다면'이라는 단서 조항은 분열된 이탈리아를 하나로 통합하여 강력한 통일 국가를 이루기 위한 목적 즉 '공동체의 일반 이익'에 부합하는 경우를 가리키는 것으로 볼 수 있다. 만약 이러한 독법이 지나치게 동정적인 것이라면, '필요하다면'이라는 단서를 공동체의 일반 이익뿐 아니라 군주 자신의 권력 유지까지도 포함하는 것으로 읽을 수도 있을 것이다. 군주정이라는 정치 제도 아래서 군주는 사회 통제와 권력 유지를 위하여 때로는 자비 대신 가혹함을, 너

공적 영역에서 거짓말은 추방될 수 있는가

그러움 대신 단호함을 사용하여 신민을 통제할 필요가 있었을 것이다. 유학에서도 통치의 원리로서 너그러움(寬)과 사나움(猛)을 조화롭게 섞어서 사용하는 '관맹 절충주의'나, 덕과 형벌을 시의에 맞게 섞어 쓰는 덕주형보(德主刑輔)를 말한 것으로 볼 때, "군주는 때로 개인적 차원의 미덕을 접어 둘 필요가 있다."라고 여기는 마키아벨리의 입장에 일정 부분 수긍이 간다.

하지만 가혹함과 단호함의 문제는 치명적인 악덕으로 치부되는 기만이나 거짓말과는 별개의 문제로 다루어져야 한다. 영명한 군주의 결단에 의한 단호하고도 가혹한 통치는 상황에 따라 악덕이 아니라 미덕으로 평가받을 수도 있다. 공동체가 외적의 침입을 받아 존망의 위기에 직면했을 때, 지도자의 단호하고도 가혹한 독려는 공동체 구성원들의 역량을 결집하는 훌륭한 수단이 될 수도 있기 때문이다. 하지만 되풀이해서 거짓과 기만으로만 일관하는 지도자에게는 '영명한 군주'라는 칭호 대신 '양치기 소년'이라는 조롱이 안겨지기 십상이다. 공자의 "무신불립(無信不立)"이라는 말에서도 볼 수 있듯이, 백성의 신뢰가 없으면 나라는 지탱될 수 없다. 군주의 거짓말은 정말로 '불가피한 경우'로 제한되는 것이 좋으며, 이 또한 너무 자주 되풀이되어서는 곤란하다. 그리고 군주의 거짓말은 최종적으로 드러난 '결과' 즉 공동체의 일반 이익과 부합하는가의 여부에 비추어 그 불가피성이 인정될 때 비로소 신민들로부터 용서받을 수 있는 것이다.

그러면 우리의 언론 보도에서 다루고 있는 공인과 공직자들의 거짓말은 과연 마키아벨리가 말하는 '필요한 경우'에 해당하는 것일까? 우리 사회 공인과 공직자의 거짓말은 진정 공동체의 일반 이익이라는 '좋은 결과'를 위한 것일까? 물론 이러한 경우가 아주 없지는 않겠지만, "표 얻으려고 장난 좀 친 것이다."라는 기만적 태도는 공동체의 일반 이익을 위한 고상한 의도에서 나온 것으로는 보이지 않는다. 국가 기관과 공직자에 의해 빈번하게 행해지는 거짓말은 과연 '기만적 수단'을 정당화해 줄 만큼 '좋은 결과'를 담보하고 있는 것일까? 언론에 보도되는 수많은 공인의 거짓말 중 과연 어떤 것이 좋은 결과(공익)를 위한 선의의 거짓말이고 어떤 것이 사적 욕망(사익)의 충족을 위한 사악한 거짓말일까? 정치인들이 서로 상대방의 말을 거짓말이라고 주장하는 '거짓말 공방전'에서 참과 거짓을 밝힐 수 있는 명확한 기준은 존재하는 것일까? 거짓말은 참말과 어떻게 구별될 수 있으며, 선의의 거짓말은 악의의 거짓말과 어떻게 구분될 수 있을까?

9 거짓말의 구성 요소

거짓말에 속아 넘어가지 않기 위하여 우리는 거짓말과 참말을 구별할 수 있어야 하고, 거짓말과 그릇된 말의 차이에 대해서도 알아 둘 필요가 있다. 거짓말의 성격을 규명하기 위해 마련된 복잡하고 정교한 이론도 있겠지만, 여기서는 간편하게 '주관'과 '객관'의 구분으로부터 논의를 시작하기로 하자.

'주관성'이란 발화자의 태도를 말한다. 화자의 태도는 크게 성실성(誠)과 허위성(僞)으로 나눌 수 있다. 성실성이란 화자가 자신이 인지하고 있는 내용을 상대방에게 '있는 그대로' 전달하려고 하는 태도

　　　　　　　공적 영역에서 거짓말은 추방될 수 있는가

이고, 허위성이란 화자가 자신이 인지하고 있는 내용을 '반대로' 또는 '왜곡해서' 상대방에게 전달하려는 태도이다.

'객관성'이란 발화자가 가지고 있는 인지 내용이 객관 사실과 일치하는지의 여부를 말한다. 만약 화자가 가지고 있는 인지 내용이 객관적 사실과 부합한다면 그의 인지 내용은 참(眞)이 되지만, 객관 사실과 부합하지 않는다면 그의 인지 내용은 거짓(假)이 된다.

대부분의 경우에 태도의 '성실성'은 인지 내용의 '참'과 결합하여 참말을 만들어 내고, 태도의 '허위성'은 인지 내용의 '거짓'과 결합하여 거짓말을 만들어 낸다. 예를 들어 봉화대를 지키는 충성스러운 수비대가 견융족의 침입을 발견하고 "적군이 쳐들어온다!"라고 외친다면 이는 '참말'에 해당한다. 그러나 포사의 웃음을 보기 위해 적의 그림자도 보이지 않는데 "적군이 쳐들어온다!"라고 외친다면 이는 거짓말에 해당한다. '기만적 의도'와 '거짓 사실'의 결합은 새빨간 거짓말을 만들어 낸다. 새빨간 거짓말은 맥락에 따라 사기, 기만, 위조, 날조 등의 이름으로 불리기도 한다. 있지도 않은 적의 침입을 국민들에게 과장해서 떠벌리면서 그 반사 이익으로 사욕을 채우려는 정치인의 거짓말은 꼭 주나라에 국한된 이야기만은 아닐 것이다. 정보 접근의 제한성을 이용하여 사실을 은폐하거나 왜곡하면서 사리사욕에 매진하는 정치인들로 이루어진 정부 형태를 고대 그리스에서는 '도적 지배 체제(klpetocracy)'라고 불렀다. 이러한 정치 체제의 집권 세력인 '도적 정치가(kleptocrat)'들이 공동체의 일반 이익을 외면하고 사적인 부와 권력에만 매달림으로써 법질서는 붕괴되고 국민은 큰 고통을 겪게 된다. 정치인과 공직자의 거짓말로 인해 발생하는 피해는 고스란히 국민의 몫으로 전가되는 것이다.

'제대로 말하기'란 쉽지 않은 일이다. 세상에 떠도는 말 가운데에는 참말과 거짓말만 있는 것이 아니다. 태도의 성실성이 항상 내용의 참으로 연결되는 것은 아니며, 태도의 허위성이 항상 내용의 거짓으로 연결되는 것도 아니다. 화자가 '성실성'에 입각하여 말을 한다고 해서 그의 발언이 항상 '참말'인 것은 아니다. 비록 화자가 '성실성'에 입각하고 있다 하더라도, 그의 인지 내용이 객관 사실과 부합하지 않다면 그의 발언은 참말이라고 할 수 없으며, 그릇된 말로 치부된다. 예를 들어 "천성산에 터널이 뚫리면 도롱뇽의 서식지가 파괴된다."라고 여겨 공사 중단을 요구하며 200여 일 동안 단식 농성을 벌였던 한 스님의 경우를 보자. 비록 그 주장은 '자연 보호'라는 진실된 의도에서 나온 것이지만, 안타깝게도 그녀의 인지 내용은 '참'이 아니었다. 공사가 완료된 지금에도 도롱뇽은 사라지지 않았으며 늪지대는 파괴되지 않았다. 수백억 원의 공적 자금만 손실이 난 것이다. 이러한 종류의 발언은 '거짓말'이라기보다 '그릇된 말'에 해당한다. '그릇된 말'은 맥락에 따라 착각, 오류, 무지, 단견 등으로 불리기도 한다. '제대로 말하기' 위해서는 태도의 성실성뿐 아니라 인지 내용의 사실성까지 고루 갖추어야 함을 알 수 있다.

화자의 태도가 기만적이라고 해서 그의 발언이 항상 거짓말로 낙착되는 것도 아니다. 드물기는 하지만 다음 경우를 생각해 보자. 체육 시간이 끝나고 교실로 돌아와 보니 한 학우의 지갑에서 돈이 없어졌다. 선생님은 학생들을 하나씩 불러서 알리바이를 추궁했다. X라는 학생의 차례가 오자 그는 평소에 미워하던 Y를 범인으로 지목하여

공적 영역에서 거짓말은 추방될 수 있는가

거짓 증언을 했다. 선생님이 Y를 불러서 추궁하자 공교롭게도 Y가 범인인 것으로 드러났다. 이 경우 X는 과연 거짓말을 한 것일까 아닐까? 그의 의도는 분명 기만적이었지만 결과는 '사실'로 판명되었다. 아쉽게도 이런 종류의 '기만적인 참말'을 가리키는 적확한 단어는 우리말 사전에 없는 것 같다. 이상에서 이루어진 논의를 도표로 정리하면 아래와 같다.

	태도의 성실성	태도의 허위성
내용의 참	참말	기만적인 참말
내용의 거짓	그릇된 말	거짓말

위의 논의에서 알 수 있듯이, 태도의 허위성 즉 '속이려는 의도'는 거짓말을 구성하는 필요조건에 해당하고, 인지 내용의 거짓 즉 비사실성(non-factiveness)은 거짓말을 구성하는 충분조건이 된다. 결론적으로 거짓말이란 상대방을 속이려는 의도로 사실을 반대로 말하거나 은폐, 왜곡, 조작, 날조해서 전달하는 언어 행위를 말한다.

10 공적 덕성의 기본 전제로서 '소통'의 능력

우리는 군주정의 시대를 지나 민주정의 시대를 살고 있다. 민주 공화국의 주인으로서 시민들은 자신이 몸담고 있는 공동체가 지향해야 할 '선'과 '정의'에 대해 자유롭게 말할 수 있어야 한다. 공동체를 위하여 무엇이 좋은 길인지에 대해서는 고독한 군주 1인의 용단에 의해서가 아니라, 자유롭고 대등한 시민들의 대화와 토론에 의해 합의가 도출되어야 한다. 군주정에서는 군주가 가지고 있는 개인적 신념이나 독단에 의해 공동체의 안위를 가를 수 있는 진리가 '선포'되었지만, 민주 공화국에서는 대등하게 말할 자격을 가진 시민들의 대화와 합의에 의해 진리가 '도출'되어야 한다.

마키아벨리의 군주정에서는 영명한 군주의 용단을 관철하기 위해 '필요하다면' 거짓말이 용인될 수도 있었지만, 시민들의 대화와 합의에 의해 공동선이 도출되는 민주 공화국에서 지도자와 공직자의 거짓말은 정당화될 수 없다. 이러한 사회에서 '참말 하기'에 기초한 의사소통적 합리성은 '공적 시민'이 되기 위한 전제 조건이며 사회 갈등 해결을 위한 필수적인 능력이다. 공정, 정의, 배려, 관용 등 민주 사회의 시민으로서 가져야 하는 소중한 덕성들이 있지만, 이러한 덕성들의 기저에 깔려 있는 기본 전제로서 소통의 능력이 없다면 덕성의 실현은 불가능하다. 대화와 토론이 없다면 진정 무엇이 공정하고 정의로운지에 대한 합의가 불가능해지며, 대화와 소통의 단절은 배려와 관용 대신 억압과 차별을 불러오기 때문이다.

하버마스는 공공 공간에서 의사소통이 합리적으로 이루어지기 위해서는 네 가지 조건이 필요하다고 본다. 첫째는 '사실성'으로, 화자의 발화 내용이 객관 사실과 부합해야 함을 말한다. 둘째는 '진실성'으로, 화자의 태도가 성실하고 의도가 순수해야 함을 뜻한다. 셋째는 '타당성'으로, 화자의 발화 내용이 규범적으로 이치에 맞아야 함

공적 영역에서 거짓말은 추방될 수 있는가

을 뜻한다. 넷째는 위 세 가지에 공통으로 적용되는 사안으로서 '이해 가능성'이다. 듣는 사람에게 화자의 말이 이해 가능해야 함을 뜻한다. 화자에게 이 네 조건이 갖추어져야 비로소 합리적인 대화와 소통이 시작될 수 있다. 참여자들이 이해 가능한 언어로, 성실하고 진실된 태도로, 객관 사실에 입각하여, 타당한 방식으로 대화를 통해 합의에 도달했다면, 참여자들은 서로가 합의해 낸 사항을 준수할 도덕적 책무를 갖게 된다.

하버마스가 합리적 의사소통의 조건으로 제시한 네 가지 항목은 사실 우리가 위에서 논의했던 '참말 하기'의 구성 요건을 약간 더 확장한 것이다. 거짓말이 넘쳐 나는 우리의 현실에서 볼 때 하버마스가 말하는 의사소통적 합리성은 '이상적인, 너무도 이상적인 것'이어서 좀처럼 실현이 가능하지 않은 것처럼 들린다. 공적 영역에서 공인에 의해 행해지는 거짓말도 그렇지만, 사이버 공론장에서 네티즌끼리 주고받는 발언에서도 사실성, 진실성, 타당성, 이해 가능성을 고루 갖춘 말을 발견하기란 쉬운 일이 아니다. 진실성과 사실성도 갖추지 않았을 뿐 아니라 아예 이해가 불가능한 '막말'과 '유체 이탈 화법'이 떠도는가 하면, 진실성과 사실성을 결여한 새빨간 거짓말이 난무하기도 한다. 또 진실성은 갖춘 듯하지만 전혀 사실성에 근거하지 않은 '그릇된 말'도 드물지 않게 발견할 수 있다. 어떻게 하면 공공 세계에서 거짓말을 추방하고 참말이 오가게 할 수 있을까? 어떻게 하면 정치인과 공직자로 하여금 거짓말을 멈추게 할 수 있을까? 어떻게 하면 후안무치한 사람 대신 신뢰감과 명예감을 갖춘 인격자를 공인으로 추대할 수 있을 것인가?

11 어떻게 하면 공공의 세계에서
거짓말을 추방할 수 있을까?

시대와 문화의 차이를 막론하고 약속 위반이 비난을 받는 것은 단지 도덕적으로 그르기 때문만은 아니다. 특히 공공 세계에서의 약속 위반은 공동체 전체의 안정과 번영에 심각한 위해를 초래할 수 있기 때문에 지탄의 대상이 된다. 교통 신호를 예로 들어 보자. 교통 신호는 충돌 사고와 인명 피해를 방지하기 위해 마련된 사회적 약속 체계다. 운전자들이 서로 먼저 가겠다고 하나둘 신호를 위반하게 되면, 나중에는 도로가 주차장으로 변해 버려 모두가 오도 가도 못하는 상황에 처하게 될 것이다. 이처럼 공공 세계에서의 약속은 공동체의 안정과 번영을 위해 반드시 준수되지 않으면 안 되는 공공재의 성격을 지닌다.

조직 내에 신뢰가 있어야만 구성원들의 헌신과 몰입을 높일 수 있고 생산성의 증대도 꾀할 수 있다. 조직에 대한 신뢰도가 떨어지면 구성원들의 헌신과 몰입은 낮아지고 생산성 또한 하락할 수밖에 없다. 사회에 신뢰가 있음으로 해서 구성원들은 자발적으로 협동을 할 수 있고 감시와 통제에 드는 비용을 줄일 수 있다. 신뢰가 낮은 사회에서는 협동이 불가능해짐으로 말미암아 생산성이 낮을 뿐 아니라, 감시와 통제를 위한 사회적 비용이 기형적으로 증가하게 된다. 신뢰란 쌓기는 어렵지만 무너지기는 한순간이다. 붕괴된 신뢰를 재건하기 위해서는 처음보다 몇 곱절의 시간과 노력이 필요하게 된다.

민주 국가에서 '공적 신뢰'의 토대는 입법·사법·행정 권력이 분

공적 영역에서 거짓말은 추방될 수 있는가

립하여 각기 맡은 기능을 자율적으로 수행하는 체제의 일관성, 안정성, 효율성에 있다. 사회 규칙을 생산하는 '입법', 만들어진 규칙을 적용하고 집행하는 '행정', 규칙 위반자를 감독하고 제재하는 '사법' 권력이 분립하여 각기 맡은 임무를 효과적으로 수행할 때 참여자들도 안심하고 게임에 몰입할 수 있으며, 법치도 제대로 작동하게 된다. 그러나 규칙 생산자인 입법부가 행정 권력의 거수기로 전락하거나, 규칙 위반자를 감독해야 할 사법부가 행정 권력의 시녀로 전락해 버린다면, 이런 체제는 군주정과 크게 다르지 않게 될 것이다. 특히 공적 영역에서 생겨나는 규칙 위반자를 감독하고 관리해야 할 임무를 맡은 사법 기구가 행정 권력에 의해 사용화(私傭化)될 때 법과 제도의 공정성은 무너지고 사회 전반에 신뢰의 위기가 찾아오게 된다.

공적 영역에서 거짓말을 감독하고 관리해야 할 사법 기구가 행정 권력의 하수인으로 전락해 버린다면, 공인의 거짓말을 감독하는 임무는 누구의 몫이 되는가? 의회 민주주의 체제에서 행정 권력의 독주를 견제하고 공직자의 거짓말을 감시하는 역할은 당연히 야당의 몫이 될 것이다. 그러나 불행하게도 야당이 행정 권력의 독주를 견제할 능력도 없거니와 야당 또한 거짓말쟁이 정치인들로 가득 차 있다면?

민주주의 사회에서 행정 권력에 대한 감시 기능과 관련하여 사법부나 야당 못지않게 중요한 역할을 맡고 있는 부문은 언론이라고 할 수 있다. 특히나 주권자의 직접 참여가 불가능한 대의 민주주의 정치 체제에서 언론의 역할은 중차대한 것이다. 언론은 공적 영역에서 일어나는 '사실'을 시민들에게 있는 그대로 전달하고, 이에 관한 시민들의 의견을 정치 지도자에게 전달함으로써 양자 간에 소통을 가능케 하는 메신저 역할을 수행하는 것이 이상적이다. 이런 점에서 사법 기구의 사용화로 인해 발생하는 역할 공백을 그나마 조금이라도 대리, 보충해 줄 수 있는 기구는 언론으로 보인다. 그러나 언론마저 행정 권력과 결탁하여(권언유착) 독립성과 공정성을 기약할 수 없다면 거짓말을 감시하는 임무는 다음으로 누구의 몫이 되어야 하는가?

사법 기구의 사용화, 야당의 무능함, 그리고 권언유착이 심각해진 상황이라면, 공인의 거짓말을 감시하는 역할은 반부패연합이나 총선연대와 같은 시민 단체에 맡겨 볼 수도 있을 것이다. 주권자인 시민들의 자유로운 연합에 의하여, 거짓말쟁이 후보에게는 표를 주지 않는 방법(낙선 운동), 그리고 부패하고 무능한 공직자를 소환하는 방법(주민 소환제) 등을 생각해 볼 수 있을 것이다. 그러나 이런 방법들은 상시적으로 사용할 수 있는 방법이 아니며, 행정 권력의 시녀가 된 사법부로부터 위헌 판정을 받을 염려도 있다. 뿐만 아니라 처음에는 공익을 위해 출발했던 시민 단체들이 특정 집단의 이익을 대변하면서 '이익 단체화'되거나 행정 권력의 시혜를 받아서 '정치 단체화' 되는 상황이라면, 그다음으로 '거짓말 감시'의 임무는 누구의 몫으로 남게 되는가?

마지막으로 남은 '거짓말 감시 임무'의 최종 후보자는 유권자 자신이다. 하지만 유권자들마저 되풀이되는 공인들의 거짓말로 '정치 혐오증'에 걸려 정치에 무관심해져 버렸다면? 유권자들마저 주권자로서의 권리를 포기해 버린다면, 이제 '거짓말 감시'의 임무를 수행할 주체는 하나도 남지 않은 셈이 된다.

공적 영역에서 거짓말은 추방될 수 있는가

12 정치 혐오증과 민주주의의 위기

2005년에 광복 60주년을 맞이하여 《서울신문》에서 정치인에 대한 신뢰도를 묻는 여론조사를 실시했는데, 응답자 1000명 중 385명이 10점 만점에 0점을 매겼으며 전체의 91퍼센트에 해당하는 응답자가 5점 이하의 낙제점을 주었다. 2006년에 한국능력개발연구원이 전국 성인 남녀를 대상으로 주요 직업의 윤리 수준을 조사한 결과, 국회 의원이 꼴등을 차지한 것으로 나타났다. 2008년에 교육개발원이 한국 사회의 신뢰도를 조사한 결과, 정부 기관 신뢰도는 12.6퍼센트, 공직자에 대한 신뢰도는 7.7퍼센트로 맨 밑바닥을 맴돌았다. 2010년에 시장 조사 기관인 닐슨컴퍼니코리아가 시행한 주요 직업 신뢰도 조사에서 국회 의원에 대한 신뢰도는 10점 만점에 2.4점으로 꼴찌를 기록했고, 지방 정부와 중앙 정부 공무원에 대한 신뢰도도 각각 3.8점, 3.9점으로 그다음을 기록했다.

정치인과 공직자에 대한 불신이 정치 혐오증으로 이어지게 되는 것은 당연한 귀결이다. 시민들이 정치판의 시시콜콜한 구석에까지 관심을 가지고 열을 올리며 갑론을박하는 '정치 과잉'도 문제지만, 투표일만 되면 김밥을 싸들고 나들이를 떠나 버리는 '정치 무관심'도 큰 문제다. 한때는 정치에 대한 무관심이 교양인의 미덕으로 여겨지던 시절도 있었다. 공자도 도(道)가 행해지지 않는 현실에 실망을 느끼고 은둔하려는 의사를 표명한 적이 있다. "도가 행해지지 않으니 뗏목을 타고 바다로 떠 버리겠다.(道不行, 乘桴浮于海.)"라는 말이 그것이다. 부패한 절대 권력 앞에서 도저히 어찌해 볼 수 없는 지식인의 무기력감을 표현한 말이리라. 절대 권력 앞에서의 무기력감은 전통 시대의 지식인들을 종종 은둔의 삶으로 안내했다.

군주정 시대의 개인은 무력했지만, 민주 공화국에서 국민은 나라의 주인이다. 대한민국 헌법 제1조에는 "① 대한민국은 민주 공화국이다. ② 대한민국의 주권은 국민에게 있고, 모든 권력은 국민으로부터 나온다."라고 명시되어 있다. 권력의 주체는 국민이고, 정치인과 공직자는 단지 위임받은 대리인에 불과하다. 주권자가 대리인이 싫다고 하여 권리 행사를 포기하고 은둔의 삶을 사는 것은 마치 주인이 하인에게 안방을 내주고 풍찬노숙(風餐露宿)하는 일과 무엇이 다르랴? 주인이 감독을 소홀히 할 때, 하인들은 주인의 눈을 피해 곳간을 축내고 살림을 엉망으로 만들어 버리기 십상이다. 주권자의 정치적 무관심이 민주주의의 위기를 초래하는 것이다. 고대 그리스에서는 공공 세계에서 벗어나 사적인 삶을 사는 '정치에 무관심한 사람들'을 이디오테스(idiotes)라고 불렀다. 오늘날 바보, 얼간이를 뜻하는 idiot의 어원이 바로 이것이다. 공공 세계에서 주인 노릇을 스스로 포기해 버리는 일은 얼간이와 같다는 뜻이다.

13 다시 새로운 시작을 위하여

공적 영역에서 거짓말의 추방은 지난하기 그지없는 일이다. 삼권 분립의 심화, 사법부의 독립, 여당의 견제 기능 강화, 언론의 제자리 찾기, 시민 사회의 건강한 성장, 유권자들의 주권 의식 회복, 학교에서의 소통 능력 배양 등 수많은 난제들이 얽히고설켜서 도대체 어디부터 시작해야 할지 실마리를 찾기 어렵다.

이 총체적 난국을 한 방에 치료할 수 있는 명약이란 없다. 출발점은 역시 사람이다. 제도를 만드는 자도 사람이고, 제도를 집행하는 자도 사람이며, 제도 위반자를 감시하는 자도 사람이다. 각자가 사람다운 사람이 되어, 자기가 속해 있는 자리에서 거짓말을 하나씩 추방해 나가는 수밖에 없다. 여기서 사람이란 '부끄러움을 아는 사람'을 말한다. 맹자는 "사람이라면 부끄러움이 없어서는 안 된다. '부끄러움을 모르는 것(無恥)'을 부끄러워할 줄 알아야 부끄러운 일이 없게 될 것이다."[7]라고 말한다. '후안무치'한 사람의 최대 아이러니는 정작 자신이 무치하다는 사실을 스스로 인지하지 못한다는 데 있다. 무치한 사람이란 자신에 대한 반성적 평가가 불가능한 사람, 자기반성의 메커니즘이 아예 고장 나 버린 사람을 뜻한다. 이런 사람은 맹자에 따르면 '사람'도 아닌 것이다.

비록 알아주는 사람은 없어도, 자기가 속한 영역에서 진실을 밝히기 위해 노력하는 고단한 삶의 양식이 존재한다. 이런 삶의 양식과 관련하여, 공자는 "덕스러운 사람은 외롭지 않다. 반드시 이웃이 있기 마련이다.(德不孤, 必有隣.)"[8]라고 말한다. 무고한 약자의 혐의를 벗겨 주기 위해 진실을 찾아 헤매는 법조인, 비틀린 사실(史實)을 바로잡기 위해 분투하는 역사가, 차가운 실험실에서 물리 세계의 비밀과 씨름하는 과학자, 생생한 사실(事實)을 전달하기 위해 위험을 무릅쓰는 언론인, 부당한 추론과 전도된 가치관을 바로잡기 위해 머리를 싸안고 고뇌하는 철학자, 부조리한 현실을 그리기 위해 밥을 굶는 예술가 등이 바로 그들이다. 갈릴레이도 이들 중 한 사람이었다. 이러한 삶의 양식이 조금씩 늘어날수록, 거짓의 어둠이 걷히고 진실의 새벽은 당겨질 것이다.

근 30~40년에 걸친 '조국의 근대화'를 통하여, 우리는 세상 사람들이 놀랄 정도로 짧은 시간에 비약적인 물질적 성장을 이루어 냈다. 하지만 성장이 빠르면 빠른 만큼, 그 주름진 곳에는 정량적 지표로는 측정하기 어려운 낯부끄러운 일들이 숨어 있으며, 이는 우리 사회의 지속적인 발전과 문화적 성숙을 저애(沮礙)하는 걸림돌로 작용하고 있다. 우리가 문화의 '밖'뿐 아니라 '안'을 성찰하고자 하는 이유도 여기에 있다. 문질빈빈(文質彬彬)이라 했다. 문화적 외피의 화려함은 인간 내면의 진실성이 담보되지 않는다면 그저 허장성세나 사상누각으로 그칠 수 있다.

문화의 성숙을 위해 우리가 가야 할 길은 아직 멀기만 하다. 백범(白凡)은 우리나라가 세상에서 가장 강한 나라가 되기보다 아름다운 나라가 되기를 희망했다. 무력과 재력으로 세계를 정복하고 제패하는 일보다, 문화의 힘으로 나와 더불어 남들까지 행복하게 해 주는 일이 더 가치 있다고 여긴 것이다. 경제가 제법 궤도에 올라선 지금, 우리는 그간 걸어왔던 길을 돌아보아야 할 시점에 처했다. 앞 세대가 걸었던 삶의 궤적에 대한 성찰과 더불어 지금 세대가 처한 상황에 대한 점검은 미래 세대가 나아가야 할 방향을 알려 주는 나침반이 될 것이다.

사노라면 바쁘기도 하겠지만 잠시 한 템포 멈추고서 '나'를 되돌아보자. 나는 진정 무엇을 원하는가, 무엇이 되고 싶은가, 무엇이 될 수 있는가? 그리고 나는 어떤 사람들과 어울려 살고 싶으며, 내 자식을 어떤 세상에 살게 하고 싶은가? 이런 물음들에 대해 자율적이고 합리적인 대답이 가능해질 때 우리는 다시 새로운 마음으로 힘차게 출발할 수 있을 것이다.

우리나라 미디어 생태계의 현황과 과제

공공 공간과 여론

김민환

고려대학교 미디어학부 명예교수

1 서론: 공공 공간, 여론, 그리고 미디어

1 커피하우스와 살롱

'서양 음악의 아버지'라고 하는 바흐는 1732년에 성악 모음곡 하나를 작곡했다. 작품 번호 211번으로 전해 오는 이 곡은 원제가 '가만히 입 다물고 아무 말 마요.'이지만 대중적으로는 '커피 칸타타'로 더 잘 알려져 있다. 가사 내용이 흥미롭다. 커피를 못 마시게 하는 아버지와 커피를 마시겠다는 딸이 입씨름을 한다.

"이 망할 자식, 몹쓸 딸년 같으니. 아, 내 소원을 들어주면 얼마나 좋아. 이제 커피 좀 그만 마시라는 내 소원 말이야."
"아빠, 너무 까다롭게 그러지 마세요. 하루에 세 번 이상 커피를 마시지 않으면 전 고통에 차서 쪼그라들고 말 거예요. 너무 구운 염소 고기처럼."

딸의 독백이 이어진다.

"아, 커피 맛은 정말 기가 막히지. 수천 번 입맞춤보다 더 달콤하고, 맛 좋은 포도주보다 더 순하지. 커피, 난 커피를 마셔야 해."

우리나라 미디어 생태계의 현황과 과제

유럽에서 커피가 일상 음료가 된 것은 「커피 칸타타」가 나오기 훨씬 전인 17세기 중반부터였다. 하버마스에 따르면, 어느 비단 상인의 마부가 처음으로 커피하우스를 열었다. 18세기 첫 10년이 지나기 전에 런던에는 3000개가 넘는 커피하우스가 곳곳에 들어섰다.[1] 상업 자본주의가 발달하고, 국가나 가정과는 다른 '사회'가 틀을 잡아 가자, 사람들이 모여 이야기할 제3의 공간이 필요했고, 그 필요성이 커피하우스의 형태로 정착했다.

그 시절 유럽에는 여성이 커피를 마시면 얼굴이 검어진다거나 아이를 낳지 못한다는 말이 돌았다. 여성이 커피를 마시거나, 더구나 커피하우스에 들락거리는 것을 마뜩찮게 생각한 남성들이 그런 헛소문을 퍼트렸을 것이다.

그러나 사회 변화의 도도한 흐름은 막을 수 없었다. 프랑스에서 여성이 드나드는 살롱이 생기더니 유럽으로 퍼져 갔다. 커피하우스가 남성의 본거지였다면 살롱은 여성의 거점이었다. 오래지 않아 남성도 살롱을 출입하기 시작했다.

2 공공 공간과 여론

커피하우스에는 단골손님이 끼리끼리 모여들었다. 하버마스가 지적했듯이 커피하우스는 초기에는 주로 문학이나 예술에 관한 담론의 장이었다. 그러나 주제는 점차 여러 분야로 확장되었다.

오래지 않아 커피하우스는 경제나 정치 논쟁의 장이 되었다. 프랑스 혁명 전후에 커피하우스는 정치 담론이 들끓는 용광로로 변했다. 이런 과정을 거쳐 커피하우스라는 공간은 여론을 창출하는 공공 공간으로 자리 잡았다.

여성들도 살롱에서 초기에는 예술과 문학을 논했다. 화제는 곧 경제나 정치 문제로 옮겨 갔다. 상류 사회의 귀부인이 드나드는 살롱에는 남성 귀족이나 관료, 새로 부를 축적한 부르주아가 드나들었다. 담론은 성(性)의 벽을 허물었다.

커피하우스와 살롱에서 발아한 공공 공간은 시민 계급의 성장과 더불어 확장을 거듭했다. 하버마스가 말했듯이, 19세기 문턱에 이르기까지 공중이 조직되고 그들의 정치적 논의가 확대됨으로써, 마침내는 의회 절대주의조차 무너지고 말았다.[2] 여론 시장에서 어떤 의견이건 자유로이 거래하게 하고, 거기서 형성된 여론을 존중해 정치를 하면 자동 조절 과정을 거쳐 사회가 예정된 방향으로 발전할 수 있다는 낙관론이 자유주의의 근간으로 자리를 굳혀 갔다.

여기서 유의해야 할 것이 하나 있다. 유럽에서 커피하우스나 살롱이 등장했기 때문에 공론장이 형성되고 그곳이 민주주의의 산실이 되었다거나, 동양에는 그런 곳이 없어 공론장도 근대적인 민주주의도 대두하지 않았다는 시각은 중요한 사실을 간과하고 있다. 유럽에서 커피하우스가 생긴 것도, 거기서 공론장이 형성된 것도, 상업 자본주의의 발전을 통해 부르주아지라는 새로운 계급이 성장한 데 따른 당연한 귀결이었다.

3 여론과 미디어

팸플릿이나 신문 등 인쇄 미디어의 발전은 공공 공간에 활력을 불어넣었다. 정부 권력이 쉽게 침투하지 못하는 공공 공간에서 권력

우리나라 미디어 생태계의 현황과 과제

의 권위는 무뎌지고 그 대신에 인쇄 미디어의 권위가 힘을 얻었다. 인쇄 미디어는 담론의 질에 무시할 수 없는 영향을 끼쳤다.

18세기 초의 커피하우스에서 인쇄 미디어가 무슨 일을 저질렀는 지를 가늠하는 것은 그리 어렵지 않다. 공개적으로 정치 문제에 관한 주장을 펴는 것이 여전히 쉽지 않았던 시절에, 사람들은 커피하우스 라는 공개된 공간에서 팸플릿이나 신문에 실린 내용에 대해 자기 견 해를 말했다. 어떤 사람들은 마음에 와 닿는 사설이나 칼럼을 큰 소리 로 읽었다.

저널리스트는 커피하우스에서 사람들이 어떤 의견에 공감하는지 를 파악하여 주장의 방향이나 강도를 조절했다. 인쇄 미디어에 실린 내용은 커피하우스의 담론 주제가 되고, 커피하우스에서 난상 토론 을 거친 그 주제는 정련되어 인쇄 미디어에 실렸다. 그런 여과 과정을 거쳐 설익은 의견이 공론으로 발전했다.

정기적으로 발행되는 신문이 발달하자, 커피하우스의 담론 주제 는 더 널리 퍼졌다. 여러 커피하우스에서 제각기 다른 주제를 논하는 것과, 전국의 많은 커피하우스에서 한 가지 주제에 대해 거의 동시적 으로 반응하는 것은 사회적 영향에 있어 현격한 차이가 있다. 신문은 그렇게 하여 산재한 커피하우스를 하나로 묶었다. 그런 의미에서 프 랑스의 당대 여론을 "신문과 살롱의 담론에 의해 매개된 계몽된 공중 의 의견"[3]이라고 말한 루소의 견해는 매우 사실적이다. 그렇게 하여 개인은 시민이 되고 공중이 되었다.

현대의 고전인 리프먼의 『여론』은 1914년에 영국인, 프랑스인 및 독일인이 어느 외딴섬에서 겪는 일로 첫 장을 연다. 60일마다 오는 연락선이 전한 최신의 신문 기사에서 제1차 세계 대전이 났다는 소식을 듣기 전까지, 그들은 모두 서로 가까운 이웃이었다. 그러나 전쟁 기사를 본 뒤 국적별로 친소 관계가 급변했다.[4]

세상은 엄청나게 발전했다. 1914년에는 『여론』의 고도(孤島)에서 60일 만에 뉴스를 확인했다지만, 지금은 시시각각 전 지구적으로 동시에 뉴스가 유통된다. 사회가 발전할수록 미디어 의존도는 높아질 것이다.

4 세 가지 초점

공공 공간이 형성되어 그곳을 거점으로 근대적인 민주주의가 발아했다면, 공공 공간을 잘 관리하는 것이야말로 민주주의를 발전시키는 길이다. 현대 사회에서는 다양한 미디어가 대의제를 보완해 공론을 생산하는 사회 제도(social institution)로 작동하고 있다. 그렇다면 현재 우리의 미디어 생태계를 살펴보고 제반 문제를 검토하는 일이야말로 의미 있는 일이 아닐 수 없다.

여기서는 먼저 한국의 미디어 생태계가 어떤 처지에 놓여 있는지를 살펴볼 것이다.(2장) 이 논의를 통해 미디어 생태계가 산업과 저널리즘 두 차원에서 위기에 직면한 사실을 확인할 수 있을 것이다. 다음으로 미디어 생태계의 조건이 여론 형성에 어떤 결과를 초래했는지를 살펴볼 것이다.(3장) 마지막으로 여론 형성 과정이 제대로 작동하게 하려면 어떻게 해야 하는지를 논하고자 한다.(4장)

우리나라 미디어 생태계의 현황과 과제

2 미디어 생태계의 실태

1 미디어 수

한국언론진흥재단(이하 언론재단)은 주소지를 파악할 수 있는 업체를 대상으로 언론 산업을 신문, 방송, 인터넷 신문 및 통신의 네 종으로 대별하여 매년 실태 조사를 실시한다. 여기서는 이 실태 조사를 바탕으로 미디어 현황을 개관하기로 한다.

언론재단은 신문을 발간 주기에 따라 일간 신문과 주간 신문으로 나누고, 일간 신문은 다시 전국 종합 일간, 지역 종합 일간, 경제 일간, 스포츠 일간, 외국어 일간, 기타 전문 일간, 무료 일간으로, 주간 신문은 전국 종합 주간, 지역 종합 주간, 전문 주간 등으로 구분한다. 방송은 공영 방송, 민영 방송, 종교 및 특수 방송, 케이블 종합 편성 및 보도 전문 채널, 지상파 DMB 등으로 나눈다. 인터넷 신문은 뉴스 콘텐츠의 특성에 따라 인터넷 종합 신문, 인터넷 지역 신문, 인터넷 전문 신문으로 나눈다. 통신은 수가 적어 소구분하지 않는다.[5]

신문 언론재단의 실태 조사에 따르면 신문은 2012년 현재 1324개 사(社)의 1418개 매체에 이른다. 이 가운데 일간 신문이 168개 사의 187개 매체이며, 주간 신문이 1156개 사 1231개 매체이다.(표 6-1)

일간 신문 가운데 여론 형성 과정에서 영향력이 큰 종합 일간 신문은 126개 사의 132개 매체이다. 2011년 현재 미국의 유료 종합 일간 신문 수 1382개나 독일의 353개에 비해 적은 편이지만 영국의 95개, 이탈리아의 90개, 프랑스의 85개, 일본의 106개에 비하면 많

은 편이다.[6]

방송[7]   언론재단에 따르면 2012년 현재 방송사 가운데 보도 방송을 하는 종합 및 보도 전문 방송사는 모두 53개 사의 63개 채널이다. 이 가운데 공영 방송이 21개 사(11개 보도채널)이며, 민영 방송이 13개 사(32개 보도채널), 종교 및 특수 방송이 10개 사(11개 보도채널), 케이블 종합 편성 및 보도 전문 채널이 6개 사(6개 보도채널), 지상파 DMB가 3개 사(3개 보도채널)이다.(표 6-2)

인터넷 신문   우리나라는 거의 전 가구가 컴퓨터와 인터넷망으로 연결되어 있다. 2012년 현재 컴퓨터와 인터넷 보급률이 82퍼센트를 약간 웃돈다. 이런 인프라를 바탕으로 많은 인터넷 미디어가 정보를 생산하거나 배급하고 있다.

언론재단의 집계에 따르면, 2012년 현재 우리나라에 1669개 사의 인터넷 신문이 발행되고 있다. 매체 수로는 1806개에 이른다.(표 6-3)

뉴스 통신   뉴스 통신이란 전파법에 따라 무선국의 허가를 받거나 외국 뉴스 통신사와 계약을 맺고, 국내외 시사에 관한 보도나 논평, 여론 등을 전파하는 간행물을 말한다. 언론재단에 따르면 2012년 현재 우리나라에는 14개 뉴스 통신사가 있다.

종합: 미디어 정글   2012년 현재 우리나라에는 3046개의 미디어 사가 운영되고 있다. 매체 수로는 3287개에 이른다. 이들 미디어의 종사자는 모두 5만 3991명, 매출 총액은 8조 5967억 원에 달한다.[8]

1961년 5월 군사 정변이 일어나기 직전인 1961년 4월 현재 우리나라 일간 신문은 115개 사였으며 통신이 308개 사, 주간 신문이

487개 사였다. 정변 이후 정부가 대대적으로 언론사를 정리함으로써 미디어 수는 큰 폭으로 줄었다. 1961년 12월 현재 일간 신문은 38개 사, 통신은 12개 사, 주간 신문은 178개 사였다.[9]

산업화가 진전됨에 따라 1970년대에 미디어 수는 소폭 늘었으나, 1980년 신군부 정권이 들어서 언론 통폐합을 단행함으로써, 1980년 12월 현재 일간 신문은 29개 사, 통신은 2개 사, 주간 신문은 97개 사로 줄었다.[10] 신군부 정권이 미디어 시장 신규 진입을 정책적으로 차단함으로써 1987년 말까지도 대체로 이 수준이 유지되었다.

그러나 민주화 이후 미디어 시장의 진입 장벽이 허물어지자 매체 수가 큰 폭으로 늘어났다. 1988년 12월 현재 일간 신문은 65개 사, 주간 신문은 496개 사로 늘었다.[11] 통신은 변함이 없었다.

2012년 현재 미디어 사나 매체 수는 1980년대 말에 비해 격세지감을 느낄 만큼 현격하게 늘었다. 종이 신문과 통신, 방송의 수도 대폭 늘었지만, 지금은 인터넷 신문 1806개 매체가 뉴스와 의견을 쏟아내고 있다. 우리는 지금 미디어 정글 안에서 살고 있다.

2 수용자와 미디어

수용자의 미디어 이용 언론재단이 5082명을 대상으로 실시한 조사에 따르면, 사람들은 텔레비전, 라디오, 신문, 잡지, 인터넷 등을 이용하는 데 하루에 평균 334.3분을 할애한다.[12] 매일 5시간 30분을 미디어에 쏟아붓고 있는 것이다. 미디어별로는 텔레비전이 176.9분으로 가장 많고, 인터넷(116.3분)이 뒤를 이었다. 라디오(26.8분)나 종이 신문(12.0분), 잡지(2.3분) 등은 상대적으로 이용 시간이 적었다.

지난 1주일간 수용자들이 미디어별로 뉴스나 시사 보도에 어느 정도 시간을 할애하는지를 알아본 결과, 전체 미디어 이용 시간 334.3분 가운데 31.5퍼센트에 해당하는 105.5분을 쓰고 있었다.(표 6-4) 미디어별로는 텔레비전에 56.5분, 인터넷에 30.3분, 종이 신문에 12.0분, 라디오에 6.0분, 종이 잡지에 0.7분을 사용하고 있었다.

인터넷 이용 시간을 단말기 형태로 구분할 경우, 고정 단말기를 통한 인터넷에 16.0분, 이동 단말기를 통한 인터넷에 14.3분을 썼다. 인터넷을 이용해 시사 보도를 접하는 수용자들은 하루에 4.2분을 소셜미디어 이용에 썼다.

미디어 이용 시간이나 시사 보도 이용 시간에 있어 텔레비전과 인터넷 미디어에 대한 의존도가 매우 높은 반면에, 종이신문과 잡지 등 인쇄 미디어 의존도는 상대적으로 매우 낮은 것을 알 수 있다.

한편 스마트폰과 소셜 네트워크 서비스(SNS) 이용률은 급격한 신장세를 보이고 있다. 방송통신위원회가 집계한 바에 따르면, 2013년 1월 말 현재 우리나라의 스마트폰 가입자 수는 3330만여 명에 달한다. 2012년 1월 말의 가입자 수 2376만여 명에 비하면 1년 사이에 1000만 명 가까이 늘어난 셈이다.[13]

한국정보화진흥원이 10~49세 스마트폰 이용자 1만 683명을 대상으로 조사한 결과, 이들은 하루에 평균 22회, 한 회당 평균 11분 동안 스마트폰을 이용하고 있었다. 하루에 스마트폰을 4시간가량 이용하는 셈이다.[14] 이들은 주로 모바일 메신저 사용(67.5퍼센트)과 뉴스 검색(46.3퍼센트)을 위해 스마트폰을 사용했으며, 온라인 게임(33.7퍼센트)이나 음악 듣기(35.0퍼센트)에도 이용했다.[15]

　　　　　　　　　　　　　　우리나라 미디어 생태계의 현황과 과제

정보통신연구원의 '2012년 한국 미디어 패널 조사'에 따르면 조사 대상자 1만 319명 가운데 23.5퍼센트가 SNS를 이용하고 있었다. 이들이 가장 많이 이용하는 SNS는 카카오스토리(31.5퍼센트)였으며, 페이스북(28.0퍼센트), 트위터(19.4퍼센트), 싸이월드 미니홈피(17.0퍼센트) 등이 뒤를 이었다.

한국방송광고진흥공사의 '2013 소비자 행태 조사 보고서'에 따르면, SNS 이용자의 절반 이상이 SNS가 다양한 정보를 취득하고 타인과 관계를 맺는 중요한 수단이며, 사회적 이슈에 대한 관심을 증가시킨다고 답했다.[16]

미디어 신뢰도 2013년 언론재단이 미디어별 신뢰도를 조사한 결과에 따르면, 텔레비전의 신뢰도가 압도적으로 높았다. 즉 동일한 사안에 대해 텔레비전, 라디오, 신문, 잡지, 인터넷 미디어 등이 동시에 보도했을 때 어떤 미디어 내용을 가장 신뢰하는지를 물은 결과 텔레비전을 꼽은 응답자가 73.4퍼센트인 데 반해 인터넷 미디어는 17.9퍼센트, 신문은 7.2퍼센트, 라디오는 1.2퍼센트, 잡지는 0.4퍼센트였다.(그림 6-1)

그래프에서 볼 수 있듯이, 신문의 신뢰도는 2008년 이후 내림세를 기록하고 있다. 특히 2013년에는 전년의 10.6퍼센트에서 7.2퍼센트로 비교적 큰 폭으로 떨어졌다. 반면에 인터넷 미디어의 신뢰도는 지속적으로 오름세를 보이고 있다.

미디어별로 세분하여 기사나 시사 보도 내용에 대한 신뢰도를 5점 척도로 조사한 결과, 지상파 텔레비전이 4.13점으로 가장 높았고, 보도 전문 채널(3.84점), 종편 채널(3.72점), 전국 종합 신문(3.65점) 등

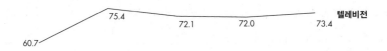

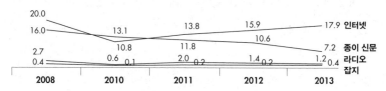

그림 6-1 동시 보도 시 가장 신뢰하는 미디어 추이(2008~2013, 단위: 퍼센트)[17]

이 뒤를 이었다.(표 6-5)

텔레비전 콘텐츠 가운데 시사 보도가 차지하는 비율은 그리 높지 않다. 반면에 신문 지면은 대부분 시사 보도로 채운다. 전국 종합 신문은 상대적으로 취재 인력이 많고 엄격한 게이트키핑(gate-keeping) 과정을 거쳐 시사 보도를 생산한다. 신뢰도 면에서 다른 미디어를 압도할 수 있는 조건인데도 현재 전국 종합 신문의 신뢰도는 지상파 텔레비전과는 비교할 수 없을 만큼 낮다.

전국 종합 신문의 신뢰도가 편파 방송이라는 지탄을 받고 있는 종편 채널의 신뢰도보다 낮다는 사실은 음미할 필요가 있다. 실제로 믿을 수 없어 그런 것인지, 아니면 존재감이 떨어져 그런 것인지 알 수 없지만 신문 미디어로서는 심각한 문제가 아닐 수 없다.

종합: 미디어 이용, 그 화려한 빈곤 일련의 미디어 이용 행태 조사 결과를 중심으로 몇 가지 사실을 간추릴 수 있다. 첫째, 수용자들은

전통적인 뉴스 미디어인 신문을 외면하고 있다. 신문을 잘 읽지도 않거니와 믿지도 않는다.

둘째, 텔레비전은 수용자가 정보를 얻는 데 가장 중요한 미디어로 자리를 잡았으며 상대적으로 신뢰도 또한 높다. 그러나 텔레비전이 제공하는 정보량은 제한적이며 심층성 역시 신문 미디어에 비해 취약할 수밖에 없다.

셋째, 우리나라 수용자의 인터넷 미디어 이용률이나 스마트폰 또는 SNS 활용도는 매우 높은 편이다. 수용자는 또한 인터넷 미디어에 접속해 댓글을 달거나 자기 의견을 적극적으로 개진하기도 한다.

이런 일련의 사실을 바탕으로 우리나라의 미디어 수용자는, 신문보다는 텔레비전에서 기초적인 정보를 얻고, 인터넷 미디어나 모바일 미디어를 통해 초기 정보나 추가 정보를 얻으며, 스마트폰이나 SNS를 통해 사회적 연결망을 구축해 의사소통을 하고, 신문이나 잡지는 거의 외면하고 있다고 간추릴 수 있다.

우리나라는 커뮤니케이션 인프라 구축에 있어 선진적이다. 수용자는 커뮤니케이션망의 이용에 매우 능동적이다. 인터넷이나 모바일을 통해 사회적 이슈에 대해 적극적으로 반응한다. 그러나 커뮤니케이션의 질이 그런 양적 성장에 상응할 만한지에 대해서는 회의적인 이가 많다. 이준웅의 지적은 많은 것을 시사한다.

최고의 텔레비전 수상기와 통신 단말기를 만드는 회사는 있어도 최고의 언론사나 제작사가 없는 나라가 우리나라다. 텔레비전 채널이 수백 개에 달해도 정작 볼 만한 프로그램은 없다고 불평하는 이가 많다. 초

고속 인터넷으로 주고받는 파일들은 출처도 모호하고 제목도 묘한데, 그걸 빠르게 받아 볼 수 있다고 자랑할 일인지도 모르겠다.[18]

3 두 가지 위기

양승목이 지적한 바 있지만, 오늘날 우리나라 신문이 직면한 위기는 근본적으로는 인터넷의 출현과 같은 미디어 환경의 변화로 인한 산업적 위기이지만, 다른 한편으로는 신뢰도 하락이라는 저널리즘의 위기이기도 하다.[19] 물론 이런 위기는 신문에 국한된 것이 아니다. 정도의 차이가 있을 뿐, 방송 역시 크게 다르지 않다. 인터넷 미디어도 두 가지 위기를 겪고 있기는 마찬가지다. 극소수 포털 미디어가 경영적으로 성공하였지만 전반적으로 그 위상이 변변치 않고, 유통되는 저널리즘의 질도 만족스럽지 못하다.

산업의 위기　언론재단이 실시한 조사에 따르면, 언론 산업의 총 매출액은 2012년에 8조 5967억 원으로, 2011년의 8조 6723억 원에 비해 0.9퍼센트 감소했다.[20] 이 매출 규모는 종이 신문 1324개 사, 방송 53개 사, 인터넷 신문 1669개 사가 제공한 자료를 기반으로 추정한 종이 신문 산업 매출 3조 2621억 원, 방송 산업 4조 8580억 원, 인터넷 신문 산업 4766억 원을 합한 액수다.[21]

⑴ 신문 산업: 2012년의 종이 신문 산업의 매출액은 전체 미디어 산업 매출의 37.1퍼센트를 차지했다. 이 분야 산업의 매출 총액은 2012년(3조 2621억 원)이 2011년(3조 4332억 원)에 비해 5.0퍼센트 감소했다.(표 6-6)

종이 신문 가운데 대중적 영향력이 가장 큰 미디어는 이른바 중앙지인 11개 전국 종합 일간 신문이다. 언론재단 조사에 따르면, 중앙지는 매출액에 있어서 2012년 기준으로 전체 일간 신문 산업의 52.5퍼센트를 차지했다. 이들 신문은 매출이 전년 대비 5.6퍼센트 하락했다.(표 6-6) 2012년에 영업 이익이나 당기 순이익 등에서도 전년에 비해 대체로 감소세를 보였다.(표 6-7)

2012년 현재, 이들 중앙지 가운데 《경향신문》과 《한국일보》는 자본 잠식 상태이며, 《동아일보》와 《서울신문》, 《중앙일보》는 당기 순손실을 기록했다. 《동아일보》와 《서울신문》은 적자 증가를, 《중앙일보》는 적자 전환을 시현했다.[22] 《조선일보》, 《중앙일보》, 《동아일보》, 《매일경제신문》[23] 등 종편 방송을 겸영하고 있는 메이저 신문은 종편의 적자로 인해 전에 없던 고난을 겪고 있다.

(2) 방송 산업: 2012년 현재 방송 산업의 매출액은 전체 미디어 산업 매출의 55.3퍼센트를 차지했다. 방송 산업의 매출은 전년에 비해 3.9퍼센트 신장했다.(표 6-8) 이런 신장세는 새로 출범한 종편 채널과 보도 전문 채널의 매출이 반영된 결과다.

여론 형성 과정에서 가장 강력한 영향을 끼치는 미디어는 KBS, MBC, SBS 등 지상파 3사다. 다른 미디어에 비해 시청률이나 신뢰도가 높은 것이 이 세 방송사다. 언론재단이 조사한 바에 따르면, 세 지상파 방송 역시 경영난을 겪고 있다. 비용은 증가하는데 매출은 줄거나 답보 상태다.(표 6-9) 3사 가운데 KBS는 2012년에 당기 순손실과 적자 전환을 기록했다.

한편 2011년 12월 1일 MBN, TV조선, 채널A, JTBC 등 종편 방송이 개국했다. 4개 종편 방송은 2012년에 투입 비용에 비해 광고 수입이 적어 2754억 원을 넘는 적자를 기록했다.(표 6-10) 이런 추세라면 일부 종편은 수년 안에 자본 잠식을 면키 어려울지 모른다.

(3) 인터넷 신문 산업: 인터넷 신문은 2011년 1338개에서 2012년 1669개(1806개 매체)로 업체 수가 늘었으나 매출액은 오히려 15.7퍼센트 줄었다.(표 6-11) 인터넷 종합 신문과 인터넷 지역 신문의 매출은 전년에 비해 신장했으나, 인터넷 전문 신문의 매출은 큰 폭(-31.3퍼센트)으로 감소했다.

(4) 경영 부진의 원인: 신문과 방송 등 여론 형성 과정에 막중한 영향을 끼치는 전통 미디어가 경영 부진을 면치 못하고 있는 것은 인터넷이나 모바일 등 새로운 미디어가 등장해 미디어 시장을 뒤흔들고 있기 때문이다. 2011년 12월부터 4개의 종편 채널이 본격적으로 방송을 시작함으로써 시장 경쟁은 더 가열되고 있다.

뉴미디어 등장 이후 신문의 구독률이나 열독률은 매년 큰 폭으로 하락하고 있다. 언론재단의 조사에 따르면, 1990년대 중반까지만 해도 종이 신문의 가구당 구독률이 70퍼센트 안팎이었으나 2013년 현재 구독률은 20퍼센트대로 주저앉았다.(그림 6-2) 구독률이 급감했다는 것은 신문의 구독료 수입이 크게 떨어졌으며, 신문의 광고 파워도 급락했다는 것을 의미한다.

구독료와 함께 신문의 주 수입원인 광고 수입은 인터넷 미디어가 등장함으로써 답보 상태나 위축을 면치 못했다. 인터넷 미디어 광고가 급성장하자 다른 분야보다 신문 미디어가 직접적인 타격을 받았다. 인터넷 미디어 광고는 2010년에 신문 광고 수입 총액을 능가할 정도로 성장했다.(표 6-12) 특히 인터넷 미디어의 검색 광고가 급성

우리나라 미디어 생태계의 현황과 과제

그림 6-2 우리나라 가구당 신문 구독률과 열독률 추이(단위: 퍼센트)[24]

장하자 2008년 이래 신문 광고는 물론 방송 광고 역시 위축되었다.

2011년 12월 종편이 방송을 시작했지만, 다른 미디어 산업 기반에 가한 충격은 예상보다 크지 않았다. 당초 광고업계에서는 2012년에 종편 4사가 모두 3000억 원 수준의 광고 매출을 올릴 것으로 전망했다. 그러나 종편 4사가 신고한 2012년 광고 매출 총액은 1710억 원에 지나지 않았다.

한편 2012년 8월 이후 스마트폰 가입자가 3000만 명을 넘어서고 스마트폰을 통한 미디어 노출이나 뉴스 검색이 일상화하자 모바일 광고가 급성장하고 있다. 전문가들은 이런 추세가 당분간 지속될 것으로 보고 있다.(그림 6-3) 모바일 광고 성장은 다른 미디어의 경영 여건에 무시할 수 없는 영향을 끼칠 것이다.

(5) 경영 위기와 공공 공간: 미디어가 많으면 여론의 다양성을 기대할 수 있다. 다양한 미디어가 다양한 뉴스와 의견(opinion)을 대중에게 알릴 수 있기 때문이다. 미디어가 많을 경우 미디어 간의 보도

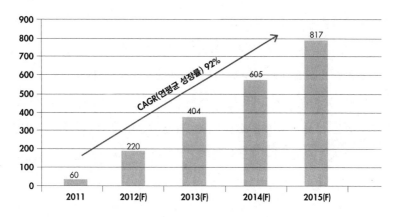

그림 6-3 국내 모바일 광고 시장 예상 성장 추이(단위: 10억 원)[25]

담합이 어려워져 경쟁이 촉발되고 결과적으로 언론 자유도 신장될 개연성이 있다.

그러나 미디어가 지나치게 많으면 정상적인 경영이 불가능하고, 콘텐츠 생산에 과감한 투자를 기대할 수도 없다. 결과적으로 미디어 콘텐츠의 질이 떨어지고, 포퓰리즘이 기승을 부릴 우려도 있다.

사회적 차원에서 보자면, 미디어 간에 담합이 용이하지 않을 정도로 미디어가 많되, 안정적 경영이 가능한 상황이 바람직할 것이다. 그러나 우리나라는 국력이나 인구에 비해 미디어가 과다한 편이고, 그로 인해 미디어 산업 전반이 답보나 위축을 면치 못하고 있다.

저널리즘의 위기 앞에서 살펴보았지만, 수용자는 시사 보도 이용을 주로 텔레비전이나 인터넷에 의존한다. 텔레비전을 통한 시사 보도 이용 시간이 하루 평균 56.5분, 인터넷을 통한 시사 보도 이용 시간이 30.3분인 데 반해, 종이 신문을 통해 시사 보도를 접하는 시간

우리나라 미디어 생태계의 현황과 과제

은 12.0분에 지나지 않는다.

그러나 온라인을 통해 접하는 시사 보도의 경로를 추적하면 그 출처가 신문 기사인 경우가 많다. 언론재단의 조사에 따르면, 온라인 미디어의 신문 기사 이용률은 75퍼센트 선을 웃돈다. 온라인 미디어의 신문 기사 이용률은 2011년에 76.5퍼센트, 2012년에 77.6퍼센트, 2013년에 76.4퍼센트였다.[26]

(1) 신문 신뢰도: 여기서 주목할 것은 시사 보도 내용의 원천이 주로 신문 기사임에도 불구하고 미디어 신뢰도에 있어서는 신문 미디어가 인터넷 미디어의 신뢰 수준에 미치지 못한다는 사실이다. 전술한 바 있지만, 같은 사안을 보도할 때 가장 신뢰하는 미디어는 텔레비전, 인터넷, 신문, 라디오, 잡지의 순이었다. 인터넷 신뢰도는 점차 높아지는 데 반해 신문 신뢰도는 지속적으로 떨어지고 있다.

(2) 미디어-정당의 병행: 신문 저널리즘의 신뢰도가 낮은 이유는 무엇일까? 언론학자들은 신문의 정파성을 가장 중요한 요인으로 꼽는다. 이미 이재경,[27] 강명구,[28] 남재일[29] 등이 정파성을 우리 언론의 중대한 결함으로 지적한 바 있다. 이준웅과 최영재[30]도 정파성으로 인한 공정성 위기가 우리 신문을 위기로 몰고 있다고 강조했다.

이들에 앞서 윤영철은 미디어의 정치 병행성(political parallelism)을 밝혔다. 그는 신문의 대북 정책 보도 분석을 통해, 신문과 정당이 병행성을 보인 사실을 발견했다.[31] 양승목은 한 걸음 나아가 미디어가 정치적 담론 생산에 적극적으로 나서고 있다고 지적하고, 이러한 의지는 미디어를 활용할 필요가 있는 정당 또는 정치 세력의 욕구와 결합해 때로는 병행 관계보다 더 강력한 미디어-정당 동맹 관계

를 야기할 수도 있다고 경고했다.[32]

최근에 조항제는 미디어의 정치 병행성이 두 가지 특성을 드러내고 있다고 정리했다.[33] 조항제에 따르면 정치 병행성은 첫째, 양적으로 압도적인 다수파 연합이 이끌고 있다. 메이저 신문인 조·중·동 세 신문과 이른바 '잃어버린 10년'을 제외하고는 늘 여당이었던 보수 정당이 연대하는 다수파 연합이 여론 시장을 흔들고 있다는 것이다.

중앙미디어그룹의 JTBC가 편성에 있어서나 시사 보도의 질에 있어서 다른 종편과는 가시적인 차이를 드러내고 있는 것은 주목할 필요가 있다. 《중앙일보》 역시 근자에 들어 이른바 조·중·동 프레임에서 벗어나 차별성을 보이고 있다. 그러나 TV조선이나 채널A가 시사 보도에 치중함으로써 조항제가 지적한 다수파 연대 현상은 종편 등장 이후에 더 강화되었다고 할 수 있다.

조항제가 말한 정치 병행성의 두 번째 특성은, 다수파 연합 내에서 외연적 힘인 동원력이나, 내포적 힘인 역사, 사회 자본, 응집력, 일관성 등에서 모두 앞서 가는 신문이 정당을 이끌고 가는 '미디어 주도형(media-driven)'이라는 사실이다. 과거에는 정치가 미디어에 영향력을 행사했지만 이제 미디어가 정치를 이끌어 가고 있다는 것이다.

조항제는 주류 신문의 정치 병행성을 강조했지만, 그런 병행성에 관한 한 일부 비주류 미디어 역시 다르지 않다. 진보주의를 지향하는 복수의 미디어가 민주 진보 정당과 우호적 관계를 보이며 민주 진보 세력의 정서를 반영하고 있다.

(3) 예비된 실패: 하버마스는 커뮤니케이션 행위를 목적 합리적 행위와 의사소통적 행위로 대별한 바 있다. 그에 따르면, 의사소통적

우리나라 미디어 생태계의 현황과 과제

행위는 자기중심적 성공 계산에 의해서가 아니라 상호 이해의 행위를 통해서 행위자들의 행위 계획이 조절된다. 이에 반해 목적 합리적 행위는 행위자가 목적에 맞추어 주어진 상황에서 적절한 수단을 선택한다.

하버마스는 이런 목적 지향 행위를 도구주의로 규정했다.[34] 하버마스의 행위 유형 구분을 빌리자면, 우리 언론은 도구적인, 목적 합리적 커뮤니케이션 행위에 집착하고 있다. 도구주의는 사실 왜곡의 위험을 동반하기 때문에, 저널리즘의 실패를 예비하게 마련이다.

3 한국 사회와 여론

현대 사회에서 여론 형성 메커니즘이 제대로 작동하기 위해서는 미디어가 산업적으로 안정적이고 저널리즘이 공정해야 한다. 미디어가 산업적으로 불안정할 경우 미디어 콘텐츠 생산을 위한 적절한 투자를 기대할 수 없다. 미디어가 공정성을 저버릴 경우 여론 시장은 왜곡될 수밖에 없다.

우리 미디어 시장은 앞에서 살펴본 바와 같이, 이 두 가지 측면에서 위기에 당면해 있다. 산업은 흔들리고 있고, 저널리즘은 정치 병행성으로 오염되어 있다. 우리 사회에서는 소통을 하면 할수록 소통이 아니라 소란이 확대 재생산된다. 그로 인해 여론의 품질이 나빠지고 사회적 분열과 갈등이 격화하는 이상 현상이 지속되고 있다.

1 소통의 역설

민영과 노성종에 따르면, 언론 미디어의 소통 문제에 대한 관심은 2008년 이후에 급증했다.[35] 진보와 보수 간, 여야 정당 간, 정부와 시민 간, 노동자와 사용자 간, 세대 간, 지역 간의 갈등이 모두 소통의 문제로 치환되면서, 소통은 한국 사회에서 어느 문제에 대입해도 설명력을 갖는 하나의 거대 담론이 되었다.

그들이 지적했듯이, 소통 위기론이 본격화한 지난 10여 년은 이전의 어느 시대에서도 찾아보기 어려울 만큼 사회적으로 소통을 위한 노력을 활발하게 전개한 시기였다. 민주화 이후 정책 결정에서 절차적 정당성이 강조되자, 다양한 주체가 포럼이나 공청회, 토론회, 또는 여론 조사 등의 형태로 사회적 소통을 시도했다. 이 시기에 이루어진 인터넷과 디지털 시스템의 발전은 소통의 양을 획기적으로 늘렸다. 그러니까 지난 10여 년은 우리 사회에서 그야말로 소통의 외연을 대폭 확장한 시기였다.

그럼에도 불구하고 여전히 우리 사회는 불통의 늪에 빠져 있다. 사회적 불통의 연원에 미디어가 자리하고 있다. 특히 시사 보도에 치중하는 신문 미디어가 앞장서서 정파성에 집착해 사실 왜곡을 주저하지 않는다.

신문의 정파 보도는 곧 온라인을 통한 이데올로기적 확대로 이어진다. 니컬러스 카가 지적했듯이 인터넷은 다른 견해를 가진 사람을 분리하고 집단 간의 차이를 확대하는 경향이 있다.[36] 인터넷을 통해 끼리끼리 소통하는 과정을 거쳐 분열과 길항이 확산된다. 강준만 역시 이런 현상에 주목하여 인터넷의 집단 극화가 정치의 집단 극화에

큰 영향을 끼친다고 강조한 바 있다.[37]

신문의 정파성이 인터넷을 통해 확대되고, 이로 인해 경쟁하는 집단이 싸움을 벌이면 미디어가 다시 이를 지원한다. 이런 악순환 속에서 사회적 커뮤니케이션이 활발할수록 소통이 아니라 소란만 커지고 불통의 벽이 단단해지는 소통의 역설이 이어지고 있다.

2 참을 수 없는 여론의 품질

송호근은 민주화 과정에서 일어난 갈등을 중산층과 노동 계급의 선택을 중심으로 설명한 바 있다. 그에 따르면, 민주화 과정에서 중산층은 재산권의 한없는 확대를 보장하는 보수적 민주화의 길을 선호했고, 노동 계급은 분배 정의를 강조하는 진보적 민주화를 주창했다. 이런 양자의 충돌은 신자유주의로 불리는 '시장의 시대'가 열리면서 공론장에서 접점을 찾을 수 없는 격돌 양상으로 치달았다.[38]

송호근은 시민 단체가 공익을 대변한다는 초기의 보편주의에서 벗어나 특정 집단의 이해관계에 집착하는 주창 집단으로 변모하여, 공론장에서 배제적 과잉 대변(exclusive representation)[39]을 함으로써 이념 과잉의 정치를 상승적으로 촉발했다고 주장했다. 그는 진보적 시민 단체에 초점을 맞추었지만 보수적 시민 단체 역시 다를 바 없었다.

시민 단체만 그런 것일까? 그렇지 않다. 미디어도 같은 편 시민 단체와 힘을 합하거나 상대편 시민 단체의 반대편에 서서 배제적 과잉 대변을 해 온 것이 사실이다.

과거에만 그런 것일까? 아니다. 배제적 과잉 대변은 현재 진행형이다. 그들에게 같은 편은 선이고 다른 편은 악이다. '우리'와 '그들'[40]

사이는 의견의 거리보다 감정의 거리가 더 멀다.[41]

제도적으로 정치적 민주화가 이루어졌다 하더라도 사회 영역에까지 심화되지 않은 단계에서 미디어가 편을 짜서 배제적 과잉 대변을 할 경우, 대중의 갈등과 분열은 불가피하다. 배제적 과잉 대변은 결과적으로 숙의를 배제한다. 그런 사회는 공중이 사라진 군중 사회가 된다.

박승관이 지적하였듯이, 군중 사회에서 사람들은 전사형(戰士形)이 된다.[42] 군중은 '떼거리'를 이루어 싸운다. 인터넷 미디어는 수많은 전사의 첨단 병기가 된다. 막말과 차별 언어를 주저하지 않는다. 그런 사회에서는 공론(公論)이 아니라 군론(群論)이 난무한다.

박승관에 따르면, 군론 사회에서 이루어지는 커뮤니케이션은 오직 승리만을 위한 입씨름이 된다. 사회 각 부문과 분파 사이에 유기적이고도 효율적인 경계 간 커뮤니케이션은 발생하지 않는다. 그 대신에 경계 내부의 끼리끼리 커뮤니케이션 즉 엔도가미(endogamy, 동종 교배)가 횡행한다.[43] 박선희가 지적한 바 있지만, 정치인도 끼리끼리고, 정치인과 시민도 끼리끼리, 시민 간에도 끼리끼리다.[44]

이런 경계 내부의 커뮤니케이션은 내적 차이를 줄이지만 외적 차별을 키운다. 여론 시장에서 악화가 양화를 구축한다. 사회는 통합이 아니라 대립과 갈등, 분열로 치닫는다. 이런 상황에서 여론의 품질을 기대하는 것은 관념적 사치에 지나지 않는다.

3 강요되는 침묵, 심화되는 갈등[45]

노엘레노이만(Noelle-Neumann)은 핵에너지에 대한 부정적 보도가 증가하자 많은 사람이 그 문제에 대해 침묵하는 현상을 발견했다. 그는 이런 현상에 '침묵의 나선(spiral of silence)'이라는 근사한 이름을 붙였다.

이 이론의 기본 가정은 간단하다. 사회는 일탈자에게 고립의 위험을 느끼게 한다. 사람들은 고립되지 않기 위해 사회의 여론 동향을 살핀다. 만약 여론이 자신의 생각과 일치한다고 느끼면 그 문제에 대해 공개적으로 자기주장을 편다. 그 반대일 경우 침묵을 택한다. 소수 의견으로 지각된 의견은 그렇게 하여 나선을 그리며 공론장에서 사라진다는 것이 나선 이론의 요지다.

우리나라에서 침묵의 나선은 세 가지 유형을 보인다. 하나가 우회전 나선이라면 다른 하나는 좌회전 나선이고 셋째는 유턴하는 나선이다. 여기에는 미디어에 대한 특이한 선호 경향이 개입한다.

이른바 촛불 시위 국면에서 나타난 것이 우회전 나선이었다. 시위에 가담한 사람들은 주로 인터넷 미디어에 의존했다. 거기에 오른 다수 의견이 자기 의견과 같으면 능동적인 동조자가 되었다. 집회에 가담해 대중과 열기를 공유하면 적극적인 참여자로 변했다. 반대로 인터넷 미디어에 접근하고도 다수 의견에 동의하지 않는 사람은 오른쪽으로 돌며 침묵의 세계로 떠났다.

좌회전 나선은 젊은 층에서 많이 보인다. 연령이 높은 사람들은 주로 메이저 신문을 읽는다. 거기에 실린 뉴스가 사실이고, 거기서 주장하는 바가 옳다고 확신한다. 따라서 메이저 신문의 시각에 회의적인 젊은이는 나이 든 사람들 앞에서 침묵하는 것이 편하다. 왼편으로 도는 나선을 그리며 공론장을 떠나야 한다.

보통 사람들에게 일상적인 것이 유턴하는 나선이다. 그들은 세상을 보고 싶어 여러 신문을 보기도 하고, 세상일에 눈을 감고 싶어 신문을 끊기도 한다. 그들은 자기주장이 분명한 사람들 틈에 끼었다가 낭패를 당한 경험이 많다. 사람이 모인 곳에 갔다가 좌우가 다투기라도 하면 그들은 등을 돌려 유턴의 나선을 그린다.

우리나라에서 일탈자가 느끼는 고립의 위험은 노엘레노이만이 지적한 것과 다르다. 그 여성 학자가 발견한 것은 일탈에 대해 개인이 느끼는 외로움이나 두려움이었다. 그러나 우리 사회에서는 일탈자에 대해 공공연한 협박이 따른다. 오른쪽으로 돌며 떠나야 할 상황에서 떠나지 않으면 그 사람은 수구 꼴통 파시스트로 매도당한다. 반대로 좌회전 나선을 그리며 침묵해야 할 상황에서 주제넘게 입을 열었다가는 영락없이 종북 좌파 빨갱이로 내몰린다. 이도 저도 아닌 중간 지대 사람은 무소신 기회주의자로 낙인찍힌다.

흔히 민주주의가 천민성을 극복하려면 숙의 민주주의(熟議民主主義)가 정착해야 한다고 말한다. 미디어가 그런 숙의의 기반을 마련해야 한다. 그러나 우리 미디어는 숙의의 기반을 허물고, 배제적 과잉 대변을 통해 침묵의 나선을 만든다.

결과적으로 공론장은 떠버리 싸움꾼들의 투기장이 된다. 양쪽 싸움꾼들은 어느 한 패가 싸움판을 떠나면 싸움이 끝난다는 것을 안다. 그러나 그런 상태야말로 자신의 존재 가치가 사라지는 것이기 때문에 결코 싸움판을 떠나지 않는다. 그런 싸움 속에서 사회는 깊이를 알 수 없는 갈등과 분열의 늪으로 빠져든다.

우리나라 미디어 생태계의 현황과 과제

4 결어

1 미디어 자원의 재편?

종이 신문은 두 가지 수입원에 의존한다. 하나가 구독료 수입이라면, 다른 하나가 광고 수입이다. 시사 정보를 주고 그 대가로 독자에게 구독료를 받고, 상품을 광고해 주고 광고주로부터 광고료를 받는다.

그러나 인터넷 미디어가 등장한 뒤 사람들은 정보나 콘텐츠를 인터넷에서 무료로 얻는다. 상품 정보도 마찬가지다. 앞서 살펴보았듯이 정기 구독자는 급감했다. 광고주는 광고 지출의 상당액을 인터넷으로 돌렸다. 이런 충격으로부터 방송도 자유롭지 않다.

최근 들어 모바일이 미디어 산업에 새로운 충격을 가하고 있다. 모바일 광고는 가파른 상승세를 탈 것이다. 모바일뿐이랴. 앞으로 새로운 미디어가 속속 나타나 미디어 시장을 뒤흔들 것이다. 전통 미디어는 새로운 미디어에 끊임없이 시장을 빼앗길 것이다.

그럼 전통 미디어에 길이 없는가? 박정희나 전두환의 길이 있긴 하다. 박정희 정권은 정변에 성공하자 곧 언론 산업을 정비(?)했다. 일정한 기준을 충족하지 못한 언론사는 시장에서 퇴출시켰다. 전두환 정권도 권력을 잡기 바쁘게 이른바 언론 통폐합을 단행했다.

거기서 그친 것이 아니다. 자본주의의 성장으로 광고 시장 규모가 팽창했지만 정부는 신규 미디어의 시장 진입을 철저히 차단했다. 그 덕에 우리나라 미디어 기업은 한때나마 경영 기반을 굳혔다.

그러나 시대가 변했다. 그런 길은 역사의 길일 뿐이다. 권력이 미디어 시장을 정비하거나 관리(?)하는 것은 가능하지도 않고 바람직하지도 않다.

신문협회와 같은 미디어 단체가 자율적으로 M&A 등을 통해 통폐합을 유도하여 경영 기반을 안정시킬 필요가 있다고 주장하는 이도 있다. 그러나 부질없는 일이다. 왜냐? 신문을 정리하여 경영 여건이 개선되면 마치 기다렸다는 듯이 새 신문사가 쏟아져 나올 것이다. 다시 시장 진입을 막을 방법은 없다.

다른 뾰쪽한 타개책이 보이지 않는다. 그러나 전통 미디어로서는 살 길을 찾아야 한다. 어떻게 활로를 모색할 것인가? 미디어 산업의 경쟁력은 콘텐츠에 있다. 좋은 콘텐츠를 만드는 미디어는 시장에서 살아남을 수 있다. 따라서 산업의 위기는 먼저 콘텐츠를 살리는 길, 곧 저널리즘의 위기를 극복하는 데서 출발해야 한다.

2 저널리즘의 정상화

사실(fact)로 돌아가라 1936년에 세상을 깜짝 놀라게 한 '의거'가 우리 언론계에서 터졌다. 《동아일보》와 《조선중앙일보》가 올림픽 마라톤 시상대에 오른 손기정 선수의 사진을 게재하면서 손 선수 가슴의 일장기를 지웠다. 일을 저지른 기자는 식민지 지식인 사회에서 영웅이 되었다. 《동아일보》는 지금도 그 사건을 일제 강점기 언론 투쟁의 빛나는 징표로 내세우곤 한다.

식민지 지성인의 의분을 반영한 쾌거였으니 마땅히 '의거'겠지만, 저널리즘 측면에서 보면 분명한 일탈 행위였다. 기자는 사실을 사실대로 보도해야 한다. 그러나 기자는 있는 것을 지워 없앴다. 냉정하게 말하자면 일장기 말소는 사실 왜곡이었다.

'의거'의 유혹은 사라지지 않았다. '의거'를 하면 독자에게 또는 광고주에게 잘 보일 것이므로 상업적으로 보상을 받을 수 있다. 그러나 그 길은 구구도생(區區圖生)의 길일 따름이다. 나라가 식민지 상태에서 벗어났듯이 이제 미디어는 정파적 이해관계를 배제적으로 과잉 대변하려는 '의거'의 유혹에서 빠져나와야 한다. 왜곡을 멈추고 사실로 돌아가야 한다.

무엇이 사실인가? 사실의 실체는 신(神)만이 안다. 신의 눈이 아닌, 인간의 눈은 불완전하다. 인간이 신의 눈을 가질 수 없다면, 기자는 최소한 제3자의 눈으로 보아야 한다. 그런 당위성이 객관주의 보도 원칙을 만들었다.

객관주의는 어떻게 실현할 수 있는가? 이 질문에, 워터게이트 사건 취재로 필명을 얻은 《워싱턴 포스트》의 밥 우드워드 기자가 명답을 내놓았다. 그는 재판정에서, 한 탐사 보도 내용이 사실이라고 믿느냐는 판사의 질문에 그 기사가 "사실에 관한 확보 가능한 최선의 버전"[46]이라고 답했다. 기자가 확보할 수 있는 정보를 다 얻어 기사를 생산했다면 그가 쓴 기사는 사실로 간주할 수 있다는 것이었다.

그러나 우리 미디어는 '확보 가능한 최선의 버전'보다는 '이용 가능한 최선의 버전'을 제공하는 사례가 허다하다. 객관적 사실주의가 주관적 이용 가능성 때문에 희생당하고 있는 셈이다. 그런 잘못을 고치지 않는 한, 저널리즘의 선진화는 기약이 없다.

사실로 돌아가기 위해, 우리는 다음 질문에 답해야 한다. 어떻게 하는 것이 '확보 가능한 최선의 버전'일까? 이 물음에 미국의

CCJ(The Committee of Concerned Journalists)가 답을 제시했다. 미국에서 온라인 미디어가 전통 미디어 산업에 엄청난 충격을 가하자, 대응 방법을 찾기 위해 1997년에 결성된 모임이 바로 CCJ이다. 이재경은 이 기구 이름을 '저널리즘을 염려하는 위원회'라고 옮겨 소개했다.[47]

이 위원회가 거듭된 토론을 거쳐 내린 처방은 의외로 상식적이고 평이하다. 이 위원회는 2004년부터 메릴랜드 대학 저널리즘 스쿨과 손을 잡고 PEJ(The Project for Excellence in Journalism)라는 프로젝트를 실시하고 있다.

PEJ는 좋은 저널리즘을 구현하기 위한 방안으로 보도 지수(The Reporting Index)를 만들어 냈다. 세 가지 원칙이 그 핵심이다. 첫째, 취재원(news source, 취재의 출처)이 다양해야 한다. 구체적으로는 네 명 이상의 취재원으로부터 정보를 얻어야 하고, 아울러 취재원이 누구인지 명시적으로 밝혀야 한다.

두 번째는 관점이 다양해야 한다. 한 기사에 복수의 다원적 관점을 소개해야 하며, 하나의 관점이 전체 기사의 3분의 2를 넘지 않도록 해야 한다.

세 번째는 넷 또는 그 이상의 이해 당사자를 활용해야 한다. 이해관계를 달리하는 사람을 많이 만나 그들의 의견을 기사에 반영해야 한다.

종합하자면 기사 하나를 쓸 때 견해(viewpoints)와 이해관계(stake-holders)가 다른 다수의 취재원을 활용하라는 것이다. 그렇게 할 때 비로소 '확보 가능한 최선의 버전'으로 기사를 쓸 수 있다는 것

우리나라 미디어 생태계의 현황과 과제

이다.

PEJ는 매년 미국 신문이 이 세 요소를 어느 정도 반영하고 있는지 조사한다. 해마다 조금씩 다르지만 미국의 일류 신문이 네 개 이상의 투명한 취재원을 활용한 기사 비율은 3분의 2에 이른다. 다양한 관점을 소화한 기사는 8할 이상이고, 넷 이상의 이해 당사자를 포함한 기사의 비율은 7할 이상이다.

우리 신문은 어떠한가? 2006년 박재영이 조사한 바에 따르면, 중앙지의 기사 가운데 투명한 취재원 네 명 이상을 취재한 기사는 34퍼센트였다. 1면 머리기사 가운데 관점이 다원적인 기사는 42퍼센트이고, 네 명 이상의 이해 당사자를 포함한 기사는 35퍼센트였다.[48] 우리 저널리즘의 질적 수준은 PEJ의 잣대로는 '반값'이다.

CCJ의 PEJ는 철학적으로 데이비드 흄의 회의론(懷疑論)을 바탕에 깔고 있다. 흄은 자기 눈으로 직접 본 것이라 할지라도 그것이 사실이라고 확신할 수 없었다. 그에게 확신이란 좀 더 강하게 다가오는 하나의 주관일 따름이었다.

기자가 직접 어떤 사건을 보고 들었다고 하더라도 사실을 재구성하는 데는 주관성이 개입할 수밖에 없다. 주관으로 각색한 사실은 이미 사실이 아니다. 사실을 사실대로 쓰기 위해 기자는 어떻게 해야 하는가? 기자는 먼저 책임 있는 당국자(관계자)가 발표한 내용을 객관적으로 보도하고, 이해관계가 상충하는 다양한 사람의 견해를 반영해야 한다.

기자의 회의는 주관에 대한 불신에서 출발하지만 아이러니하게도 그 불신은 믿음을 보상한다. 이 이치를 실증한 신문이 바로 《뉴욕 타임스》다. 이 신문은 회의를 통해 독자의 신뢰를 얻었다.

우리 미디어는 회의가 아니라 확신에 차 있다. 그런 확신이 결과적으로 미디어에 대한 불신을 키운 것은 아닐까? 확신을 유보하고 회의를 통해 성찰의 깊이를 더할 때, 다양한 취재를 통해 객관적으로 사실을 재구성할 때 비로소 사실에 관한 '확보 가능한 최선의 버전'을 얻을 수 있다. 그것을 포기하고 신뢰를 되찾을 수는 없다.

타협과 통합의 장을 마련하라　영국의 사상가 밀(Mill) 부자를 상기할 필요가 있다. 제임스 밀은 영국 사회의 근본적인 변화를 원했다. 변혁을 촉발하기 위해서는 무엇보다도 언론의 자유가 필요했다. 그가 원한 것은 정부에 대해 무력이나 폭력으로 대항할 것을 촉구하는 것을 제외한 거의 절대적인 자유였다.

그는 폭력 대신에 폭력에 대한 두려움을 무기로 삼았다. 폭력이나 무력을 선동하지는 않았지만, 정부에 대해 금방이라도 민중 봉기가 일어날 것처럼 협박하곤 했다. 밀을 추종한 언론인들도 마찬가지였다. 그들은 민중이 간단히 결심만 하면 들고 일어날 만반의 태세가 되어 있다고 윽박지르며 정부에 변혁을 촉구했다. 협박은 곧잘 통했다. 일정한 조건을 갖추기만 하면 수증기가 기차를 움직일 만큼 폭발력을 갖는다는 사실을 목격한 시대에, 민심의 폭발을 예고하는 것은 실감 나는 협박이었다.

그러나 제임스 밀의 아들인 존 스튜어트 밀은 아버지를 따르지 않았다. 존은 통합의 철학을 지향했다. 그에 따르면 사물이나 사건에는 대립되는 측면이 있게 마련이다. 그는 사물이나 사안을 제대로 파악하기 위해서는 대립되는 측면에 대해 종합적으로 고찰할 필요가 있다고 믿었다. 그에게 부분 진리(partial truth)는 말 그대로 진리의 한 부분일 따름이었다. 여러 부분을 종합해야 비로소 진리에 가까이 다가갈 수 있다는 것이 그의 사고의 출발점이었다.

이런 종합적 사고를 강조한 존 스튜어트 밀의 철학은 미국 언론의 지향성에 무시할 수 없는 영향을 끼쳤다. 다양한 의견을 하나로 통합하는 것이야말로 언론의 몫이라는 책임주의가 거기서 나왔다고 볼 수 있다.

미국 언론인들은 자기 주관이 아닌, 제3자의 시각으로 사물을 보고 기사를 써야 한다고 믿는다. 그렇게 할 때 독자가 비로소 사물의 실체를 정확하게 이해할 것이라고 생각한다. 그런 일련의 과정을 거쳐 사회가 통합된다고 믿는다. 미국 사회가 다종의 민족과 다양한 이해관계를 하나로 녹이는 거대한 용광로가 될 수 있었던 것도 바로 그런 사고 덕분이었을 것이다.

1980년대에 리영희는 이른바 '날개론'을 편 바 있다. 우리나라에 우익 언론만 있고 좌익 언론은 없다, 좌익 언론이 육성돼야 민주주의라는 새가 균형 있게 날 수 있다, 이런 주장이 그 요지였다.

30여 년이 흐른 지금 새의 날개는 균형이 잡혔는가? 지금의 야당이 집권했을 때, 공영 방송이나 일부 신문에 영향을 끼쳐 어느 정도 좌우 균형을 이루기도 했다. 그러나 지금은 딴판이다. 공영 방송은 물론 일부 종편까지 가세해 균형추는 극단적인 우편향을 보이고 있다.

그럼 다시 리영희의 날개론을 끄집어내야 하는가? 왼쪽 날개를 재보강해야 하는가? 그러나 그 일보다 더 시급한 것이 있다. 지금 우리에게 절실한 것은 날개가 아니라 몸통을 만드는 일이다.

날개는 원심력을 창출한다. 끊임없이 외부로 내뻗어야 그 존재 가치가 실현된다. 그런 날개를 하나의 구심에 붙들어 두는 것이 몸통이다. 균형 있게, 힘차게 날기 위해서는 튼튼한 몸통이 있어야 한다. 그런데 우리 새의 몸통은 없거나 아니면 매우 부실하다.

공영 방송은 날개가 될 자격이 없다. 그것은 시청자의 것이지 특정 정파의 것이 아니기 때문이다. 이미 하나의 고유 명사가 된 조·중·동도, 그리고 SBS까지도 날개 역할을 할 자격이 없다. 메이저 미디어는 몸통이 돼야지 날개가 돼서는 안 되기 때문이다. 그들 메이저 미디어가 몸통 되기를 거부한다면 어느 미디어가 그 자리를 대신하겠는가?

언론의 공개 시장에서 메이저 미디어가 할 일은 불편부당한 자세로 바람직한 공론을 창출하는 것이다. 마이너 미디어가 좌우에서 다양한 주장을 펴면, 메이저 미디어는 그것을 취합하여 최대 공약수를 이끌어 내는 일을 맡아야 한다. 자유주의 사회에서 메이저 미디어와 마이너 미디어가 역할을 분담할 때, 다원주의적 경쟁을 통해 사회적 합의에 도달할 수 있고 결과적으로 여론의 다양성과 사회 통합을 함께 얻을 수 있을 것이다. 이런 조건이야말로 이준웅이 강조한 의사소통 민주주의(communicative democracy)의 정초가 될 것이다.[49]

하버마스에 따르면, 의사소통적 커뮤니케이션 행위란 앞서 말한 목적 합리적 커뮤니케이션 행위와는 달리 관련된 행위자들의 행위 계획이 자기중심적 성공 계산에 의해서가 아니라 상호 이해의 행위를 통해서 조절된다. 그들은 공동의 상황 정의를 토대로 행위 계획을 서로 조절할 수 있으며 그런 조건하에서 개인적 목표를 추구한다.[50]

우리나라 미디어 생태계의 현황과 과제

하버마스는 이런 의사소통적 행위가 공동체 성원의 상호 이해를 증진하고, 나아가 사회 통합을 이루는 기반이 된다고 강조했다. 우리 메이저 미디어가 배제적 과잉 대변을 지양하고 의사소통적 커뮤니케이션을 통해 타협 가능한 공간을 찾고자 할 때, 우리 사회는 부질없는 갈등과 분열을 넘어 다양하면서도 통합되고 품격 있는 선진 사회로 나아갈 것이다.

3 수용자가 미디어를 바꾼다

미국 언론이 오늘에 수준에 이르기까지는 오랜 시간이 걸렸다. 1780년대에서 1860년대에 이르는 장구한 정론지(政論紙) 시대에 신문은 특정 정파의 앞잡이에 지나지 않았다. 당시 독자들은 모두가 정치에 매몰돼 있어, 신문이 정파성을 띠지 않고는 독자를 모을 수 없었다. 서로 다른 정파를 대변하던《모닝 크로니클》의 사주 애런 버와 《이브닝 포스트》의 발행인 알렉산더 해밀턴은 권총 결투를 벌여, 워싱턴 대통령 시절에 재무부 장관을 지낸 해밀턴이 목숨을 잃었다. 당대의 거물까지도 독자들이 질러 대는 고함에 넋을 잃어 로마 시대의 검투사가 되고 만 것이다.

미디어 시장에서 정론지를 몰아낸 것은 독자였다. 퓰리처와 허스트가 신문을 내자 산업화와 대중 교육을 통해 새로 양산된 월급쟁이 독자군이 이들의 신문을 애독했다. 그들이 원한 것은 정치 기사가 아니라 재미있는 이야깃거리였다. 황색 저널리즘이 미디어 시장을 석권했다.

황색 저널리즘은 그들의 환호 속에 반세기에 걸쳐 영화를 누렸다. 그러나 1901년 허스트의《저널》이 사설을 통해 "나쁜 정치인을 제거하는 유일한 방법은 죽여 없애는 것"이라고 주장한 뒤 한 무정부주의자가 매킨리 대통령을 쏘아 숨지게 하자, 독자들은 허스트의 허수아비를 불태우고 이 신문에 대해 대대적인 불매 운동을 벌였다. 이 사건을 계기로 황색 저널리즘은 급속히 퇴조했다.

신문 시장에서 황색 저널리즘을 제치고 지적 신문(知的新聞)의 새 시대를 연 것은《뉴욕 타임스》다. 객관성, 균형성, 공정성의 대명사가 된 이 신문은 '아침 식탁보를 더럽히지 않는 신문'이라는 밋밋한 슬로건을 내걸고 미디어 시장에 뛰어들었다. 이 신문은 사실에 덧칠을 하지 않는다는 평판 덕분에 단숨에 지식인들을 사로잡았다.

그러나 미디어의 새 시대를 이끈 공은《뉴욕 타임스》가 아니라 질적으로 수준 높고 양적으로 탄탄한 뉴욕의 지식층에 돌려야 한다. 뉴욕의 좋은 독자가 좋은 신문을 불러낸 것이다. 이런 일련의 전개 과정은 신문이야말로 사주나 기자가 만드는 것이 아니라 독자가 만드는 것임을 깨닫게 한다.

미국의 사례가 말하듯이 정파적으로 초연한 신문, 격조 높은 신문은 초연한 독자, 격조 높은 독자가 만든다. 정파성에 대해, 정파성에 빠져 있는 신문에 대해, 부정적인 독자가 늘고 있는 현실에 우리는 희망을 걸어야 한다. 한 세기 전에 뉴욕에서 그랬듯이, 지금 우리나라에서 몰라보게 늘고 있는, 정파성을 초월한 지적 공중이 좋은 미디어를 만들어 낼 것이다.

우리나라 미디어 생태계의 현황과 과제

종별		회사 수	매체 수	종사자 수	매출액(억 원)
일간	전국 종합 일간	24	24	5,720	15,235
	지역 종합 일간	102	108	6,353	4,367
	경제 일간	9	9	2,725	6,230
	스포츠 일간	5	6	424	1,158
	외국어 일간	2	8	114	191
	기타 전문 일간	20	25	946	906
	무료 일간	6	7	280	790
	소계	168	187	16,588	28,850
주간	전국종합주간	22	28	9,402	3,771
	지역종합주간	469	496	2,521	674
	전문주간	665	707	6,379	2,816
	소계	1,156	1,231	9,402	3,771
계		1,324	1,418	25,991	32,621

표 6-1 종이 신문 현황(2012)[51]

종별	회사 수	보도 채널 수	종사자 수	매출액(억 원)
공영 방송	21	11	9,188	29,793
민영 방송	13	32	2,695	10,554
종교 · 특수 방송	10	11	2,046	4,251
종편 · 보도 채널	6	6	2,502	3,799
지상파 DMB	3	3	105	183
계	53	63	16,536	48,580

표 6-2 방송 산업 현황(2012)[52]

종별	회사 수	매체 수	종업원 수	매출액(억 원)
인터넷 종합 신문	411	441	3,291	1,893
인터넷 지역 신문	486	533	2,073	293
인터넷 전문 신문	772	832	6,100	2,580
계	1,669	1,806	11,464	4,766

표 6-3   인터넷 신문 산업 현황(2012)[53]

미디어		하루 평균 이용 시간	시사 보도 이용 시간
텔레비전		176.9	56.5
인터넷	고정형	62.6	16.0
	이동형	53.7	14.3
	소계	116.3	30.3
라디오		26.8	6.0
종이 신문		12.0	12.0
잡지		2.3	0.7
총계		334.3	105.5

표 6-4   수용자의 하루 평균 미디어 및 시사 보도 이용 시간(단위: 분)[54]

우리나라 미디어 생태계의 현황과 과제

미디어	2010년 (n=5000)	2011년 (n=5000)	2012년 (n=5000)	2013년 (n=5082)
지상파 텔레비전	4.04	3.83	3.76	4.13
보도 전문 채널	3.90	3.69	3.61	3.84
종편 채널			3.43	3.72
전국 종합 신문	3.79	3.44	3.37	3.65
뉴스 통신				3.61
포털 뉴스				3.58
경제 신문 및 전문 신문				3.48
라디오	3.60	3.54	3.41	3.47
지역 종합 일간 신문	3.55	3.31	3.23	3.34
언론사 닷컴	3.49	3.28	3.16	3.23
인터넷 신문	3.46	3.28	3.18	3.23
지역 종합 주간 신문	3.36	3.23	3.13	3.21
시사 잡지	3.48	3.28	3.14	3.17
소셜미디어				3.15
언론 전반			3.26	3.40

표 6-5 미디어별 시사 보도 신뢰도 추이(2010~2013, 단위: 점)[55]

매체 분류		사업체 수		매출액		전년 대비 매출액 증감
		2011년	2012년	2011년	2012년	
일간	전국 종합 일간 1	11	11	1,605,031	1,514,791	−5.6%
	전국 종합 일간 2	12	13	13,644	8,685	−36.3%
	지역 종합 일간	111	102	467,197	436,731	−6.5%
	경제 일간	9	9	611,351	620,258	1.5%
	스포츠 일간	5	5	116,534	115,838	−0.6%
	외국어 일간	5	2	32,734	19,074	−41.7%
	기타 전문 일간	23	20	64,340	90,566	40.8%
	무료 일간	6	6	96,453	79,013	−18.1%
	소계	182	168	3,007,284	2,884,955	−4.1%
주간	전국 종합 주간	44	22	82,662	28,224	−65.9%
	지역 종합 주간	473	469	68,229	67,359	−1.3%
	전문 주간	739	665	274,989	281,565	2.4%
	소계	1,256	1,156	425,880	377,148	−11.4%
계		1,438	1,324	3,433,164	3,262,102	−5.0%

표 6-6 종이 신문 산업의 사업체 수와 매출 규모(단위: 100만 원)[56]

신문사	매출액		영업 이익		당기 순이익	
	2011년	2012년	2011년	2012년	2011년	2012년
경향신문	82,952	72,591	6,814	9,919	1,363	855
국민일보	48,237	47,516	−3,269	−951	−842	1,140
내일신문	55,597	57,525	7,961	7,636	8,273	8,858
동아일보	294,777	298,763	−5,336	8,034	−18,854	−30,414
문화일보	70,635	69,462	2,236	1,266	3,611	3,103
서울신문	95,213	98,054	2,549	4,107	−2,231	−3,121
세계일보	35,641	37,426	1,266	2,086	−1,336	24,296
조선일보	376,063	362,024	35,778	27,480	39,673	23,001
중앙일보	382,952	313,206	13,499	−17,125	13,560	−40,424
한겨레	84,147	85,026	3,908	3,651	3,125	3,813
한국일보	78,817	73,197	−924	285	−7,093	366
계	1,605,031	1,514,791	64,483	46,367	39,249	−8,527

표 6-7 전국 종합 일간 신문의 주요 경영 지표(단위: 100만 원)[57]

종별	사업체 수		매출액		전년 대비 매출액 증감
	2011년	2012년	2011년	2012년	
공영 방송	21	21	3,034,492	2,979,320	−1.8%
민영 방송	13	13	1,010,171	1,055,366	4.5%
종교 · 특수 방송	10	10	395,041	425,093	7.6%
종편 · 보도 채널	6	6	212,691	379,871	78.6%
지상파 DMB	3	3	21,202	18,346	−13.5%
계	53	53	4,673,597	4,857,996	3.9%

표 6-8 방송 산업 사업체 수와 매출 규모(단위: 100만 원)[58]

방송사	매출액		영업 이익		당기 순이익	
	2011년	2012년	2011년	2012년	2011년	2012년
KBS	1,443,687	1,519,035	−65,092	−37,994	4,783	−6,248
MBC	891,011	802,150	74,029	15,218	117,428	80,069
SBS	720,571	757,064	82,902	40,687	58,037	28,892
계	3,055,268	3,078,249	91,839	17,911	180,248	102,713

표 6-9 지상파 3사의 주요 경영 지표(단위: 100만 원)[59]

방송사	2011년	2012년
(주)매일방송	1,302	−25,566
(주)제이티비씨	−27,602	−132,060
(주)조선방송	−506	−55,355
(주)채널A	−19,145	−61,901
계	−49,951	−275,451

표 6-10 종편 채널의 당기 순이익 현황(단위: 100만 원)[60]

종별	사업체 수		매출액		전년 대비 매출액 증감
	2011년	2012년	2011년	2012년	
인터넷 종합 신문	181	411	164,160	189,278	15.3%
인터넷 지역 신문	519	486	25,583	29,320	14.6%
인터넷 전문 신문	638	772	375,804	258,040	−31.3%
계	1,338	1,669	565,547	476,638	−15.7%

표 6-11 인터넷 신문 사업체 수와 매출 규모(단위: 백만 원)[61]

우리나라 미디어 생태계의 현황과 과제

구분	매체	2005	2006	2007	2008	2009	2010	2011
전통 4대 매체	텔레비전	21,492	21,839	21,076	18,997	16,709	19,307	20,775
	라디오	2,683	2,799	2,807	2,769	2,231	2,565	2,604
	신문	16,724	17,013	17,801	16,581	15,007	16,438	17,092
	잡지	4,368	4,591	4,481	4,804	4,388	4,889	5,236
인터넷	검색			6,120	7,500	8,250	10,440	12,440
	노출			4,080	4,400	4,180	5,030	6,120
	계	5,669	7,790	10,200	11,900	12,430	15,470	18,560
CATV		4,868	6,721	8,297	8,600	7,794	9,649	11,421
스카이라이프		62	120	120	95	95	153	122
DMB			19	88	114	176	271	267
IPTV					53	114	205	170
기타 뉴미디어		62	139	208	262	385	629	559
계		55,806	60,892	65,223	63,913	58,944	68,947	76,247

표 6-12 매체별 광고비 추이(2005~2011, 단위: 억 원)[62]

주

1 문화에 있어서의 과학의 위상

1   이 장과 4장은 참고 문헌에 있는 관련 내용을 종합적으로 정리 및 요약한 것으로, 참고 문헌에서 인용된 부분이 여럿 있으나 읽기의 편의를 위하여 일일이 인용 출처를 밝히지 않았음을 양해 바란다. 또한 일부 내용은 본인이 '석학과 함께하는 인문 강좌' 4기(2011) 제3강 「과학과 사회, 그리고 한국」에서 발표한 바 있다.

2   김환석, 「과학기술학과 새로운 과학기술 정책: 과학기술에도 참여 민주주의 필요하다」, 《교수신문》 제130호(1998년 3월 9일); 오세정, 「김환석 교수의 「과학기술학과 새로운 과학기술 정책」을 읽고: 상대주의 과학관에 문제 있다」, 《교수신문》 제131호(1998년 3월 23일). 그 후 김환석 교수의 두 번에 걸친 반론(제132호, 제135호)과 필자의 재반론(제134호, 제135호)으로 이어졌고, 송상용 교수의 정리 「과학기술학의 존재 이유는 과학의 본질을 파헤치는 일」(제135호)로 종결되었다.

3   놈 촘스키 · 에드워드 윌슨 · 스티븐 핑커 외, 애덤 블라이 기획, 이창희 옮김, 『사이언스 이즈 컬처』(동아시아, 2012), 8~9쪽.

2 지적 지형의 변화와 교육 혁신

1   H. Bergson, *L'évolution créatrice*(Paris: Presses Universitaires de France, 1943), 앙리 베르그송, 황수영 옮김, 『창조적 진화』(아카넷, 2005).

2   N. Hartmann, *Teleologisches Denken*(Berlin: Walter de Gruyter, 1951), pp. 64~; N. Hartmann, *Neue Wege der Ontologie*(Stuttgart: Kohlhammer, 1968), 니콜라이 하르트만, 손동현 옮김, 『존재론의 새로운 길』(서광사, 1997), 163쪽 이하.

3   니콜라이 하르트만, 앞의 책, 166쪽 이하.

4 K. Marx, *Zur Kritik der Politischen Öonomie*, Marx Engels Werke Bd. 7(Berlin: Dietz Verlag, 1985), pp. 7~.

5 L. Feuerbach, *Das Wesen des Christentums*(Stuttgart: Philipp Reclam, 1974).

6 『맹자』, 「등문공(滕文公)」 6장.

7 A. Gehlen, *Der Mensch: Seien Natur und Seine Stellung in der Welt*(Wiesbaden: Athenaion, 1972), pp. 62~.

8 손동현, 「디지털 유목 시대의 대학 교육」, 한국철학연구소 학술문화발표 54회(2010), 10쪽.

9 M. Heidegger, "Was heißt Denken?"(1951~1952), *Gesammtausgabe* 8(Frankfurt am Main: V. Klostermann, 2002), p. 12.

3 고야, 나 그리고 아리스토텔레스

1 Francisco Goya, *Los Caprichos*(New York: Dover Publications, 1969). 『변덕』의 판화는 고야에 관련된 거의 모든 화집에, 부분적이든 전체적이든, 수록되어 있다. 각 판화에 붙은 고야 자신의 설명(caption)은 이 영어판을 대조해서 다시 번역했다.

2 Manuela B. Mena Marqué, "Goya: Mensch seiner Zeit und Prophet der Moderne", P.-K. Schuster and W. Seipel (eds.), *Goya: Prophet der Moderne*(Kön, 2005), p. 14.

3 고야의 편지는 고야, 이은희 · 최지영 옮김, 『고야, 영혼의 거울』(다빈치, 2011), 33~128쪽에 번역되어 실려 있다. 이것은 본문 안에 날짜로 표기한다.

4 고야가 자유주의적이고 진보적인 관점을 대변했다는 사실은 잘 알려져 있다. 이것은 대표적 진보 인사였던 호베야노스와의 오랜 친교에서도 잘 확인된다. "회화에 정해진 규칙은 없다.(no hay reglas en la Pintura)"라고 그가 믿었던 이유도 가치와 형식에서의 이런 개방성 때문이었을 것이다. 그는 앞선 세대의 여러 화가 가운데 카라치(A. Carracci)가 그의 학생들에게 그 어떤 공식도, 심지어 자신의 방식도 강요하는 대신 오직 '진실의 모사'를 강조했다는 점에서, 그가 지닌 '공평무사와 너그러움(libaralidad)'을 칭송했다고 전해진다. Werner Hofmann, *Goya: Vom Himmel durch die Welt zur Höle*, 2. Aufl. (Müchen, 2004), p. 119.

5 Goya, *Diario de Madrid*(1799. 2. 6). Ibid., p. 95에서 재인용.

6 '변덕'을 지칭하는 'Caprichos/Capriccio'는 원래 형식이나 템포 혹은 발상에서 연주자의 뜻대로, 즉 마음대로 하는 것을 말한다. 그것은 종잡을 수 없고 변덕스러우며 일관되지 않는 생각의 흐름을 탄다. 고야의 『변덕』 시리즈는 카프리초스의 이런 본래적 함의에 충실한 것이다. 그것은 낮보다는 밤에 가깝고, 건강보다는 병적 이미지에 적합하다. 그러니까 고야의 『변덕』은 인간 사회의 병적 이미지를 다의미적으로 혼란스럽게 묘사한 작품이다. 이것은 기본적으로 인간 사회의 다양하기 그지없는 악덕에 대응하여 고야가 창출해 낸 양식 혼합적 결과물이다.

7 대체로 축제 행렬의 중심에서는 이런저런 우상이 희화화되었고, 이렇게 풍자된 우상의 꼭대기에는 정어리가 걸렸다고 한다. 하지만 「정어리 매장」 그림에서는 정어리가 보이지 않는다. 대신 어둡고 침침한 가면이 걸려 있다. 사육제가 끝나는 날 왜 정어리를 묻었는지에 대해서는 의견이 분분하다. 한 인류학 보고서에 따르면, 전통적으로 정어리가 아니라 도살된 돼지가 매장되었다고 한다. 그래서 '정어리를 묻었다'는 것은 '돼지를 묻었다'는 뜻이 된다. 정어리가 금식 기간 동안 살코기를 대신했다. 사람들은 "정어리를 묻었다."라고 말하면서 금식의 시작을 속이고 미루었다고 한다. Werner Hofmann, op. cit., p. 198.

8 Ibid., p. 88f. 호프만은 「회개 없이 죽어 가는 자 옆의 성 프란시스코 데 보르하」를 참조하면서 화가의 역할을 밝혀낸다. 그러면서 꿈꾸는 자/예술가를 '귀신을 쫓는 자(Exorzist)'로 해석한다.(p. 133f) 하지만 현실의 악귀─유령─어둠─몽매를 쫓아내는 일은 예술가의 표현 행위(생산 미학적 차원)에서뿐만 아니라, 필자가 해석하려는 대로, 이런 표현의 결과물인 작품의 심미적 경험 행위(수용 미학적 차원)에도 일어나는 사건일 것이다.

9 Ibid., p. 132.

10 Peter-Klaus Schuster, "Unausdeutbar: Goyas Caprichos 43 als Sinnbild der Moderne", P.-K. Schuster and W. Seipel (eds.), op. cit, p. 34 참조.

11 이런 문제의식으로부터 앞서 말한 '환멸'도 생겨나고, '의식의 분열' 같은 것도 생긴다. 이것은, 좀 더 큰 차원에서 보면, 대략 1750년대 이후 기존 현실을 지탱하던 통일적 연속적 세계관이 붕괴되기 시작하면서 유럽 정신사와 예술사의 패러다임이 근본적으로 전환되는 사정과 같은 맥락 속에 있다. 예를 들어 시간과 장소와 행동의 일치를 전제하는 아리스토텔레스의 3통일의 연극 법칙이나, 하나의 단일 원근법을 강조하는 회화 규칙이 무너지기 시작하는 것도 이 무렵이다. 그리하여 인간의 현실은 훨씬 낯설고 복잡하게 인식되고, 세계는 점점 더 불합리하고 수수께끼같이 나타나는 것으로 이해된다. 여기서는 어

떤 인식도 종국적일 수 없다. 예술의 현실 파악 방식도 이전보다 더 다면적이고 다각적이게 된다. 고야의 문제의식은 바로 이런 근대적 전환의 출발점에 서 있다고 할 수 있다. "고야 이후에 근대 회화가 시작된다."라고 앙드레 말로(A. Malraux)가 말한 것도 이런 의미에서일 것이다.

12 베르트람은 "모든 예술 작품은 자기 자신의 정체성을 얻으려고 애쓴다. 이런 노력은 자기 연관적 사건이다. 바로 이 방식에서 예술작품의 성찰적 성격이 파악될 수 있다."라고 적으면서, 예술 작품의 이 자기 연관적 구성은, "수용자가 예술 작품과 대결하면서 이 구조를 처음부터 끝까지 연습한다(durchspielen)는 점에서, 심미적 경험에 일치한다."라고 언급한다.(Georg W. Bertram, "Äthetische Erfahrung und die Modernitä der Kunst", Martin Seel u. a. (ed.), *Kunst und Erfahrung*(Frankfurt am Main, 2013), p. 261, p. 263) 하지만 이 같은 자기 성찰성/자기 연관성이 심미적 경험 안에서 어떻게 실제로 작동하는가라는 문제는, 비록 이 둘 사이의 관련성은 언급될지언정, 더 이상 상술되지 않는다.

13 Aristotle, *The Nicomachean Ethics*, David Ross (trans.) (Oxford: Oxford University Press, 2009), p. 109, 1141b, 29~30; p. 110, 1142a, 23~24, 아리스토텔레스, 최명관 옮김, 『니코마코스 윤리학』(서광사, 1984). 쪽과 행 표시는 본문 안에 표기한다. 번역문은 부분적으로 고쳤다.

14 아리스토텔레스는 지식보다는 실천을 중시한 현실주의자였고, 이 실천이란 다름 아닌 '선의 실천'이었으며, 이 선의 실천이 곧 정치학의 목표라고 보았지만(1권 3장과 4장), 그러나 이것만큼이나 중요하고 흥미로운 것은 선의 '개별적' 실천 방식과 '개인'에 대한 관심이 아닌가 여겨진다. 예를 들어 그가 "선한 사람은 자기 자신과 더불어 살기를 원한다. 왜냐하면 그것이 즐겁기 때문이다. …… 그의 마음은 관조할 대상(subjects of contemplation)으로 가득 차 있다. 그래서 그는 다른 누구보다도 자기 자신과 더불어 슬퍼하고 기뻐한다."(9권 4장 24~28)라고 쓰거나, "선한 사람은 참으로 자기를 사랑하는 사람이다. …… 그러므로 선한 사람은 자기 자신을 사랑하는 자가 되어야 한다. 왜냐하면 그는 고귀한 행동을 함으로써 자신에게 이롭게 할 뿐만 아니라 그의 이웃도 이롭게 하기 때문이다."(9권 8장 1169a, 4~5; 12~13)라고 쓸 때, 우리는 아리스토텔레스 윤리학의 뿌리가 개인의 '건전한 자기 사랑'에 있음을 확인하게 된다. 이 사랑이 건전한 이유는 그것이 개인으로부터 동료 이웃으로 퍼져 가는 것이기 때문일 것이다.

그러므로 선도 먼저 보이거나 그럴 듯해서가 아니라, 나아가 사회적으로 필요해서가 아니라, 각자에게 좋기 때문에 있어야 하는 무엇이다. 그래서 아리스토텔레스는, 이 장(章)

의 모토로 필자가 인용했듯이, 이렇게 썼다. "각각의 사람이 선을 원하는 것은 무엇보다 그 자신에게 좋기 때문이다."(p. 151, 1159a, 14) 나는 아리스토텔레스 윤리학이 현대에서도 살아남는 것은 이런 실천적 덕목의 개인적 구체적 실존적 측면, 말하자면 자기 자신의 실제적 경험에 바탕을 둔 과장기 없는 서술 덕분이라고 여긴다.

15 Ibid, p. 69, p. 224.

16 알렉산드르 푸시킨, 석영중 옮김, 『예브게니 오네긴』(열린책들, 2009), 242쪽.

17 P.-K. Schuster and W. Seipel (eds.), op. cit, p. 300.

18 Aristotle, *The Eudemian Ethics*, Anthony Kenny (trans.) (Oxford: Oxford University Press, 2011), p. 8, 1216b, 21~24, 아리스토텔레스, 송유레 옮김, 『에우데모스 윤리학』(한길사, 2012), 49쪽. 번역은 부분적으로 고쳤다.

4 민주주의의 도덕적 기초에 관하여

1 Robert A. Dahl, *On Democracy*(Yale University Press, 1998); Robert A. Dahl, *On Political Equality*(Yale University Press, 2006), 한국어판으로는 로버트 달, 김왕식 외 옮김, 『민주주의』(동명사, 2009); 로버트 달, 김순영 옮김, 『정치적 평등에 관하여』(후마니타스, 2010).

2 Philippe C. Schmitter, "Dangers and Dilemmas of Democracy", Larry Diamond and Marc F. Plattner (eds.), *The Global Resurgence of Democracy*(The Johns Hopkins University Press, 1996).

3 Michael Saward, *Democracy*(Polity, 2003), p. 27.

4 John Rawls, *A Theory of Justice*(Harvard University Press, 1971, 1999), p. 260.

5 어떤 논평자들은, 롤스의 정의론이 '아르키메데스적 균형점'을 제시하지 못한다고 비판한다. Steven Lukes, *Essays in Social Theory*(Columbia University Press, 1977), Ch. 10 "No Archimedean Point: A Review of John Rawls's A Theory of Justice", pp. 187~190. 그러나 필자는 룩스의 관점에 동의하지 않기 때문에 본문에서 롤스의 정의론이 아르키메데스적 균형점을 보여 준다고 말하고 있다.

6 Aristotle, *The Politics and the Constitution of Athens*, Stephen Everson (ed.) (Cambridge University Press, 1996), pp. 213~225; Plutarch, "Solon", *Plutarch's Lives*, John Dryden (trans.), Arthur Hugh Clough, (ed.), Vol. 1(The Modern Library,

2001), pp. 106~128.

7   John Rawls, op. cit, Ch. 2, Ch. 3.

8   Ibid., pp. 302~303.

9   Ibid., p. 303.

10 Robert A. Dahl and Bruce Stinebrickner, *Modern Political Analysis*, 6th ed.(Prentice Hall, 2003), p. 137.

11 John Rawls, op. cit, p. 28.

12 Ibid., p. 135.

13 Steven B. Smith, *Political Philosophy*(Yale University Press, 2012), pp. 184~188.

14 Colin Crouch, *Making Capitalism Fit for Society*(Polity, 2013), Ch. 7, pp. 134~161.

15 Raymond Geuss, *Outside Ethics*(Princeton University Press, 2005), Ch. 2 "Neither History nor Praxis", pp. 29~39; Raymond Geuss, *Philosophy and Real Politics*(Princeton University Press, 2008), pp. 7~73, pp. 82~94, p. 97.

16 Adam Przeworski, *Democracy and the Limits of Self-Government*(Cambridge University Press, 2010), p. 9.

17 R. R. Palmer, *The Age of the Democratic Revolution: Vol. II. The Struggle*(Princeton University Press, 1964), p. 447. Ibid., p. 9에서 재인용.

18 Charles Taylor, *Modern Social Imaginaries*(Duke University Press, 2004), p. 23.

19 Robert A. Dahl, *On Democracy*, pp. 60~61.

20 Robert A. Dahl, *On Political Equality*.

21 Robert A. Dahl, *On Democracy*; *On Political Equality*.

22 Jon Elster, *Nuts and Bolts*(Cambridge University Press, 1989), p. 147.

23 필자는 여기에서 도덕적 감성이 이성적 판단을 자극하고, 나아가서 정의를 향한 열정을 유발하면서 행위의 동인이 되는 문제에 대해 더 밀고 나가지는 않는다. 이 문제에 관해서는 Jon Elster, *Strong Feeling*(MIT Press, 2000), pp. 38~50; Jon Elster, *Alchemies of the Mind: Rationality and the Emotions*(Cambridge University Press, 1999), p. 246, pp. 306~312를 참조할 수 있다. 그는 긍정적, 적극적 감정과 부정적, 소극적 감정을 구분하는데, 여기에서는 도덕적 감성의 긍정적 역할을 말하는 것이다. 이러한 문제와 닿아 있는 문제는 5장에서 다시 다룰 것이다.

24 T. H. Marshall, *Citizenship and Social Class and other essays*(Cambridge

University Press, 1950).

25 이 장의 내용과 관련하여 더 상세한 것은 다음 문헌을 참조할 수 있다. 막스 베버, 최장집 엮음, 박상훈 옮김, 『막스 베버, 소명으로서의 정치』(폴리테이아, 2011).

26 막스 베버, 앞의 책, 217쪽.

27 막스 베버, 앞의 책, 231쪽.

28 Tony Kushner, *Lincoln: the screenplay*(Theatre Communications Group, 2012), p. 78.

29 Michael Walzer, *Thinking Politically*(Yale University Press, 2007), Ch. 17 "Political Action: The Problem of Dirty Hands", p. 279. 그리고 "더러운 손"이라는 말은 사르트르의 동명 희곡에서 따온 것이다.

30 Hagen Koo (ed.), *The State and Society in Contemporary Korea*(Cornell University Press, 1993). "강력한 국가 대 쟁투적인 시민 사회"는 이 책의 중심 테마이다.

31 Philippe C. Schmitter, "Civil Society East and West", Larry Diamond, Marc F. Plattner et al. (eds.), *Consolidating the Third Wave Democracies*(The Johns Hopkins University Press, 1997).

32 Ernest Gellner, *Conditions of Liberty: Civil Society and its Rivals*(Penguin Books, 1994).

33 최장집, 「민주주의와 자유주의 사이에서」, 최태욱 엮음, 『자유주의는 진보적일 수 있는 가』(폴리테이아, 2011), 66~107쪽.

34 김우창, 『정의와 정의의 조건』(생각의나무, 2008).

35 감정의 "전환", 특히 열정의 이성으로의 전환에 대해서는 Jon Elster, *Alchemies of the Mind*, pp. 350~355.

36 John Rawls, *Political Liberalism*(Columbia University Press, 1993), pp. xxiv f.

37 Ernest Gellner, op. cit, p. 137.

38 John Rawls, *Political Liberalism*, p. 4, p. 36 외 여러 곳.

39 Amy Gutmann and Dennis Thompson, *Democracy and Disagreement*(Harvard University Press, 1996), p. 2.

40 Norman Daniels, *Reading Rawls: Critical Studies of A Theory of Justice*(Basic Books), Introduction, p. xiv에서 재인용. 인용된 구절은 영국의 정치 이론가 버나드 크릭(Bernard Crick)이 말한 것이다.

5 공적 영역에서 거짓말은 추방될 수 있는가

1 최상진, 『한국인의 심리학』(서울: 학지사, 2011), 162~163쪽.

2 『맹자(孟子)』, 「진심(盡心)」.

3 마키아벨리, 강정인 옮김, 『군주론』(서울: 도서출판까치, 1977), 122쪽. **"필요하다면** 군주는 전통적인 윤리를 포기할 태세가 되어 있어야 한다." 강조는 인용자.

4 마키아벨리, 앞의 책, 108쪽.

5 Niccoló Machiavelli, *Discourses*, III~40.

6 마키아벨리, 앞의 책, 123쪽. 강조는 인용자.

7 『맹자』, 「진심 상」. "人不可以無恥. 無恥之恥, 無恥矣."

8 『논어(論語)』, 「이인(里仁)」.

6 우리나라 미디어 생태계의 현황과 과제

1 Jurgen Habermas, *Strukturwandel der Öfentlichkeit: Untersuchungen zu einer Kategorie der Bügerlichen Gesellshaft*(Neuwied/Berlin: Auflage, 1962), 위르겐 하버마스, 한승완 옮김, 『공론장의 구조 변동』(나남, 2001), 102쪽.

2 위르겐 하버마스, 앞의 책, 145쪽.

3 앞의 책, 189쪽에서 재인용.

4 Walter Lippmann, *Public Opinion*(New York: Harcourt, Brace and Company, 1922), 월터 리프먼, 이충훈 옮김, 『여론』(까치글방, 2012), 21~22쪽.

5 언론재단은 실태 조사 대상에 잡지를 포함하지 않는다.

6 WAN-IFRA, *World Press Trends 2013*.

7 언론재단이 발행하는 『한국 언론 연감』에서 방송은 보도 기능을 하는 방송으로 조사 대상을 한정한다. 이 글의 주제가 '공공 공간과 여론'이기 때문에 언론재단의 조사 결과를 바탕으로 논의를 전개하기로 한다.

8 한국언론진흥재단, 『2013 한국 언론 연감』, 111쪽. 통신 산업은 언론 산업 전체에서의 점유율이 매출액 기준 2.2퍼센트에 불과해 여기서는 논외로 했다.

9 김민환, 『한국 언론사』(나남, 2010), 531쪽 표에서 발췌.

10 앞의 표.

11 앞의 표.

12 한국언론진흥재단, 『2013 언론 수용자 의식 조사』, 10쪽의 내용을 재정리.

13 한국언론진흥재단, 『2013 한국 언론 연감』, 286쪽.

14 앞의 책, 286쪽.

15 앞의 책, 286쪽.

16 앞의 책, 289쪽.

17 한국언론진흥재단, 『2013 언론 수용자 의식 조사』, 34쪽.

18 이준웅, 「미디어에 흥한 자 미디어로 망하지 않으려면」, 《중앙일보》(2013년 3월 10일) 칼럼.

19 양승목, 「신뢰도 하락과 위기의 한국 언론」, 임상원 외, 『민주화 이후의 한국 언론』(나남, 2007), 147쪽.

20 한국언론진흥재단, 『2013 한국 언론 연감』, 112쪽.

21 통신 산업의 경우 14개 사의 2012년 매출 총액이 1933억 원이었다.

22 한국언론진흥재단, 『2013 한국 언론 연감』, 379~380쪽.

23 《매일경제신문》은 언론재단 분류로는 전국 종합 일간이 아니라 경제 일간에 속한다.

24 한국언론진흥재단, 『2013 언론 수용자 의식 조사』, 17쪽.

25 한국언론진흥재단, 『2013 한국 언론 연감』, 73쪽.

26 한국언론진흥재단, 『2013 언론 수용자 의식 조사』, 20쪽.

27 이재경, 「저널리즘의 위기와 언론의 미래」, 한국언론진흥재단, 《신문과방송》(2004년 4월호).

28 강명구, 「언론의 당파성」, 한국언론진흥재단, 《신문과방송》(2005년 1월호).

29 남재일, 「미디어 비평, 무엇이 문제인가」, 한국언론진흥재단, 《신문과방송》(2008년 9월호).

30 이준웅 · 최영재(2005), 「한국 신문 위기의 원인: 뉴스 매체의 기능적 대체, 저가치 제공, 그리고 공정성 위기」, 한국언론학회, 《한국언론학보》 49권 5호(2005).

31 윤영철, 「권력 이동과 신문의 대북 정책 보도: 신문과 정당의 병행 관계를 중심으로」, 성곡언론문화재단, 《언론과사회》 27권(2000), 48~81쪽.

32 양승목, 「신뢰도 하락과 위기의 한국 언론」, 앞의 책, 157쪽.

33 조항제, 「민주주의와 미디어: 언론의 권력화에서 미디어화로」, 한국언론학회 기획 세미나, '민주주의와 갈등'(2012. 9).

34 Jurgen Habermas, *Theories des Kommunikativen Handelns: Handlungsrationitä*

und Gesellchaftliche Rationalisierung(Frankfurt am Main: Suhrkamp, 1981), 위르겐 하버마스, 장춘익 옮김, 『의사소통행위이론 1』(나남, 2006), 423쪽.

35 민영 · 노성종, 「소통의 조건: 한국 사회의 시민 간 정치 대화 탐구」, 한국언론학회 엮음, 『한국 사회의 소통 위기』(커뮤니케이션북스, 2011).

36 강준만, 「소통의 정치경제학」, 한국언론학회 엮음, 앞의 책, 70~71쪽.

37 강준만, 앞의 글, 71쪽.

38 송호근, 「공론장의 역사적 형성 과정: 왜 우리는 불통 사회인가?」, 한국언론학회 엮음, 앞의 책, 49쪽.

39 송호근, 앞의 글, 54쪽.

40 로티에 따르면, 역사 발전을 토대로 해서 많은 사람들은 우리가 지금까지 '그들'이라고 간주한 사람들을 더욱더 '우리'로 이해하게 된다.(Detlef Horster, *Richard Rorty zur Einfürung*(Hamburg: Junius, 1991), 데틀레프 호르스터, 박여성 옮김, 『로티』(인간사랑, 2000), 170쪽)

41 김상환에 따르면, 공공의 장은 합리적 의사소통의 공간이기 이전에 먼저 감정적 차원의 교류가 원활하게 일어날 수 있는 공간이라야 한다.(김상환, 『니체, 프로이트, 맑스 이후』(창비, 2002), 500쪽)

42 박승관, 「한국 사회의 소통 위기: 소통의 역설과 공동체의 위기」, 한국언론학회 엮음, 앞의 책, 150쪽.

43 박승관, 앞의 글, 151쪽.

44 박선희, 「한국 정치의 디지털화와 디지털 정치의 역설」, 한국언론학회 엮음, 『한국 사회의 디지털 미디어와 문화』(커뮤니케이션북스, 2011), 79~80쪽.

45 일부 내용은 김민환, 「침묵의 나선」, 《중앙일보》(2009년 6월 17일) 중앙시평에서 재정리.

46 Brian S. Brooks, George Kennedy, Daryl R. Moen, and Don Ranly, *News Reporting and Writing*(New York: Bedford/St. Martins, 2002), p.12.

47 이재경, 「한국 언론과 글로벌 스탠더드」, 임상원 외, 앞의 책, 183~231쪽.

48 박재영, 「뉴스 평가 지수 개발을 위한 신문 1면 머리기사 분석」, 한국언론재단 엮음, 『한국의 뉴스 미디어 2006』(한국언론재단, 2006), 147~220쪽.

49 이준웅, 『말과 권력』(한길사, 2011).

50 위르겐 하버마스, 『의사소통행위이론 1』, 423~424쪽.

51 한국언론진흥재단, 『2013 한국 언론 연감』, 110~111쪽에서 재정리.

52 앞의 책, 112쪽에서 재정리.

53 앞의 책, 111쪽에서 재정리.

54 한국언론진흥재단, 『2013 언론 수용자 의식 조사』, 10쪽, 15쪽 참조.

55 앞의 책, 33쪽.

56 한국언론진흥재단, 『2013 한국 언론 연감』, 113쪽에서 발췌. 이 표의 '전국 종합 일간 1' 항목은 정부에 종별로 '일반 일간', 간별로 '일간', 성격별로 '종합' 혹은 '종합 일간'으로 등록된 신문사로, 10년 이상 안정적으로 발행되었으며, 금융감독원 고시의 일정 기준 이상인 세 가지 조건을 충족한 신문을 말한다. '전국 종합 일간 2' 항목은 앞의 세 조건 중 하나나 둘을 충족한 신문을 일컫는다.

57 앞의 책, 379쪽.

58 앞의 책, 113쪽에서 발췌.

59 앞의 책, 398쪽에서 발췌.

60 앞의 책, 398쪽에서 발췌.

61 앞의 책, 113쪽에서 발췌.

62 제일기획, 『2012 광고 연감』.

참고 문헌

1 문화에 있어서의 과학의 위상

김환석, 『과학사회학의 쟁점들』(문학과지성사, 2006).

윤정로, 『과학기술과 한국 사회』(문학과지성사, 2000).

이중원, 홍성욱, 임종태 엮음, 『인문학으로 과학 읽기』(실천문학사, 2004).

홍성욱, 『과학은 얼마나』(서울대학교출판부, 2004).

홍성욱, 『생산력과 문화로서의 과학기술』(문학과지성사, 1999).

Adam Bly (ed.), *Science is Culture*(Seed Media Group, 2010); 놈 촘스키 · 에드워드 윌슨 · 스티븐 핑커 외, 애덤 블라이 기획, 이창희 옮김, 『사이언스 이즈 컬처』(동아시아, 2012).

Steven Weinberg, *Facing Up: Science and its Cultural Adversaries*(Harvard University Press, 2003); 스티븐 와인버그, 오세정 · 김형도 옮김, 『과학 전쟁에서 평화를 찾아』(몸과마음, 2006).

저자 소개

오세정

서울대학교 물리학과를 졸업하고 미국 스탠퍼드 대학에서 물리학 박사 학위를 받았다. 서울대학교 자연과학대학 학장 및 한국연구재단 이사장, 기초과학연구원 원장을 역임했다. 현재 서울대학교 물리 · 천문학부 교수이며 한국과학한림원 정회원이다.

지은 책으로 『과학이 나를 부른다: 과학교육 어떻게 해야 하나』, 『지식의 지평: 우리나라 기초과학 연구 수준』, 『20년 전 전망과 20년 후 미래 설계: 새 삶을 열어가는 과학기술』(공저), 『기술의 대융합: 21세기 창조의 원동력은 어디에서 오는가』(공저), 『우리는 미래에 무엇을 공부할 것인가: 창조 사회의 학문과 대학』(공저) 등이 있으며 국내외에 173편의 학술 논문을 발표했다. 한국과학상을 수상했다.

손동현

서울대학교 철학과와 동 대학원을 졸업하고 독일 마인츠 대학에서 철학, 교육학, 신학을 수학했으며 니콜라이 하르트만 연구로 철학 박사 학위를 받았다. 성균관대학교 철학과 교수 및 학부대학 학장, 한국철학학회 회장을 역임했다. 한국교양교육학회, 한국교양기초교육원을 설립하여 교양 교육의 심화를 위해 노력해 왔다. 현재 성균관대학교 명예교수, 대전대학교 석좌교수이며 한국교양기초교육원 원장으로 재직 중이다.

지은 책으로 『미완의 화해』, 『세계와 정신』, 『세계 존재의 이해』(공저) 등이 있고 옮긴 책으로 하르트만의 『존재론의 새로운 길』 외에 『문화학이란 무엇인가』(공역)가 있다.

문광훈

고려대학교 독문학과와 동 대학원을 졸업하고 독일 프랑크푸르트 대학에서 독문학 박사 학위를 받았다. 고려대학교 아세아문제연구소 연구교수를 역임했으며 현재 충북대학교 인문대학 독어독문학과 교수이다.

지은 책으로 김우창론인 『구체적 보편성의 모험』, 『김우창의 인문주의』, 『아도르노와 김우창

의 예술문화론』과 대담집 『세 개의 동그라미: 마음—지각—이데아』 외에 『시의 희생자, 김수영』,
『정열의 수난』, 『숨은 조화』, 『영혼의 조율』 등이 있고 옮긴 책으로 사진집 『요제프 수덱』, 아서
쾨슬러의 소설 『한낮의 어둠』, 페터 바이스의 희곡 『소송/새로운 소송』 등이 있다.

최장집

고려대학교 정치외교학과와 동 대학원을 졸업하고 미국 시카고 대학에서 정치학 박사 학위를
받았다. 고려대학교 아세아문제연구소 소장과 대통령자문정책기획위원회 위원장을 역임했다.
현재 고려대학교 명예교수이다.
지은 책으로 『한국의 노동운동과 국가』, 『민주화 이후의 민주주의』, 『민주주의의 민주화』, 『민
중에서 시민으로』, 『노동 없는 민주주의의 인간적 상처들』 등이 있다.

이승환

고려대학교 철학과를 졸업하고 국립대만대학 철학연구소에서 석사 학위를, 미국 하와이 주립
대에서 박사 학위를 받았다. 동아대학교를 거쳐 현재 고려대학교 철학과 교수로 재직 중이며,
한국동양철학회 회장과 고려대학교 철학연구소 소장직을 맡고 있다.
지은 책으로 『횡설과 수설』, 『유교 담론의 지형학』, 『유가 사상의 사회철학적 재조명』, 『서양과
동양이 127일간 e-mail을 주고받다』(공저), 『중국 철학』(공저) 등이 있고 주요 논문으로 「주자
수양론에서 미발(未發)의 의미」, 「성리학 기호 배치 방식으로 보는 조선 유학의 분기」 등이 있다.

김민환

고려대학교 신문방송학과를 졸업하고 동 대학원에서 언론학 석사, 박사 학위를 받았다. 전남
대학교 신문방송학과를 거쳐 고려대학교 신문방송학과에서 교수로 재직하다 2010년 8월에
은퇴했다. 고려대학교 언론대학원 원장, 한국언론학회 회장 등을 역임했고 현재 고려대학교
미디어학부 명예교수이다.
지은 책으로 『한국언론사』, 『일제강점기 언론사 연구』(공저), 『민족일보 연구』, 『민주화 이후의
한국 언론』(공저), 『민주주의와 언론』(칼럼집) 등이 있다.

김상환(머리말)

연세대학교 철학과를 졸업하고 프랑스 파리 제4대학(소르본)에서 철학 박사 학위를 받았다.
현재 서울대학교 철학과 교수이며 한국프랑스철학회 회장과 고등과학원 초학제독립연구단 연
구책임자를 맡고 있다.

지은 책으로 『예술가를 위한 형이상학』, 『니체, 프로이트, 맑스 이후』, 『철학과 인문적 상상력』 등이 있고 엮은 책으로 『라캉의 재탄생』 등이 있으며 옮긴 책으로 『헤겔의 정신현상학』(공역), 『차이와 반복』 등이 있다.

저자 소개

2 　문화의 안과 밖

시대 상황과 성찰

인간적 사회의 기초

공적 영역의 구성

1판 1쇄 찍음 2014년 8월 8일
1판 1쇄 펴냄 2014년 8월 18일

지은이 　오세정, 손동현, 문광훈, 최장집, 이승환, 김민환
발행인 　박근섭·박상준
편집인 　장은수
펴낸곳 　(주)민음사

출판등록 　1966. 5. 19. 제16-490호
주소 　　(135-887) 서울시 강남구 도산대로 1길 62(신사동)
　　　　　강남출판문화센터 5층
대표전화 　515-2000 | 팩시밀리 515-2007
홈페이지 　www.minumsa.com

ISBN 　978-89-374-5722-7 (94100)